TRANZLATY

Sprache ist für alle da
Taal is vir almal

Der Ruf der Wildnis

Die Roep van die Wilde

Jack London

Deutsch / Afrikaans

Copyright © 2025 Tranzlaty
All rights reserved
Published by Tranzlaty
ISBN: 978-1-80572-786-6
Original text by Jack London
The Call of the Wild
First published in 1903
www.tranzlaty.com

Ins Primitive
In die Primitiewe

Buck las keine Zeitungen
Buck het nie die koerante gelees nie.
Hätte er die Zeitung gelesen, hätte er gewusst, dass Ärger im Anzug war.
As hy die koerante gelees het, sou hy geweet het dat moeilikheid aan die broei was.
Nicht nur er selbst, sondern jeder einzelne Tidewater-Hund bekam Ärger.
Daar was moeilikheid nie net vir homself nie, maar vir elke getywaterhond.
Jeder Hund mit starken Muskeln und warmem, langem Fell würde in Schwierigkeiten geraten.
Elke hond met sterk spiere en warm, lang hare sou in die moeilikheid wees.
Von Puget Bay bis San Diego konnte kein Hund dem entkommen, was auf ihn zukam.
Van Pugetbaai tot San Diego kon geen hond ontsnap aan wat sou kom nie.
Männer, die in der arktischen Dunkelheit herumtasteten, hatten ein gelbes Metall gefunden.
Mans, wat in die Arktiese donkerte getas het, het 'n geel metaal gevind.
Dampfschiff- und Transportunternehmen waren auf der Jagd nach der Entdeckung.
Stoomskip- en vervoermaatskappye het die ontdekking nagejaag.
Tausende von Männern strömten ins Nordland.
Duisende mans het die Noordland binnegestorm.
Diese Männer wollten Hunde, und die Hunde, die sie wollten, waren schwere Hunde.
Hierdie mans wou honde hê, en die honde wat hulle wou hê, was swaar honde.
Hunde mit starken Muskeln, die sie zum Arbeiten brauchen.
Honde met sterk spiere waarmee hulle kan swoeg.

Hunde mit Pelzmantel, der sie vor Frost schützt.
Honde met harige pelse om hulle teen die ryp te beskerm.

Buck lebte in einem großen Haus im sonnenverwöhnten Santa Clara Valley.
Buck het in 'n groot huis in die sonnige Santa Clara-vallei gewoon.

Der Ort, an dem Richter Miller wohnte, wurde sein Haus genannt.
Regter Miller se plek, sy huis is genoem.

Sein Haus stand etwas abseits der Straße, halb zwischen den Bäumen versteckt.
Sy huis het van die pad af gestaan, half versteek tussen die bome.

Man konnte einen Blick auf die breite Veranda erhaschen, die rund um das Haus verläuft.
'n Mens kon glimpse van die wye stoep om die huis kry.

Die Zufahrt zum Haus erfolgte über geschotterte Zufahrten.
Die huis is via gruisopritte bereik.

Die Wege schlängelten sich durch weitläufige Rasenflächen.
Die paadjies het deur wyd uitgestrekte grasperke kronkel.

Über ihnen waren die ineinander verschlungenen Zweige hoher Pappeln.
Bo-oor was die ineengevlegte takke van hoë populiere.

Auf der Rückseite des Hauses ging es noch geräumiger zu.
Aan die agterkant van die huis was dinge selfs ruimer.

Es gab große Ställe, in denen ein Dutzend Stallknechte plauderten
Daar was groot stalle, waar 'n dosyn bruidegomme gesels het

Es gab Reihen von weinbewachsenen Dienstbotenhäusern
Daar was rye bediendehuise met wingerdstokke

Und es gab eine endlose und ordentliche Reihe von Toilettenhäuschen
En daar was 'n eindelose en ordelike reeks buitegeboue

Lange Weinlauben, grüne Weiden, Obstgärten und Beerenfelder.
Lang druiweprieëls, groen weivelde, boorde en bessieplante.

Dann gab es noch die Pumpanlage für den artesischen Brunnen.
Toe was daar die pompaanleg vir die artesiese put.
Und da war der große Zementtank, der mit Wasser gefüllt war.
En daar was die groot sementtenk gevul met water.
Hier nahmen die Jungs von Richter Miller ihr morgendliches Bad.
Hier het Regter Miller se seuns hul oggendduik geneem.
Und auch dort kühlten sie sich am heißen Nachmittag ab.
En hulle het ook daar in die warm middag afgekoel.
Und über dieses große Gebiet herrschte Buck über alles.
En oor hierdie groot domein, was Buck die een wat dit alles regeer het.
Buck wurde auf diesem Land geboren und lebte hier sein ganzes vierjähriges Leben.
Buck is op hierdie grond gebore en het al sy vier jaar hier gewoon.
Es gab zwar noch andere Hunde, aber die spielten keine wirkliche Rolle.
Daar was wel ander honde, maar hulle het nie regtig saak gemaak nie.
An einem so riesigen Ort wie diesem wurden andere Hunde erwartet.
Ander honde is verwag in 'n plek so groot soos hierdie een.
Diese Hunde kamen und gingen oder lebten in den geschäftigen Zwingern.
Hierdie honde het gekom en gegaan, of binne die besige hondehokke gewoon.
Manche Hunde lebten versteckt im Haus, wie Toots und Ysabel.
Party honde het versteek in die huis gewoon, soos Toots en Ysabel.
Toots war ein japanischer Mops, Ysabel ein mexikanischer Nackthund.
Toots was 'n Japannese mopshond, Ysabel 'n Meksikaanse haarlose hond.

Diese seltsamen Kreaturen verließen das Haus kaum.
Hierdie vreemde wesens het selde buite die huis gestap.
Sie berührten weder den Boden noch schnüffelten sie draußen an der frischen Luft.
Hulle het nie die grond aangeraak nie, en ook nie die oop lug buite geruik nie.
Außerdem gab es Foxterrier, mindestens zwanzig an der Zahl.
Daar was ook die foxterriërs, ten minste twintig in getal.
Diese Terrier bellten Toots und Ysabel im Haus wild an.
Hierdie terriërs het binnenshuis woes vir Toots en Ysabel geblaf.
Toots und Ysabel blieben hinter Fenstern, in Sicherheit.
Toots en Ysabel het agter vensters gebly, veilig teen gevaar.
Sie wurden von Hausmädchen mit Besen und Wischmopps bewacht.
Hulle is deur huisbediende met besems en moppe bewaak.
Aber Buck war kein Haushund und auch kein Zwingerhund.
Maar Buck was geen huishond nie, en hy was ook geen kennelhond nie.
Das gesamte Anwesen gehörte Buck als seinem rechtmäßigen Reich.
Die hele eiendom het aan Buck behoort as sy regmatige ryk.
Buck schwamm im Becken oder ging mit den Söhnen des Richters auf die Jagd.
Buck het in die tenk geswem of saam met die Regter se seuns gaan jag.
Er ging in den frühen oder späten Morgenstunden mit Mollie und Alice spazieren.
Hy het in die vroeë of laat oggendure saam met Mollie en Alice gestap.
In kalten Nächten lag er mit dem Richter vor dem Kaminfeuer der Bibliothek.
Op koue nagte het hy voor die biblioteekvuur saam met die Regter gelê.

Buck ließ die Enkel des Richters auf seinem starken Rücken herumreiten.
Buck het die Regter se kleinseuns op sy sterk rug saamgery.
Er wälzte sich mit den Jungen im Gras und bewachte sie genau.
Hy het saam met die seuns in die gras gerol en hulle noukeurig bewaak.
Sie wagten sich bis zum Brunnen und sogar an den Beerenfeldern vorbei.
Hulle het na die fontein en selfs verby die bessielande gewaag.
Unter den Foxterriern lief Buck immer mit königlichem Stolz.
Onder die foksterriërs het Buck altyd met koninklike trots geloop.
Er ignorierte Toots und Ysabel und behandelte sie, als wären sie Luft.
Hy het Toots en Ysabel geïgnoreer en hulle soos lug behandel.
Buck herrschte über alle Lebewesen auf Richter Millers Land.
Buck het oor alle lewende wesens op Regter Miller se grond geheers.
Er herrschte über Tiere, Insekten, Vögel und sogar Menschen
Hy het oor diere, insekte, voëls en selfs mense geheers.
Bucks Vater Elmo war ein großer und treuer Bernhardiner gewesen.
Buck se pa, Elmo, was 'n groot en lojale Sint Bernardus.
Elmo wich dem Richter nie von der Seite und diente ihm treu.
Elmo het nooit die Regter se sy verlaat nie, en hom getrou gedien.
Buck schien bereit, dem edlen Beispiel seines Vaters zu folgen.
Buck het gereed gelyk om sy vader se edele voorbeeld te volg.
Buck war nicht ganz so groß und wog hundertvierzig Pfund.
Buck was nie heeltemal so groot nie, en het honderd-en-veertig pond geweeg.

Seine Mutter Shep war eine schöne schottische Schäferhündin gewesen.
Sy ma, Shep, was 'n goeie Skotse herdershond.
Aber selbst mit diesem Gewicht hatte Buck eine königliche Ausstrahlung.
Maar selfs met daardie gewig het Buck met koninklike teenwoordigheid geloop.
Dies kam vom guten Essen und dem Respekt, der ihm immer entgegengebracht wurde.
Dit het gekom van goeie kos en die respek wat hy altyd ontvang het.
Vier Jahre lang hatte Buck wie ein verwöhnter Adliger gelebt.
Vir vier jaar het Buck soos 'n bederfde edelman geleef.
Er war stolz auf sich und sogar ein wenig egoistisch.
Hy was trots op homself, en selfs effens egoïsties.
Diese Art von Stolz war bei den Herren abgelegener Landstriche weit verbreitet.
Daardie soort trots was algemeen onder afgeleë plattelandse here.
Doch Buck hat es vermieden, ein verwöhnter Haushund zu werden.
Maar Buck het homself daarvan gered om nie 'n bederfde huishond te word nie.
Durch die Jagd und das Training blieb er schlank und stark.
Hy het maer en sterk gebly deur jag en oefening.
Er liebte Wasser zutiefst, wie Menschen, die in kalten Seen baden.
Hy was baie lief vir water, soos mense wat in koue mere bad.
Diese Liebe zum Wasser hielt Buck stark und sehr gesund.
Hierdie liefde vir water het Buck sterk en baie gesond gehou.
Dies war der Hund, zu dem Buck im Herbst 1897 geworden war.
Dit was die hond wat Buck in die herfs van 1897 geword het.
Als der Klondike-Angriff die Menschen in den eisigen Norden trieb.

Toe die Klondike-aanval mans na die bevrore Noorde getrek het.
Menschen aus aller Welt strömten in das kalte Land.
Mense het van oor die hele wêreld na die koue land gestroom.
Buck las jedoch weder die Zeitungen noch verstand er Nachrichten.
Buck het egter nie die koerante gelees of nuus verstaan nie.
Er wusste nicht, dass es nicht gut war, Zeit mit Manuel zu verbringen.
Hy het nie geweet dat Manuel 'n slegte man was om mee saam te wees nie.
Manuel, der im Garten half, hatte ein großes Problem.
Manuel, wat in die tuin gehelp het, het 'n groot probleem gehad.
Manuel war spielsüchtig nach der chinesischen Lotterie.
Manuel was verslaaf aan dobbelary in die Chinese lotery.
Er glaubte auch fest an ein festes System zum Gewinnen.
Hy het ook sterk geglo in 'n vaste stelsel vir wen.
Dieser Glaube machte sein Scheitern sicher und unvermeidlich.
Daardie oortuiging het sy mislukking seker en onvermydelik gemaak.
Um ein System zu spielen, braucht man Geld, und das fehlte Manuel.
Om 'n stelsel te speel verg geld, wat Manuel kortgekom het.
Sein Gehalt reichte kaum zum Überleben seiner Frau und seiner vielen Kinder.
Sy salaris het skaars sy vrou en baie kinders onderhou.
In der Nacht, in der Manuel Buck verriet, war alles normal.
Die nag toe Manuel Buck verraai het, was dinge normaal.
Der Richter war bei einem Treffen der Rosinenanbauervereinigung.
Die Regter was by 'n vergadering van die Rosyntjiekwekersvereniging.
Die Söhne des Richters waren damals damit beschäftigt, einen Sportverein zu gründen.
Die Regter se seuns was toe besig om 'n atletiekklub te stig.

Niemand sah, wie Manuel und Buck durch den Obstgarten gingen.
Niemand het Manuel en Buck deur die boord sien vertrek nie.
Buck dachte, dieser Spaziergang sei nur ein einfacher nächtlicher Spaziergang.
Buck het gedink hierdie stap was net 'n eenvoudige nagtelike stappie.
Sie trafen nur einen Mann an der Flaggenstation im College Park.
Hulle het slegs een man by die vlagstasie, in College Park, ontmoet.
Dieser Mann sprach mit Manuel und sie tauschten Geld aus.
Daardie man het met Manuel gepraat, en hulle het geld uitgeruil.
„Verpacken Sie die Waren, bevor Sie sie ausliefern", schlug er vor
"Verpak die goedere voordat jy dit aflewer," het hy voorgestel.
Die Stimme des Mannes war rau und ungeduldig, als er sprach.
Die man se stem was rof en ongeduldig terwyl hy gepraat het.
Manuel band Buck vorsichtig ein dickes Seil um den Hals.
Manuel het versigtig 'n dik tou om Buck se nek vasgemaak.
„Verdreh das Seil, und du wirst ihn gründlich erwürgen"
"Draai die tou, en jy sal hom baie verwurg"
Der Fremde gab ein Grunzen von sich und zeigte damit, dass er gut verstanden hatte.
Die vreemdeling het gekreun, wat wys dat hy goed verstaan het.
Buck nahm das Seil an diesem Tag mit ruhiger und stiller Würde an.
Buck het die tou daardie dag met kalm en stille waardigheid aanvaar.
Es war eine ungewöhnliche Tat, aber Buck vertraute den Männern, die er kannte.
Dit was 'n ongewone daad, maar Buck het die mans wat hy geken het, vertrou.

Er glaubte, dass ihre Weisheit weit über sein eigenes Denken hinausging.
Hy het geglo dat hulle wysheid veel verder gegaan het as sy eie denke.
Doch dann wurde das Seil in die Hände des Fremden gegeben
Maar toe is die tou in die hande van die vreemdeling oorhandig.
Buck stieß ein leises, warnendes und zugleich bedrohliches Knurren aus.
Buck het 'n lae grom gegee wat met stille dreiging gewaarsku het.
Er war stolz und gebieterisch und wollte seinen Unmut zum Ausdruck bringen.
Hy was trots en gebiedend, en wou sy misnoeë toon.
Buck glaubte, seine Warnung würde als Befehl verstanden werden.
Buck het geglo dat sy waarskuwing as 'n bevel verstaan sou word.
Zu seinem Entsetzen zog sich das Seil schnell um seinen dicken Hals zusammen.
Tot sy skok het die tou styf om sy dik nek getrek.
Ihm blieb die Luft weg und er begann in plötzlicher Wut zu kämpfen.
Sy lug is afgesny en hy het skielik woedend begin veg.
Er sprang auf den Mann zu, der Buck schnell mitten in der Luft traf.
Hy het op die man gespring, wat Buck vinnig in die lug teëgekom het.
Der Mann packte Buck am Hals und drehte ihn geschickt in der Luft.
Die man het Buck se keel gegryp en hom vaardig in die lug gedraai.
Buck wurde hart zu Boden geworfen und landete flach auf dem Rücken.
Buck is hard neergegooi en het plat op sy rug beland.

Das Seil würgte ihn nun grausam, während er wild um sich trat.
Die tou het hom nou wreed verwurg terwyl hy wild geskop het.
Seine Zunge fiel heraus, seine Brust hob und senkte sich, doch er bekam keine Luft.
Sy tong het uitgeval, sy bors het gebewe, maar hy het nie asemgehaal nie.
Noch nie in seinem Leben war er mit solcher Gewalt behandelt worden.
Hy is nog nooit in sy lewe met sulke geweld behandel nie.
Auch war er noch nie zuvor von solch tiefer Wut erfüllt gewesen.
Hy was ook nog nooit tevore met so 'n diepe woede gevul nie.
Doch Bucks Kraft schwand und seine Augen wurden glasig.
Maar Buck se krag het vervaag, en sy oë het glasagtig geword.
Er wurde ohnmächtig, als in der Nähe ein Zug angehalten wurde.
Hy het flou geword net toe 'n trein naby stilhou.
Dann warfen ihn die beiden Männer schnell in den Gepäckwagen.
Toe gooi die twee mans hom vinnig in die bagasiewa.
Das nächste, was Buck spürte, war ein Schmerz in seiner geschwollenen Zunge.
Die volgende ding wat Buck gevoel het, was pyn in sy geswolle tong.
Er bewegte sich in einem wackelnden Wagen und war nur schwach bei Bewusstsein.
Hy het in 'n bewerige karretjie beweeg, slegs vaagweg by sy bewussyn.
Das schrille Pfeifen eines Zuges verriet Buck seinen Standort.
Die skerp gil van 'n treinfluitjie het vir Buck sy ligging vertel.
Er war oft mit dem Richter mitgefahren und kannte das Gefühl.
Hy het dikwels saam met die Regter gery en het die gevoel geken.

Es war der einzigartige Schock, wieder in einem Gepäckwagen zu reisen.
Dit was die unieke skok om weer in 'n bagasiewa te reis.
Buck öffnete die Augen und sein Blick brannte vor Wut.
Buck het sy oë oopgemaak, en sy blik het van woede gebrand.
Dies war der Zorn eines stolzen Königs, der vom Thron gejagt wurde.
Dit was die toorn van 'n trotse koning wat van sy troon af weggeneem is.
Ein Mann wollte ihn packen, doch stattdessen schlug Buck zuerst zu.
'n Man het uitgereik om hom te gryp, maar Buck het eerste geslaan.
Er versenkte seine Zähne in der Hand des Mannes und hielt sie fest.
Hy het sy tande in die man se hand geslaan en styf vasgehou.
Er ließ nicht los, bis er ein zweites Mal ohnmächtig wurde.
Hy het nie losgelaat totdat hy 'n tweede keer bewusteloos geraak het nie.
„Ja, hat Anfälle", murmelte der Mann dem Gepäckträger zu.
"Ja, kry stuipe," mompel die man vir die bagasieman.
Der Gepäckträger hatte den Kampf gehört und war näher gekommen.
Die bagasieman het die gesukkel gehoor en nader gekom.
„Ich bringe ihn für den Chef nach Frisco", erklärte der Mann.
"Ek neem hom na 'Frisco vir die baas," het die man verduidelik.
„Dort gibt es einen tollen Hundearzt, der sagt, er könne sie heilen."
"Daar is 'n goeie hondedokter wat sê hy kan hulle genees."
Später in der Nacht gab der Mann seinen eigenen ausführlichen Bericht ab.
Later daardie aand het die man sy eie volledige weergawe gegee.
Er sprach aus einem Schuppen hinter einem Saloon am Hafen.

Hy het vanuit 'n skuur agter 'n saloon op die dokke gepraat.
„Ich habe nur fünfzig Dollar bekommen", beschwerte er sich beim Wirt.
"Al wat ek gekry het, was vyftig dollar," het hy by die saloonman gekla.
„Ich würde es nicht noch einmal tun, nicht einmal für tausend Dollar in bar."
"Ek sou dit nie weer doen nie, nie eens vir 'n duisend in koue kontant nie."
Seine rechte Hand war fest in ein blutiges Tuch gewickelt.
Sy regterhand was styf toegedraai in 'n bloedige lap.
Sein Hosenbein war vom Knie bis zum Fuß weit aufgerissen.
Sy broekspyp was wyd oopgeskeur van knie tot voet.
„Wie viel hat der andere Trottel verdient?", fragte der Wirt.
"Hoeveel het die ander beker betaal gekry?" het die saloonman gevra.
„Hundert", antwortete der Mann, „einen Cent weniger würde er nicht nehmen."
"Honderd," antwoord die man, "hy sal nie 'n sent minder neem nie."
„Das macht hundertfünfzig", sagte der Kneipenmann.
"Dit kom neer op honderd-en-vyftig," het die saloonman gesê.
„Und er ist das alles wert, sonst bin ich nicht besser als ein Dummkopf."
"En hy is dit alles werd, anders is ek niks beter as 'n domkop nie."
Der Mann öffnete die Verpackung, um seine Hand zu untersuchen.
Die man het die verpakking oopgemaak om sy hand te ondersoek.
Die Hand war stark zerrissen und mit getrocknetem Blut verkrustet.
Die hand was erg geskeur en bedek met droë bloed.
„Wenn ich keine Tollwut bekomme …", begann er zu sagen.
"As ek nie die hidrofobie kry nie …" het hy begin sê.

„Das liegt wohl daran, dass du zum Hängen geboren wurdest", ertönte ein Lachen.
"Dit sal wees omdat jy gebore is om te hang," kom daar 'n lag.
„Komm und hilf mir, bevor du gehst", wurde er gebeten.
"Kom help my uit voordat jy gaan," is hy gevra.
Buck war von den Schmerzen in seiner Zunge und seinem Hals benommen.
Buck was in 'n beswyming van die pyn in sy tong en keel.
Er war halb erwürgt und konnte kaum noch aufrecht stehen.
Hy was half verwurg en kon skaars regop staan.
Dennoch versuchte Buck, den Männern gegenüberzutreten, die ihm so viel Leid zugefügt hatten.
Tog het Buck probeer om die mans wat hom so seergemaak het, in die gesig te staar.
Aber sie warfen ihn nieder und würgten ihn erneut.
Maar hulle het hom neergegooi en hom weer eens verwurg.
Erst dann konnten sie sein schweres Messinghalsband absägen.
Eers toe kon hulle sy swaar koperkraag afsaag.
Sie entfernten das Seil und stießen ihn in eine Kiste.
Hulle het die tou verwyder en hom in 'n krat gegooi.
Die Kiste war klein und hatte die Form eines groben Eisenkäfigs.
Die krat was klein en gevorm soos 'n growwe ysterhok.
Buck lag die ganze Nacht dort, voller Zorn und verletztem Stolz.
Buck het die hele nag daar gelê, vol woede en gewonde trots.
Er konnte nicht einmal ansatzweise verstehen, was mit ihm geschah.
Hy kon nie begin verstaan wat met hom gebeur nie.
Warum hielten ihn diese fremden Männer in dieser kleinen Kiste fest?
Waarom het hierdie vreemde mans hom in hierdie klein krat aangehou?
Was wollten sie von ihm und warum diese grausame Gefangenschaft?

Wat wou hulle met hom hê, en waarom hierdie wrede gevangenskap?
Er spürte einen dunklen Druck, das Gefühl, dass das Unglück näher rückte.
Hy het 'n donker druk gevoel; 'n gevoel van ramp wat nader kom.
Es war eine vage Angst, die ihn jedoch schwer belastete.
Dit was 'n vae vrees, maar dit het swaar op sy gees neergesak.
Mehrmals sprang er auf, als die Schuppentür klapperte.
Verskeie kere het hy opgespring toe die skuurdeur rammel.
Er erwartete, dass der Richter oder die Jungen erscheinen und ihn retten würden.
Hy het verwag dat die Regter of die seuns sou verskyn en hom red.
Doch jedes Mal lugte nur das dicke Gesicht des Wirts hinein.
Maar net die saloon-eienaar se vet gesig het elke keer binne-in geloer.
Das Gesicht des Mannes wurde vom schwachen Schein einer Talgkerze erhellt.
Die man se gesig was verlig deur die dowwe gloed van 'n talgkers.
Jedes Mal verwandelte sich Bucks freudiges Bellen in ein leises, wütendes Knurren.
Elke keer het Buck se vrolike blaf verander in 'n lae, kwaai gegrom.

Der Wirt ließ ihn für die Nacht allein in der Kiste zurück
Die kroegman het hom alleen vir die nag in die krat gelos
Aber als er am Morgen aufwachte, kamen noch mehr Männer.
Maar toe hy die oggend wakker word, het meer manne aangekom.
Vier Männer kamen und hoben die Kiste vorsichtig und wortlos auf.
Vier mans het gekom en die krat versigtig opgetel sonder 'n woord.

Buck wusste sofort, in welcher Situation er sich befand.
Buck het dadelik geweet in watter situasie hy hom bevind het.
Sie waren weitere Peiniger, die er bekämpfen und fürchten musste.
Hulle was verdere pynigers wat hy moes beveg en vrees.
Diese Männer sahen böse, zerlumpt und sehr ungepflegt aus.
Hierdie mans het boos, rafelrig en baie sleg versorg gelyk.
Buck knurrte und stürzte sich wild durch die Gitterstäbe auf sie.
Buck het gegrom en woes deur die tralies op hulle afgestorm.
Sie lachten nur und stießen mit langen Holzstöcken nach ihm.
Hulle het net gelag en hom met lang houtstokke gesteek.
Buck biss in die Stöcke, dann wurde ihm klar, dass es das war, was ihnen gefiel.
Buck het aan die stokke gebyt, toe besef dis wat hulle daarvan hou.
Also legte er sich ruhig hin, mürrisch und vor stiller Wut brennend.
So het hy stil gaan lê, nors en brandend van stille woede.
Sie hoben die Kiste auf einen Wagen und fuhren mit ihm weg.
Hulle het die krat in 'n wa gelig en met hom weggery.
Die Kiste mit Buck darin wechselte oft den Besitzer.
Die krat, met Buck binne toegesluit, het gereeld van eienaar verwissel.
Express-Büroangestellte übernahmen die Leitung und kümmerten sich kurz um ihn.
Express-kantoorklerke het die leisels oorgeneem en hom kortliks hanteer.
Dann transportierte ein anderer Wagen Buck durch die laute Stadt.
Toe het nog 'n wa Buck oor die lawaaierige dorp gedra.
Ein Lastwagen brachte ihn mit Kisten und Paketen auf eine Fähre.

'n Vragmotor het hom met bokse en pakkies op 'n veerboot geneem.
Nach der Überquerung lud ihn der Lastwagen an einem Bahndepot ab.
Nadat hy oorgesteek het, het die vragmotor hom by 'n spoorwegdepot afgelaai.
Schließlich wurde Buck in einen wartenden Expresswagen gesetzt.
Uiteindelik is Buck in 'n wagtende snelwa geplaas.
Zwei Tage und Nächte lang zogen Züge den Schnellzug ab.
Vir twee dae en nagte het treine die snelwa weggetrek.
Buck hat während der gesamten schmerzhaften Reise weder gegessen noch getrunken.
Buck het gedurende die hele pynlike reis nie geëet of gedrink nie.
Als die Expressboten versuchten, sich ihm zu nähern, knurrte er.
Toe die snelbodes hom probeer nader, het hy gegrom.
Sie reagierten, indem sie ihn verspotteten und grausam hänselten.
Hulle het gereageer deur hom te bespot en hom wreed te terg.
Buck warf sich schäumend und zitternd gegen die Gitterstäbe
Buck het homself teen die tralies gegooi, skuimend en bewerig
Sie lachten laut und verspotteten ihn wie Schulhofschläger.
hulle het hard gelag en hom gespot soos skoolboelies.
Sie bellten wie falsche Hunde und wedelten mit den Armen.
Hulle het soos vals honde geblaf en met hul arms geklap.
Sie krähten sogar wie Hähne, nur um ihn noch mehr aufzuregen.
Hulle het selfs soos hane gekraai net om hom nog meer te ontstel.
Es war dummes Verhalten und Buck wusste, dass es lächerlich war.
Dit was dwase gedrag, en Buck het geweet dit was belaglik.
Doch das verstärkte seine Empörung und Scham nur noch.

Maar dit het net sy gevoel van verontwaardiging en skaamte verdiep.

Der Hunger plagte ihn während der Reise kaum.

Hy was nie veel deur honger gepla tydens die reis nie.

Doch der Durst brachte starke Schmerzen und unerträgliches Leiden mit sich.

Maar dors het skerp pyn en ondraaglike lyding gebring.

Sein trockener, entzündeter Hals und seine Zunge brannten vor Hitze.

Sy droë, ontsteekte keel en tong het gebrand van hitte.

Dieser Schmerz schürte das Fieber, das in seinem stolzen Körper aufstieg.

Hierdie pyn het die koors gevoed wat in sy trotse liggaam gestyg het.

Buck war während dieses Prozesses für eine einzige Sache dankbar.

Buck was dankbaar vir een enkele ding tydens hierdie verhoor.

Das Seil um seinen dicken Hals war entfernt worden.

Die tou was om sy dik nek verwyder.

Das Seil hatte diesen Männern einen unfairen und grausamen Vorteil verschafft.

Die tou het daardie manne 'n onregverdige en wrede voordeel gegee.

Jetzt war das Seil weg und Buck schwor, dass es nie wieder zurückkommen würde.

Nou was die tou weg, en Buck het gesweer dit sou nooit terugkeer nie.

Er beschloss, sich nie wieder ein Seil um den Hals legen zu lassen.

Hy het besluit dat geen tou ooit weer om sy nek sou gaan nie.

Zwei lange Tage und Nächte litt er ohne Essen.

Vir twee lang dae en nagte het hy sonder kos gely.

Und in diesen Stunden baute sich in ihm eine enorme Wut auf.

En in daardie ure het hy 'n enorme woede binne hom opgebou.

Seine Augen wurden vor ständiger Wut blutunterlaufen und wild.
Sy oë het bloedbelope en wild geword van voortdurende woede.
Er war nicht mehr Buck, sondern ein Dämon mit schnappenden Kiefern.
Hy was nie meer Buck nie, maar 'n demoon met klapkake.
Nicht einmal der Richter hätte dieses verrückte Wesen erkannt.
Selfs die Regter sou hierdie mal skepsel nie geken het nie.
Die Expressboten atmeten erleichtert auf, als sie Seattle erreichten
Die snelboodskappers het verlig gesug toe hulle Seattle bereik het.
Vier Männer hoben die Kiste hoch und brachten sie in einen Hinterhof.
Vier mans het die krat opgelig en na 'n agterplaas gebring.
Der Hof war klein und von hohen, massiven Mauern umgeben.
Die erf was klein, omring deur hoë en soliede mure.
Ein großer Mann in einem ausgeleierten roten Pullover kam heraus.
'n Groot man het uitgestap in 'n verslapte rooi truihemp.
Mit dicker, kühner Handschrift unterschrieb er das Lieferbuch.
Hy het die afleweringsboek met 'n dik en vet hand geteken.
Buck spürte sofort, dass dieser Mann sein nächster Peiniger war.
Buck het dadelik aangevoel dat hierdie man sy volgende kwelgeest was.
Er stürzte sich heftig auf die Gitterstäbe, die Augen rot vor Wut.
Hy het gewelddadig teen die tralies gestorm, oë rooi van woede.
Der Mann lächelte nur finster und holte ein Beil.
Die man het net donker geglimlag en 'n byl gaan haal.

Er brachte auch eine Keule in seiner dicken und starken rechten Hand mit.
Hy het ook 'n stok in sy dik en sterk regterhand gebring.
„Wollen Sie ihn jetzt rausholen?", fragte der Fahrer besorgt.
"Gaan jy hom nou uithaal?" het die bestuurder bekommerd gevra.
„Sicher", sagte der Mann und rammte das Beil als Hebel in die Kiste.
"Seker," sê die man en druk die byl as 'n hefboom in die krat vas.
Die vier Männer stoben sofort auseinander und sprangen auf die Hofmauer.
Die vier mans het onmiddellik uitmekaar gespring en op die erfmuur gespring.
Von ihren sicheren Plätzen oben warteten sie, um das Spektakel zu beobachten.
Vanuit hul veilige plekke daarbo het hulle gewag om die skouspel te aanskou.
Buck stürzte sich auf das zersplitterte Holz, biss und zitterte heftig.
Buck het na die versplinterde hout gestorm, terwyl hy hewig byt en bewe.
Jedes Mal, wenn die Axt den Käfig traf, war Buck da, um ihn anzugreifen.
Elke keer as die byl die hok getref het), was Buck daar om dit aan te val.
Er knurrte und schnappte vor wilder Wut und wollte unbedingt freigelassen werden.
Hy het gegrom en gekap van wilde woede, gretig om vrygelaat te word.
Der Mann draußen war ruhig und gelassen und konzentrierte sich auf seine Aufgabe.
Die man buite was kalm en standvastig, vasbeslote op sy taak.
„Also gut, du rotäugiger Teufel", sagte er, als das Loch groß war.
"Goed dan, jou rooioogduiwel," het hy gesê toe die gat groot was.

Er ließ das Beil fallen und nahm die Keule in die rechte Hand.
Hy het die byl laat val en die knuppel in sy regterhand geneem.
Buck sah wirklich aus wie ein Teufel; seine Augen blutunterlaufen und lodernd.
Buck het werklik soos 'n duiwel gelyk; oë bloedbelope en vlammend.
Sein Fell sträubte sich, Schaum stand ihm vor dem Mund, seine Augen funkelten.
Sy jas het geborsel, skuim het om sy mond geskuim, oë het geglinster.
Er spannte seine Muskeln an und sprang direkt auf den roten Pullover zu.
Hy het sy spiere saamgespan en reguit op die rooi trui gespring.
Hundertvierzig Pfund Wut prasselten auf den ruhigen Mann zu.
Honderd-en-veertig pond woede het na die kalm man gevlieg.
Kurz bevor er die Zähne zusammenbiss, traf ihn ein schrecklicher Schlag.
Net voordat sy kake toegeklamp het, het 'n verskriklike hou hom getref.
Seine Zähne schnappten zusammen, nur Luft war im Spiel.
Sy tande het teen mekaar geknak op niks anders as lug nie
ein Schmerz durchfuhr seinen Körper
'n skok van pyn het deur sy liggaam weergalm
Er machte einen Überschlag in der Luft und stürzte auf dem Rücken und der Seite zu Boden.
Hy het midde-in die lug omgeslaan en op sy rug en sy neergestort.
Er hatte noch nie zuvor einen Knüppelschlag gespürt und konnte ihn nicht begreifen.
Hy het nog nooit tevore 'n knuppel se hou gevoel nie en kon dit nie vasgryp nie.
Mit einem kreischenden Knurren, das teils Bellen, teils Schreien war, sprang er erneut.

Met 'n gillende gegrom, deels blaf, deels gil, het hy weer opgespring.
Ein weiterer brutaler Schlag traf ihn und schleuderte ihn zu Boden.
Nog 'n wrede hou het hom getref en hom op die grond gegooi.
Diesmal verstand Buck – es war die schwere Keule des Mannes.
Hierdie keer het Buck verstaan — dit was die man se swaar knuppel.
Doch die Wut machte ihn blind, und an einen Rückzug dachte er nicht.
Maar woede het hom verblind, en hy het geen gedagte aan terugtog gehad nie.
Zwölfmal stürzte er sich in die Luft, und zwölfmal fiel er.
Twaalf keer het hy homself gewerp, en twaalf keer het hy geval.
Der Holzknüppel traf ihn jedes Mal mit unbarmherziger, vernichtender Kraft.
Die houtknuppel het hom elke keer met meedoënlose, verpletterende krag verpletter.
Nach einem heftigen Schlag kam er benommen und langsam wieder auf die Beine.
Na een hewige hou het hy versuft en stadig orent gekom.
Blut lief aus seinem Mund, seiner Nase und sogar seinen Ohren.
Bloed het uit sy mond, sy neus en selfs sy ore gestroom.
Sein einst so schönes Fell war mit blutigem Schaum verschmiert.
Sy eens pragtige jas was met bloedige skuim besmeer.
Dann trat der Mann vor und versetzte ihm einen heftigen Schlag auf die Nase.
Toe tree die man op en slaan hom 'n wrede hou teen die neus.
Die Qualen waren schlimmer als alles, was Buck je gespürt hatte.
Die pyn was skerper as enigiets wat Buck ooit gevoel het.
Mit einem Brüllen, das eher an ein Tier als an einen Hund erinnerte, sprang er erneut zum Angriff.

Met 'n gebrul meer dier as hond, het hy weer opgespring om aan te val.
Doch der Mann packte seinen Unterkiefer und drehte ihn nach hinten.
Maar die man het sy onderkaak gegryp en dit agtertoe gedraai.
Buck überschlug sich kopfüber und stürzte erneut hart auf den Boden.
Buck het kop oor hakke geslaan en weer hard neergestort.
Ein letztes Mal stürmte Buck auf ihn zu, jetzt konnte er kaum noch stehen.
Een laaste keer het Buck op hom afgestorm, nou skaars in staat om op te staan.
Der Mann schlug mit perfektem Timing zu und versetzte den letzten Schlag.
Die man het met kundige tydsberekening toegeslaan en die finale hou toegedien.
Buck brach bewusstlos und regungslos zusammen.
Buck het bewusteloos en roerloos in 'n hoop ineengestort.
„Er ist kein Stümper im Hundezähmen, das sage ich", rief ein Mann.
"Hy is nie traag met honde-breek nie, dis wat ek sê," het 'n man geskree.
„Druther kann den Willen eines Hundes an jedem Tag der Woche brechen."
"Druther kan die wil van 'n hond enige dag van die week breek."
„Und zweimal an einem Sonntag!", fügte der Fahrer hinzu.
"En twee keer op 'n Sondag!" het die bestuurder bygevoeg.
Er stieg in den Wagen und ließ die Zügel knacken, um loszufahren.
Hy het in die wa geklim en die teuels gekraak om te vertrek.
Buck erlangte langsam die Kontrolle über sein Bewusstsein zurück
Buck het stadig beheer oor sy bewussyn herwin
aber sein Körper war noch zu schwach und gebrochen, um sich zu bewegen.

maar sy liggaam was steeds te swak en gebreek om te beweeg.
Er blieb liegen, wo er hingefallen war, und beobachtete den Mann im roten Pullover.
Hy het gelê waar hy geval het, en die man met die rooi trui dopgehou.
„Er hört auf den Namen Buck", sagte der Mann und las laut vor.
"Hy antwoord op die naam van Buck," het die man gesê terwyl hy hardop lees.
Er zitierte aus der Notiz und den Einzelheiten, die mit Bucks Kiste geschickt wurden.
Hy het aangehaal uit die nota wat saam met Buck se krat gestuur is, en besonderhede.
„Also, Buck, mein Junge", fuhr der Mann freundlich fort,
"Wel, Buck, my seun," het die man met 'n vriendelike toon voortgegaan,
„Wir hatten unseren kleinen Streit, und jetzt ist es zwischen uns vorbei."
"Ons het ons klein rusie gehad, en nou is dit verby tussen ons."
„Sie haben Ihren Platz kennengelernt und ich habe meinen kennengelernt", fügte er hinzu.
"Jy het jou plek geleer, en ek het myne geleer," het hy bygevoeg.
„Sei brav, dann wird alles gut und das Leben wird angenehm sein."
"Wees goed, en alles sal goed gaan, en die lewe sal aangenaam wees."
„Aber wenn du böse bist, schlage ich dir die Seele aus dem Leib, verstanden?"
"Maar wees stout, en ek sal jou die vulsel uitslaan, verstaan?"
Während er sprach, streckte er die Hand aus und tätschelte Bucks schmerzenden Kopf.
Terwyl hy gepraat het, het hy uitgereik en Buck se seer kop geklop.
Bucks Haare stellten sich bei der Berührung des Mannes auf, aber er wehrte sich nicht.

Buck se hare het rys toe die man dit aanraak, maar hy het nie weerstand gebied nie.

Der Mann brachte ihm Wasser, das Buck in großen Schlucken trank.

Die man het vir hom water gebring, wat Buck in groot slukke gedrink het.

Dann kam rohes Fleisch, das Buck Stück für Stück verschlang.

Toe kom rou vleis, wat Buck stukkie vir stukkie verslind het.

Er wusste, dass er geschlagen war, aber er wusste auch, dass er nicht gebrochen war.

Hy het geweet hy is geslaan, maar hy het ook geweet hy was nie gebreek nie.

Gegen einen mit einer Keule bewaffneten Mann hatte er keine Chance.

Hy het geen kans gehad teen 'n man gewapen met 'n knuppel nie.

Er hatte die Wahrheit erfahren und diese Lektion nie vergessen.

Hy het die waarheid geleer, en hy het daardie les nooit vergeet nie.

Diese Waffe war der Beginn des Gesetzes in Bucks neuer Welt.

Daardie wapen was die begin van die wet in Buck se nuwe wêreld.

Es war der Beginn einer harten, primitiven Ordnung, die er nicht leugnen konnte.

Dit was die begin van 'n harde, primitiewe orde wat hy nie kon ontken nie.

Er akzeptierte die Wahrheit; seine wilden Instinkte waren nun erwacht.

Hy het die waarheid aanvaar; sy wilde instinkte was nou wakker.

Die Welt war härter geworden, aber Buck stellte sich ihr tapfer.

Die wêreld het harder geword, maar Buck het dit dapper die hoof gebied.

Er begegnete dem Leben mit neuer Vorsicht, List und stiller Stärke.
Hy het die lewe met nuwe versigtigheid, listigheid en stille krag tegemoetgegaan.
Weitere Hunde kamen an, an Seilen oder in Kisten festgebunden, so wie Buck.
Meer honde het aangekom, vasgemaak in toue of kratte soos Buck was.
Einige Hunde kamen ruhig, andere tobten und kämpften wie wilde Tiere.
Party honde het kalm gekom, ander het gewoed en soos wilde diere geveg.
Sie alle wurden der Herrschaft des Mannes im roten Pullover unterworfen.
Hulle almal is onder die heerskappy van die man met die rooi trui gebring.
Jedes Mal sah Buck zu und sah, wie sich ihm die gleiche Lektion erschloss.
Elke keer het Buck gekyk en dieselfde les sien ontvou.
Der Mann mit der Keule war das Gesetz, ein Herr, dem man gehorchen musste.
Die man met die knuppel was die wet; 'n meester wat gehoorsaam moes word.
Er musste nicht gemocht werden, aber man musste ihm gehorchen.
Hy het nie nodig gehad om gehou te word nie, maar hy moes gehoorsaam word.
Buck schmeichelte oder wedelte nie mit dem Schwanz, wie es die schwächeren Hunde taten.
Bok het nooit gekuier of gewaggel soos die swakker honde nie.
Er sah Hunde, die geschlagen wurden und trotzdem die Hand des Mannes leckten.
Hy het honde gesien wat geslaan is en steeds die man se hand gelek het.
Er sah einen Hund, der überhaupt nicht gehorchte oder sich unterwarf.

Hy het een hond gesien wat glad nie wou gehoorsaam of onderwerp nie.
Dieser Hund kämpfte, bis er im Kampf um die Kontrolle getötet wurde.
Daardie hond het geveg totdat hy in die stryd om beheer dood is.
Manchmal kamen Fremde, um den Mann im roten Pullover zu sehen.
Vreemdelinge sou soms kom om die man met die rooi trui te sien.
Sie sprachen in seltsamem Ton, flehten, feilschten und lachten.
Hulle het in vreemde toonhoogte gepraat, gesmeek, onderhandel en gelag.
Als das Geld ausgetauscht wurde, gingen sie mit einem oder mehreren Hunden.
Toe geld geruil is, het hulle met een of meer honde vertrek.
Buck fragte sich, wohin diese Hunde gingen, denn keiner kam jemals zurück.
Buck het gewonder waarheen hierdie honde gegaan het, want niemand het ooit teruggekeer nie.
Angst vor dem Unbekannten erfüllte Buck jedes Mal, wenn ein fremder Mann kam
vrees vir die onbekende het Buck elke keer gevul wanneer 'n vreemde man gekom het
Er war jedes Mal froh, wenn ein anderer Hund mitgenommen wurde und nicht er selbst.
Hy was bly elke keer as 'n ander hond geneem is, eerder as hyself.
Doch schließlich kam Buck an die Reihe, als ein fremder Mann eintraf.
Maar uiteindelik het Buck se beurt gekom met die aankoms van 'n vreemde man.
Er war klein, drahtig und sprach gebrochenes Englisch und fluchte.
Hy was klein, draderig en het in gebroke Engels en vloekwoorde gepraat.

„Heilig!", schrie er, als er Bucks Gestalt erblickte.
"Heilig!" het hy geskree toe hy Buck se lyf sien.
„Das ist aber ein verdammter Rüpel! Wie viel?", fragte er laut.
"Dis een verdomde boeliehond! Ag? Hoeveel?" het hy hardop gevra.
„Dreihundert, und für diesen Preis ist er ein Geschenk."
"Driehonderd, en hy's 'n geskenk teen daardie prys,"
„Da es sich um staatliche Gelder handelt, sollten Sie sich nicht beschweren, Perrault."
"Aangesien dit staatsgeld is, moet jy nie kla nie, Perrault."
Perrault grinste über den Deal, den er gerade mit dem Mann gemacht hatte.
Perrault het geglimlag oor die ooreenkoms wat hy pas met die man gesluit het.
Aufgrund der plötzlichen Nachfrage waren die Preise für Hunde in die Höhe geschossen.
Die prys van honde het gestyg as gevolg van die skielike vraag.
Dreihundert Dollar waren für so ein tolles Tier nicht unfair.
Driehonderd dollar was nie onregverdig vir so 'n pragtige dier nie.
Die kanadische Regierung würde bei dem Abkommen nichts verlieren
Die Kanadese regering sou niks in die ooreenkoms verloor nie.
Auch ihre offiziellen Depeschen würden während des Transports nicht verzögert.
Ook sou hul amptelike versendings nie tydens vervoer vertraag word nie.
Perrault kannte sich gut mit Hunden aus und erkannte, dass Buck etwas Seltenes war.
Perrault het honde goed geken, en kon sien dat Buck iets vreemds was.
„Einer von zehntausend", dachte er, als er Bucks Körperbau betrachtete.
"Een uit tien tienduisend," het hy gedink terwyl hy Buck se bou bestudeer het.

Buck sah, wie das Geld den Besitzer wechselte, zeigte sich jedoch nicht überrascht.
Buck het gesien hoe die geld van eienaar verwissel, maar het geen verbasing getoon nie.
Bald wurden er und Curly, ein sanfter Neufundländer, weggeführt.
Gou is hy en Curly, 'n sagte Newfoundlander, weggelei.
Sie folgten dem kleinen Mann aus dem Hof des roten Pullovers.
Hulle het die klein mannetjie van die rooi trui se erf gevolg.
Das war das letzte Mal, dass Buck den Mann mit der Holzkeule sah.
Dit was die laaste wat Buck ooit van die man met die houtknuppel gesien het.
Vom Deck der Narwhal aus beobachtete er, wie Seattle in der Ferne verschwand.
Van die Narwhal se dek af het hy Seattle in die verte sien verdwyn.
Es war auch das letzte Mal, dass er das warme Südland sah.
Dit was ook die laaste keer dat hy ooit die warm Suidland gesien het.
Perrault brachte sie unter Deck und ließ sie bei François zurück.
Perrault het hulle onderdek geneem en hulle by François gelos.
François war ein Riese mit schwarzem Gesicht und rauen, schwieligen Händen.
François was 'n swartgesigreus met growwe, eelte hande.
Er war dunkelhäutig und hatte eine dunkle Hautfarbe, ein französisch-kanadischer Mischling.
Hy was donker en dor; 'n halfbloed Frans-Kanadees.
Für Buck waren diese Männer von einer Art, die er noch nie zuvor gesehen hatte.
Vir Buck was hierdie manne van 'n soort wat hy nog nooit tevore gesien het nie.
Er würde in den kommenden Tagen viele solcher Männer kennenlernen.

Hy sou in die dae wat voorlê baie sulke manne leer ken.
Er konnte sie zwar nicht lieb gewinnen, aber er begann, sie zu respektieren.
Hy het nie van hulle gehou nie, maar hy het hulle begin respekteer.
Sie waren fair und weise und ließen sich von keinem Hund so leicht täuschen.
Hulle was regverdig en wys, en nie maklik deur enige hond mislei nie.
Sie beurteilten Hunde ruhig und bestraften sie nur, wenn es angebracht war.
Hulle het honde kalm beoordeel en slegs gestraf wanneer dit verdien is.
Im Unterdeck der Narwhal trafen Buck und Curly zwei Hunde.
In die Narwhal se onderste dek het Buck en Curly twee honde ontmoet.
Einer war ein großer weißer Hund aus dem fernen, eisigen Spitzbergen.
Een was 'n groot wit hond van die verre, ysige Spitsbergen.
Er war einmal mit einem Walfänger gesegelt und hatte sich einer Erkundungsgruppe angeschlossen.
Hy het eenkeer saam met 'n walvisjagter geseil en by 'n opnamegroep aangesluit.
Er war auf eine schlaue, hinterhältige und listige Art freundlich.
Hy was vriendelik op 'n slinkse, onderduimse en listige manier.
Bei ihrer ersten Mahlzeit stahl er ein Stück Fleisch aus Bucks Pfanne.
By hulle eerste maaltyd het hy 'n stuk vleis uit Buck se pan gesteel.
Buck sprang, um ihn zu bestrafen, aber François' Peitsche schlug zuerst zu.
Buck het gespring om hom te straf, maar François se sweep het eerste getref.

Der weiße Dieb schrie auf und Buck holte sich den gestohlenen Knochen zurück.
Die wit dief het geskree, en Buck het die gesteelde been teruggeëis.
Diese Fairness beeindruckte Buck und François verdiente sich seinen Respekt.
Daardie billikheid het Buck beïndruk, en François het sy respek verdien.
Der andere Hund grüßte nicht und wollte auch nichts zurück.
Die ander hond het geen groet gegee nie, en wou niks terug hê nie.
Er stahl weder Essen noch beschnüffelte er die Neuankömmlinge interessiert.
Hy het nie kos gesteel nie, en ook nie belangstellend aan die nuwe aankomelinge geruik nie.
Dieser Hund war grimmig und ruhig, düster und bewegte sich langsam.
Hierdie hond was grimmig en stil, somber en stadig bewegend.
Er warnte Curly, sich fernzuhalten, indem er sie einfach anstarrte.
Hy het Curly gewaarsku om weg te bly deur haar bloot aan te staar.
Seine Botschaft war klar: Lass mich in Ruhe, sonst gibt es Ärger.
Sy boodskap was duidelik; los my uit, anders kom daar moeilikheid.
Er hieß Dave und nahm seine Umgebung kaum wahr.
Hy is Dave genoem, en hy het skaars sy omgewing opgemerk.
Er schlief oft, aß ruhig und gähnte ab und zu.
Hy het dikwels geslaap, stil geëet en nou en dan gegaap.

Das Schiff summte ständig, während unten der Propeller schlug.
Die skip het aanhoudend gegons met die kloppende skroef onder.

Die Tage vergingen, ohne dass sich viel änderte, aber das Wetter wurde kälter.
Dae het met min verandering verbygegaan, maar die weer het kouer geword.
Buck spürte es in seinen Knochen und bemerkte, dass es den anderen genauso ging.
Buck kon dit in sy bene voel, en het opgemerk dat die ander dit ook gedoen het.
Dann blieb eines Morgens der Propeller stehen und alles war still.
Toe, een oggend, het die skroef gaan staan en alles was stil.
Eine Energie durchströmte das Schiff; etwas hatte sich verändert.
'n Energie het deur die skip gespoel; iets het verander.
François kam herunter, legte ihnen die Leinen an und brachte sie hoch.
François het afgekom, hulle aan leibande vasgemaak en hulle opgebring.
Buck stieg aus und fand den Boden weich, weiß und kalt.
Buck het uitgestap en die grond sag, wit en koud gevind.
Er sprang erschrocken zurück und schnaubte völlig verwirrt.
Hy het ontsteld teruggespring en in totale verwarring gesnork.
Seltsames weißes Zeug fiel vom grauen Himmel.
Vreemde wit goed het uit die grys lug geval.
Er schüttelte sich, aber die weißen Flocken landeten immer wieder auf ihm.
Hy het homself geskud, maar die wit vlokkies het aanhou op hom land.
Er roch vorsichtig an dem weißen Zeug und leckte an ein paar eisigen Stückchen.
Hy het die wit goed versigtig geruik en aan 'n paar ysige stukkies gelek.
Das Pulver brannte wie Feuer und verschwand dann einfach von seiner Zunge.
Die poeier het soos vuur gebrand en toe dadelik van sy tong af verdwyn.

Buck versuchte es noch einmal und war verwirrt über die seltsame, verschwindende Kälte.
Buck het weer probeer, verward deur die vreemde verdwynende koue.
Die Männer um ihn herum lachten und Buck war verlegen.
Die mans rondom hom het gelag, en Buck het verleë gevoel.
Er wusste nicht warum, aber er schämte sich für seine Reaktion.
Hy het nie geweet hoekom nie, maar hy was skaam oor sy reaksie.
Es war seine erste Erfahrung mit Schnee und es verwirrte ihn.
Dit was sy eerste ervaring met sneeu, en dit het hom verwar.

Das Gesetz von Keule und Fang
Die Wet van Knub en Tand

Bucks erster Tag am Strand von Dyea fühlte sich wie ein schrecklicher Albtraum an.
Buck se eerste dag op die Dyea-strand het soos 'n verskriklike nagmerrie gevoel.
Jede Stunde brachte neue Schocks und unerwartete Veränderungen für Buck.
Elke uur het nuwe skokke en onverwagte veranderinge vir Buck gebring.
Er war aus der Zivilisation gerissen und ins wilde Chaos gestürzt worden.
Hy is uit die beskawing geruk en in wilde chaos gedompel.
Dies war kein sonniges, faules Leben mit Langeweile und Ruhe.
Dit was geen sonnige, lui lewe met verveeldheid en rus nie.
Es gab keinen Frieden, keine Ruhe und keinen Moment ohne Gefahr.
Daar was geen vrede, geen rus en geen oomblik sonder gevaar nie.
Überall herrschte Verwirrung und die Gefahr war immer in der Nähe.
Verwarring het alles oorheers, en gevaar was altyd naby.
Buck musste wachsam bleiben, denn diese Männer und Hunde waren anders.
Buck moes waaksaam bly, want hierdie mans en honde was anders.
Sie kamen nicht aus der Stadt, sie waren wild und gnadenlos.
Hulle was nie van dorpe afkomstig nie; hulle was wild en sonder genade.
Diese Männer und Hunde kannten nur das Gesetz der Keule und der Reißzähne.
Hierdie mans en honde het net die wet van knuppel en slagtand geken.

Buck hatte noch nie Hunde so kämpfen sehen wie diese wilden Huskys.
Buck het nog nooit honde soos hierdie wrede huskies sien baklei nie.
Seine erste Erfahrung lehrte ihn eine Lektion, die er nie vergessen würde.
Sy eerste ervaring het hom 'n les geleer wat hy nooit sou vergeet nie.
Er hatte Glück, dass er es nicht war, sonst wäre auch er gestorben.
Hy was gelukkig dat dit nie hy was nie, anders sou hy ook gesterf het.
Curly war derjenige, der litt, während Buck zusah und lernte.
Krulletjie was die een wat gely het terwyl Buck gekyk en geleer het.
Sie hatten ihr Lager in der Nähe eines aus Baumstämmen gebauten Ladens aufgeschlagen.
Hulle het kamp opgeslaan naby 'n winkel wat van houtblokke gebou is.
Curly versuchte, einem großen, wolfsähnlichen Husky gegenüber freundlich zu sein.
Krulletjie het probeer om vriendelik te wees teenoor 'n groot, wolfagtige husky.
Der Husky war kleiner als Curly, sah aber wild und böse aus.
Die husky was kleiner as Curly, maar het wild en gemeen gelyk.
Ohne Vorwarnung sprang er auf und schlug ihr ins Gesicht.
Sonder waarskuwing het hy opgespring en haar gesig oopgesny.
Seine Zähne schnitten in einer Bewegung von ihrem Auge bis zu ihrem Kiefer.
Sy tande sny in een beweging van haar oog tot by haar kakebeen.
So kämpften Wölfe: Sie schlugen schnell zu und sprangen weg.

Só het wolwe geveg—vinnig geslaan en weggespring.
Aber es gab mehr zu lernen als nur diesen einen Angriff.
Maar daar was meer om te leer as net uit daardie een aanval.
Dutzende Huskys stürmten herein und bildeten einen stillen Kreis.
Dosyne husky's het ingestorm en 'n stil sirkel gemaak.
Sie schauten aufmerksam zu und leckten sich hungrig die Lippen.
Hulle het stip dopgehou en hulle lippe van honger afgelek.
Buck verstand weder ihr Schweigen noch ihre begierigen Blicke.
Buck het nie hulle stilte of hulle gretige oë verstaan nie.
Curly stürzte sich ein zweites Mal auf den Husky, um ihn anzugreifen.
Krulletjie het gehardloop om die husky 'n tweede keer aan te val.
Mit einer kräftigen Bewegung seiner Brust warf er sie um.
Hy het sy bors gebruik om haar met 'n kragtige beweging om te gooi.
Sie fiel auf die Seite und konnte nicht wieder aufstehen.
Sy het op haar sy geval en kon nie weer opstaan nie.
Darauf hatten die anderen die ganze Zeit gewartet.
Dit was waarvoor die ander heeltyd gewag het.
Die Huskies sprangen sie an und jaulten und knurrten wie wild.
Die huskies het op haar gespring, gillend en grommend in 'n waansin.
Sie schrie, als sie unter einem Haufen Hunde begruben.
Sy het geskree terwyl hulle haar onder 'n hoop honde begrawe het.
Der Angriff erfolgte so schnell, dass Buck vor Schreck erstarrte.
Die aanval was so vinnig dat Buck van skok in plek gevries het.
Er sah, wie Spitz die Zunge herausstreckte, als würde er lachen.

Hy het gesien hoe Spitz sy tong uitsteek op 'n manier wat soos 'n lag gelyk het.

François schnappte sich eine Axt und rannte direkt in die Hundegruppe hinein.
François het 'n byl gegryp en reguit in die groep honde ingehardloop.

Drei weitere Männer halfen mit Knüppeln, die Huskies zu vertreiben.
Drie ander mans het knuppels gebruik om die huskies weg te slaan.

In nur zwei Minuten war der Kampf vorbei und die Hunde waren verschwunden.
Binne net twee minute was die geveg verby en die honde was weg.

Curly lag tot im roten, zertrampelten Schnee, ihr Körper war zerfetzt.
Krulletjie het dood in die rooi, vertrapte sneeu gelê, haar liggaam uitmekaar geskeur.

Ein dunkelhäutiger Mann stand über ihr und verfluchte die brutale Szene.
'n Donkervellige man het oor haar gestaan en die wrede toneel vervloek.

Die Erinnerung blieb bei Buck und verfolgte ihn nachts in seinen Träumen.
Die herinnering het by Buck gebly en sy drome snags agtervolg.

So war es hier: keine Fairness, keine zweite Chance.
Dit was die manier hier; geen regverdigheid, geen tweede kans nie.

Sobald ein Hund fiel, töteten die anderen ihn gnadenlos.
Sodra 'n hond geval het, sou die ander sonder genade doodmaak.

Buck beschloss damals, dass er niemals zulassen würde, dass er fällt.
Buck het toe besluit dat hy homself nooit sou toelaat om te val nie.

Spitz streckte erneut die Zunge heraus und lachte über das Blut.
Spitz het weer sy tong uitgesteek en vir die bloed gelag.
Von diesem Moment an hasste Buck Spitz aus vollem Herzen.
Van daardie oomblik af het Buck Spitz met sy hele hart gehaat.

Bevor Buck sich von Curlys Tod erholen konnte, passierte etwas Neues.
Voordat Buck van Curly se dood kon herstel, het iets nuuts gebeur.
François kam herüber und schnallte etwas um Bucks Körper.
François het nader gekom en iets om Buck se lyf vasgemaak.
Es war ein Geschirr wie das, das auf der Ranch für Pferde verwendet wurde.
Dit was 'n harnas soos dié wat op perde op die plaas gebruik word.
Buck hatte gesehen, wie Pferde arbeiteten, und nun musste auch er arbeiten.
Soos Buck perde sien werk het, moes hy nou ook werk.
Er musste François auf einem Schlitten in den nahegelegenen Wald ziehen.
Hy moes François op 'n slee die nabygeleë woud insleep.
Anschließend musste er eine Ladung schweres Brennholz zurückziehen.
Toe moes hy 'n vrag swaar brandhout terugtrek.
Buck war stolz und deshalb tat es ihm weh, wie ein Arbeitstier behandelt zu werden.
Buck was trots, so dit het hom seergemaak om soos 'n werkdier behandel te word.
Aber er war klug und versuchte nicht, gegen die neue Situation anzukämpfen.
Maar hy was wys en het nie probeer om die nuwe situasie te beveg nie.
Er akzeptierte sein neues Leben und gab bei jeder Aufgabe sein Bestes.
Hy het sy nuwe lewe aanvaar en sy beste in elke taak gegee.

Alles an der Arbeit war ihm fremd und ungewohnt.
Alles omtrent die werk was vir hom vreemd en onbekend.
François war streng und verlangte unverzüglichen Gehorsam.
François was streng en het sonder versuim gehoorsaamheid geëis.
Seine Peitsche sorgte dafür, dass jeder Befehl sofort befolgt wurde.
Sy sweep het verseker dat elke bevel gelyktydig gevolg is.
Dave war der Schlittenführer, der Hund, der dem Schlitten hinter Buck am nächsten war.
Dave was die wielbestuurder, die hond naaste aan die slee agter Buck.
Dave biss Buck in die Hinterbeine, wenn er einen Fehler machte.
Dave het Buck aan die agterpote gebyt as hy 'n fout gemaak het.
Spitz war der Leithund und in dieser Rolle geschickt und erfahren.
Spitz was die leidhond, bekwaam en ervare in die rol.
Spitz konnte Buck nicht leicht erreichen, korrigierte ihn aber trotzdem.
Spitz kon Buck nie maklik bereik nie, maar het hom steeds reggehelp.
Er knurrte barsch oder zog den Schlitten auf eine Art, die Buck etwas beibrachte.
Hy het hard gegrom of die slee getrek op maniere wat Buck geleer het.
Durch dieses Training lernte Buck schneller, als alle erwartet hatten.
Onder hierdie opleiding het Buck vinniger geleer as wat enigeen van hulle verwag het.
Er hat hart gearbeitet und sowohl von François als auch von den anderen Hunden gelernt.
Hy het hard gewerk en by beide François en die ander honde geleer.

Als sie zurückkamen, kannte Buck die wichtigsten Befehle bereits.
Teen die tyd dat hulle teruggekeer het, het Buck reeds die sleutelbevele geken.
Von François hat er gelernt, beim Laut „ho" anzuhalten.
Hy het geleer om te stop by die klank van "ho" van François.
Er lernte, wann er den Schlitten ziehen und rennen musste.
Hy het geleer wanneer hy die slee moes trek en hardloop.
Er lernte, in den Kurven des Weges ohne Probleme weit abzubiegen.
Hy het geleer om sonder probleme wyd te draai by draaie in die roete.
Er lernte auch, Dave auszuweichen, wenn der Schlitten schnell bergab fuhr.
Hy het ook geleer om Dave te vermy wanneer die slee vinnig afdraand gegaan het.
„Das sind sehr gute Hunde", sagte François stolz zu Perrault.
"Hulle is baie goeie honde," het François trots vir Perrault gesê.
„Dieser Buck zieht wie der Teufel – ich bringe ihm das so schnell bei, wie ich nur kann."
"Daardie Buck trek soos die hel — ek leer hom so vinnig as enigiets."

Später am Tag kam Perrault mit zwei weiteren Huskys zurück.
Later daardie dag het Perrault teruggekom met nog twee husky honde.
Ihre Namen waren Billee und Joe und sie waren Brüder.
Hulle name was Billee en Joe, en hulle was broers.
Sie stammten von derselben Mutter, waren sich aber überhaupt nicht ähnlich.
Hulle het van dieselfde moeder gekom, maar was glad nie eenders nie.
Billee war gutmütig und zu allen sehr freundlich.
Billee was goedhartig en te vriendelik met almal.

Joe war das Gegenteil – ruhig, wütend und immer am Knurren.
Joe was die teenoorgestelde—stil, kwaad en altyd grommend.
Buck begrüßte sie freundlich und blieb beiden gegenüber ruhig.
Buck het hulle vriendelik gegroet en was kalm met albei.
Dave schenkte ihnen keine Beachtung und blieb wie üblich still.
Dave het geen aandag aan hulle geskenk nie en soos gewoonlik stilgebly.
Um seine Dominanz zu demonstrieren, griff Spitz zuerst Billee und dann Joe an.
Spitz het eers Billee, toe Joe, aangeval om sy oorheersing te toon.
Billee wedelte mit dem Schwanz und versuchte, freundlich zu Spitz zu sein.
Billee het sy stert geswaai en probeer om vriendelik teenoor Spitz te wees.
Als das nicht funktionierte, versuchte er stattdessen wegzulaufen.
Toe dit nie werk nie, het hy eerder probeer weghardloop.
Er weinte traurig, als Spitz ihn fest in die Seite biss.
Hy het hartseer gehuil toe Spitz hom hard aan die sy gebyt het.
Aber Joe war ganz anders und ließ sich nicht einschüchtern.
Maar Joe was baie anders en het geweier om geboelie te word.
Jedes Mal, wenn Spitz näher kam, drehte sich Joe schnell um, um ihm in die Augen zu sehen.
Elke keer as Spitz naby gekom het, het Joe vinnig omgedraai om hom in die gesig te staar.
Sein Fell sträubte sich, seine Lippen kräuselten sich und seine Zähne schnappten wild.
Sy pels het geborsel, sy lippe het gekrul, en sy tande het wild geknap.
Joes Augen glänzten vor Angst und Wut und forderten Spitz heraus, zuzuschlagen.

Joe se oë het geglans van vrees en woede en Spitz uitgedaag om toe te slaan.

Spitz gab den Kampf auf und wandte sich gedemütigt und wütend ab.

Spitz het die geveg opgegee en weggedraai, verneder en kwaad.

Er ließ seine Frustration an dem armen Billee aus und jagte ihn davon.

Hy het sy frustrasie op arme Billee uitgehaal en hom weggejaag.

An diesem Abend fügte Perrault dem Team einen weiteren Hund hinzu.

Daardie aand het Perrault nog 'n hond by die span gevoeg.

Dieser Hund war alt, mager und mit Kampfnarben übersät.

Hierdie hond was oud, maer en bedek met oorlogslittekens.

Eines seiner Augen fehlte, doch das andere blitzte kraftvoll auf.

Een van sy oë was afwesig, maar die ander een het met krag geflits.

Der neue Hund hieß Solleks, was „der Wütende" bedeutet.

Die nuwe hond se naam was Solleks, wat die Kwaai Een beteken het.

Wie Dave verlangte Solleks nichts von anderen und gab nichts zurück.

Soos Dave, het Solleks niks van ander gevra nie, en niks teruggegee nie.

Als Solleks langsam ins Lager ging, blieb sogar Spitz fern.

Toe Solleks stadig die kamp binnestap, het selfs Spitz weggebly.

Er hatte eine seltsame Angewohnheit, die Buck unglücklicherweise entdeckte.

Hy het 'n vreemde gewoonte gehad wat Buck ongelukkig was om te ontdek.

Solleks hasste es, von der Seite angesprochen zu werden, auf der er blind war.

Solleks het dit gehaat om benader te word aan die kant waar hy blind was.

Buck wusste das nicht und machte diesen Fehler versehentlich.
Buck het dit nie geweet nie en het daardie fout per ongeluk gemaak.
Solleks wirbelte herum und versetzte Buck einen schnellen, tiefen Schlag auf die Schulter.
Solleks het omgedraai en Buck se skouer diep en vinnig gesny.
Von diesem Moment an kam Buck nie wieder in die Nähe von Solleks' blinder Seite.
Van daardie oomblik af het Buck nooit naby Solleks se blindekant gekom nie.
Für den Rest ihrer gemeinsamen Zeit gab es nie wieder Probleme.
Hulle het nooit weer probleme gehad vir die res van hul tyd saam nie.
Solleks wollte nur in Ruhe gelassen werden, wie der ruhige Dave.
Solleks wou net alleen gelaat word, soos stil Dave.
Doch Buck erfuhr später, dass jeder von ihnen ein anderes geheimes Ziel hatte.
Maar Buck sou later uitvind dat hulle elkeen 'n ander geheime doelwit gehad het.
In dieser Nacht stand Buck vor einer neuen und beunruhigenden Herausforderung: Wie sollte er schlafen?
Daardie nag het Buck 'n nuwe en ontstellende uitdaging in die gesig gestaar—hoe om te slaap.
Das Zelt leuchtete warm im Kerzenlicht auf dem schneebedeckten Feld.
Die tent het warm gegloei met kerslig in die sneeubedekte veld.
Buck ging hinein und dachte, er könnte sich dort wie zuvor ausruhen.
Buck het binnetoe geloop en gedink hy kon daar rus soos voorheen.
Aber Perrault und François schrien ihn an und warfen Pfannen.

Maar Perrault en François het na hom geskree en panne gegooi.
Schockiert und verwirrt rannte Buck in die eisige Kälte hinaus.
Geskok en verward het Buck die ysige koue in gehardloop.
Ein bitterkalter Wind stach ihm in die verletzte Schulter und ließ seine Pfoten erfrieren.
'n Bitter wind het sy gewonde skouer gesteek en sy pote gevries.
Er legte sich in den Schnee und versuchte, im Freien zu schlafen.
Hy het in die sneeu gaan lê en probeer om in die oopte te slaap.
Doch die Kälte zwang ihn bald, heftig zitternd wieder aufzustehen.
Maar die koue het hom gou gedwing om weer op te staan, terwyl hy erg bewerig was.
Er wanderte durch das Lager und versuchte, ein wärmeres Plätzchen zu finden.
Hy het deur die kamp gedwaal en probeer om 'n warmer plek te vind.
Aber jede Ecke war genauso kalt wie die vorherige.
Maar elke hoekie was net so koud soos die vorige een.
Manchmal sprangen ihn wilde Hunde aus der Dunkelheit an.
Soms het wilde honde vanuit die donkerte op hom gespring.
Buck sträubte sein Fell, fletschte die Zähne und knurrte warnend.
Buck het sy pels geborsel, sy tande ontbloot en waarskuwend gegrom.
Er lernte schnell und die anderen Hunde zogen sich schnell zurück.
Hy het vinnig geleer, en die ander honde het vinnig teruggedeins.
Trotzdem hatte er keinen Platz zum Schlafen und keine Ahnung, was er tun sollte.

Tog het hy geen plek gehad om te slaap nie, en geen idee wat om te doen nie.

Endlich kam ihm ein Gedanke: Er sollte nach seinen Teamkollegen sehen.

Uiteindelik het 'n gedagte by hom opgekom—kyk na sy spanmaats.

Er kehrte in ihre Gegend zurück und war überrascht, dass sie verschwunden waren.

Hy het na hul gebied teruggekeer en was verbaas om te sien dat hulle weg is.

Erneut durchsuchte er das Lager, konnte sie jedoch immer noch nicht finden.

Weer het hy die kamp deursoek, maar kon hulle steeds nie vind nie.

Er wusste, dass sie nicht im Zelt sein durften, sonst wäre er auch dort gewesen.

Hy het geweet hulle kon nie in die tent wees nie, anders sou hy ook wees.

Wo also waren all die Hunde in diesem eisigen Lager geblieben?

So waarheen het al die honde in hierdie bevrore kamp gegaan?

Buck, kalt und elend, umrundete langsam das Zelt.

Buck, koud en ellendig, het stadig om die tent gesirkel.

Plötzlich sanken seine Vorderbeine in den weichen Schnee und er erschrak.

Skielik het sy voorpote in die sagte sneeu gesink en hom laat skrik.

Etwas zappelte unter seinen Füßen und er sprang ängstlich zurück.

Iets het onder sy voete gewriemel, en hy het van vrees agteroor gespring.

Er knurrte und fauchte, ohne zu wissen, was sich unter dem Schnee verbarg.

Hy het gegrom en gegrom, sonder om te weet wat onder die sneeu lê.

Dann hörte er ein freundliches kleines Bellen, das seine Angst linderte.
Toe hoor hy 'n vriendelike klein geblaf wat sy vrees verlig het.
Er schnüffelte in der Luft und kam näher, um zu sehen, was verborgen war.
Hy het die lug gesnuif en nader gekom om te sien wat versteek was.
Unter dem Schnee lag, zu einer warmen Kugel zusammengerollt, der kleine Billee.
Onder die sneeu, opgerol in 'n warm bal, was klein Billee.
Billee wedelte mit dem Schwanz und leckte Bucks Gesicht zur Begrüßung.
Billee het sy stert geswaai en Buck se gesig gelek om hom te groet.
Buck sah, wie Billee im Schnee einen Schlafplatz gebaut hatte.
Buck het gesien hoe Billee 'n slaapplek in die sneeu gemaak het.
Er hatte sich eingegraben und nutzte seine eigene Wärme, um sich warm zu halten.
Hy het afgegrawe en sy eie hitte gebruik om warm te bly.
Buck hatte eine weitere Lektion gelernt – so schliefen die Hunde.
Buck het nog 'n les geleer—só het die honde geslaap.
Er suchte sich eine Stelle aus und begann, sein eigenes Loch in den Schnee zu graben.
Hy het 'n plek gekies en sy eie gat in die sneeu begin grawe.
Anfangs bewegte er sich zu viel und verschwendete Energie.
Aanvanklik het hy te veel rondbeweeg en energie vermors.
Doch bald erwärmte sein Körper den Raum und er fühlte sich sicher.
Maar gou het sy liggaam die ruimte warm gemaak, en hy het veilig gevoel.
Er rollte sich fest zusammen und schlief bald fest.
Hy het styf opgerol, en kort voor lank was hy vas aan die slaap.
Der Tag war lang und hart gewesen und Buck war erschöpft.

Die dag was lank en moeilik, en Buck was uitgeput.
Er schlief tief und fest, obwohl seine Träume wild waren.
Hy het diep en gemaklik geslaap, alhoewel sy drome wild was.
Er knurrte und bellte im Schlaf und wand sich im Traum.
Hy het in sy slaap gegrom en geblaf, en gedraai terwyl hy gedroom het.

Buck wachte erst auf, als im Lager bereits Leben erwachte.
Buck het nie wakker geword voordat die kamp reeds tot lewe gekom het nie.
Zuerst wusste er nicht, wo er war oder was passiert war.
Aanvanklik het hy nie geweet waar hy was of wat gebeur het nie.
Über Nacht war Schnee gefallen und hatte seinen Körper vollständig begraben.
Sneeu het oornag geval en sy liggaam heeltemal begrawe.
Der Schnee umgab ihn von allen Seiten dicht.
Die sneeu het om hom vasgedruk, styf aan alle kante.
Plötzlich durchfuhr eine Welle der Angst Bucks ganzen Körper.
Skielik het 'n vlaag van vrees deur Buck se hele liggaam gejaag.
Es war die Angst, gefangen zu sein, eine Angst aus tiefen Instinkten.
Dit was die vrees om vasgevang te word, 'n vrees uit diep instinkte.
Obwohl er noch nie eine Falle gesehen hatte, lebte die Angst in ihm.
Alhoewel hy nog nooit 'n lokval gesien het nie, het die vrees binne-in hom geleef.
Er war ein zahmer Hund, aber jetzt erwachten seine alten wilden Instinkte.
Hy was 'n mak hond, maar nou het sy ou wilde instinkte wakker geword.
Bucks Muskeln spannten sich an und sein Fell stellte sich auf seinem ganzen Rücken auf.

Buck se spiere het gespanne geraak, en sy pels het oor sy hele rug regop gestaan.

Er knurrte wild und sprang senkrecht durch den Schnee nach oben.

Hy het woes gegrom en reguit deur die sneeu gespring.

Als er ins Tageslicht trat, flog Schnee in alle Richtungen.

Sneeu het in alle rigtings gevlieg toe hy in die daglig uitbars.

Schon vor der Landung sah Buck das Lager vor sich ausgebreitet.

Selfs voor landing het Buck die kamp voor hom sien uitsprei.

Er erinnerte sich auf einmal an alles vom Vortag.

Hy het alles van die vorige dag tegelyk onthou.

Er erinnerte sich daran, wie er mit Manuel spazieren gegangen war und an diesem Ort gelandet war.

Hy het onthou hoe hy saam met Manuel gestap het en op hierdie plek beland het.

Er erinnerte sich daran, wie er das Loch gegraben hatte und in der Kälte eingeschlafen war.

Hy het onthou hoe hy die gat gegrawe en in die koue aan die slaap geraak het.

Jetzt war er wach und die wilde Welt um ihn herum war klar.

Nou was hy wakker, en die wilde wêreld rondom hom was helder.

Ein Ruf von François begrüßte Bucks plötzliches Auftauchen.

'n Geroep van François het Buck se skielike verskyning begroet.

„Was habe ich gesagt?", rief der Hundeführer Perrault laut zu.

"Wat het ek gesê?" het die hondebestuurder hard vir Perrault geskree.

„Dieser Buck lernt wirklich sehr schnell", fügte François hinzu.

"Daardie Buck leer verseker so vinnig soos enigiets anders," het François bygevoeg.

Perrault nickte ernst und war offensichtlich mit dem Ergebnis zufrieden.
Perrault het ernstig geknik, duidelik tevrede met die resultaat.
Als Kurier für die kanadische Regierung beförderte er Depeschen.
As 'n koerier vir die Kanadese regering het hy versendings vervoer.
Er war bestrebt, die besten Hunde für seine wichtige Mission zu finden.
Hy was gretig om die beste honde vir sy belangrike sending te vind.
Er war besonders erfreut, dass Buck nun Teil des Teams war.
Hy was veral bly nou dat Buck deel van die span was.
Innerhalb einer Stunde kamen drei weitere Huskies zum Team hinzu.
Drie verdere huskies is binne 'n uur by die span gevoeg.
Damit betrug die Gesamtzahl der Hunde im Team neun.
Dit het die totale aantal honde in die span op nege te staan gebring.
Innerhalb von fünfzehn Minuten lagen alle Hunde im Geschirr.
Binne vyftien minute was al die honde in hul harnasse.
Das Schlittenteam schwang sich den Weg hinauf in Richtung Dyea Cañon.
Die sleespan het die paadjie opgeswaai in die rigting van Dyea Cañon.
Buck war froh, gehen zu können, auch wenn die Arbeit, die vor ihm lag, hart war.
Buck was bly om te vertrek, selfs al was die werk wat voorlê moeilik.
Er stellte fest, dass er weder die Arbeit noch die Kälte besonders verabscheute.
Hy het gevind dat hy die arbeid of die koue nie besonder verag het nie.
Er war überrascht von der Begeisterung, die das gesamte Team erfüllte.

Hy was verbaas deur die gretigheid wat die hele span gevul het.

Noch überraschender war die Veränderung, die bei Dave und Solleks vor sich ging.
Nog meer verrassend was die verandering wat oor Dave en Solleks gekom het.

Diese beiden Hunde waren völlig unterschiedlich, als sie ein Geschirr trugen.
Hierdie twee honde was heeltemal verskillend toe hulle getuig was.

Ihre Passivität und Sorglosigkeit waren völlig verschwunden.
Hul passiwiteit en gebrek aan besorgdheid het heeltemal verdwyn.

Sie waren aufmerksam und aktiv und bestrebt, ihre Arbeit gut zu machen.
Hulle was wakker en aktief, en gretig om hul werk goed te doen.

Sie reagierten äußerst verärgert über alles, was zu Verzögerungen oder Verwirrung führte.
Hulle het hewig geïrriteerd geraak oor enigiets wat vertraging of verwarring veroorsaak het.

Die harte Arbeit an den Zügeln stand im Mittelpunkt ihres gesamten Wesens.
Die harde werk aan die teuels was die middelpunt van hulle hele wese.

Das Schlittenziehen schien das Einzige zu sein, was ihnen wirklich Spaß machte.
Slee trek was blykbaar die enigste ding wat hulle werklik geniet het.

Dave war am Ende der Gruppe und dem Schlitten am nächsten.
Dave was agter in die groep, naaste aan die slee self.

Buck landete vor Dave und Solleks zog an Buck vorbei.
Buck is voor Dave geplaas, en Solleks het voor Buck getrek.

Die übrigen Hunde liefen in einer Reihe vorn.
Die res van die honde was in 'n enkele ry vooruit uitgespan.

Die Führungsposition an der Spitze besetzte Spitz.
Die voorste posisie aan die voorpunt is deur Spitz gevul.
Buck war zur Einweisung zwischen Dave und Solleks platziert worden.
Buck is tussen Dave en Solleks geplaas vir instruksie.
Er lernte schnell und sie waren strenge und fähige Lehrer.
Hy was 'n vinnige leerder, en hulle was ferm en bekwame onderwysers.
Sie ließen nie zu, dass Buck lange im Irrtum blieb.
Hulle het Buck nooit lank in die foute laat bly nie.
Sie erteilten ihre Lektionen, wenn nötig, mit scharfen Zähnen.
Hulle het hul lesse met skerp tande geleer wanneer nodig.
Dave war fair und zeigte eine ruhige, ernste Art von Weisheit.
Dave was regverdig en het 'n stil, ernstige soort wysheid getoon.
Er hat Buck nie ohne guten Grund gebissen.
Hy het Buck nooit gebyt sonder 'n goeie rede daarvoor nie.
Aber er hat es nie versäumt, zuzubeißen, wenn Buck eine Korrektur brauchte.
Maar hy het nooit versuim om te byt wanneer Buck regstelling nodig gehad het nie.
François' Peitsche war immer bereit und untermauerte ihre Autorität.
François se sweep was altyd gereed en het hul gesag ondersteun.
Buck merkte bald, dass es besser war zu gehorchen, als sich zu wehren.
Buck het gou gevind dat dit beter was om te gehoorsaam as om terug te veg.
Einmal verhedderte sich Buck während einer kurzen Pause in den Zügeln.
Eenkeer, tydens 'n kort ruskans, het Buck in die teuels verstrengel geraak.
Er verzögerte den Start und brachte die Bewegungen des Teams durcheinander.

Hy het die begin vertraag en die span se beweging verwar.
Dave und Solleks stürzten sich auf ihn und verprügelten ihn brutal.
Dave en Solleks het op hom afgestorm en hom 'n growwe pak slae gegee.
Das Gewirr wurde nur noch schlimmer, aber Buck lernte seine Lektion.
Die deurmekaarspul het net erger geword, maar Buck het sy les goed geleer.
Von da an hielt er die Zügel straff und arbeitete vorsichtig.
Van toe af het hy die leisels styf gehou en versigtig gewerk.
Bevor der Tag zu Ende war, hatte Buck einen Großteil seiner Aufgabe gemeistert.
Voor die einde van die dag het Buck baie van sy taak bemeester.
Seine Teamkollegen hörten fast auf, ihn zu korrigieren oder zu beißen.
Sy spanmaats het amper opgehou om hom te korrigeer of te byt.
François' Peitsche knallte immer seltener durch die Luft.
François se sweep het al hoe minder gereeld deur die lug gekraak.
Perrault hob sogar Bucks Füße an und untersuchte sorgfältig jede Pfote.
Perrault het selfs Buck se voete opgelig en elke poot noukeurig ondersoek.
Es war ein harter Tageslauf gewesen, lang und anstrengend für alle.
Dit was 'n harde dag se hardloop, lank en uitputtend vir hulle almal.
Sie reisten den Cañon hinauf, durch Sheep Camp und an den Scales vorbei.
Hulle het met die Cañon opgereis, deur Skaapkamp en verby die Skale.
Sie überquerten die Baumgrenze, dann Gletscher und meterhohe Schneeverwehungen.

Hulle het die houtgrens oorgesteek, toe gletsers en sneeudrifte baie voet diep.
Sie erklommen die große, kalte und unwirtliche Chilkoot-Wasserscheide.
Hulle het die groot koue en verskriklike Chilkoot-kloof geklim.
Dieser hohe Bergrücken lag zwischen Salzwasser und dem gefrorenen Landesinneren.
Daardie hoë rant het tussen soutwater en die bevrore binneland gestaan.
Die Berge bewachten den traurigen und einsamen Norden mit Eis und steilen Anstiegen.
Die berge het die droewige en eensame Noorde met ys en steil klimme bewaak.
Sie kamen gut voran und erreichten eine lange Kette von Seen unterhalb der Wasserscheide.
Hulle het goeie tyd gemaak deur 'n lang ketting mere onder die kloof.
Diese Seen füllten die alten Krater erloschener Vulkane.
Daardie mere het die antieke kraters van uitgedoofde vulkane gevul.
Spät in der Nacht erreichten sie ein großes Lager am Lake Bennett.
Laat daardie nag het hulle 'n groot kamp by Lake Bennett bereik.
Tausende Goldsucher waren dort und bauten Boote für den Frühling.
Duisende goudsoekers was daar, besig om bote vir die lente te bou.
Das Eis würde bald aufbrechen und sie mussten bereit sein.
Die ys sou binnekort opbreek, en hulle moes gereed wees.
Buck grub sein Loch in den Schnee und fiel in einen tiefen Schlaf.
Buck het sy gat in die sneeu gegrawe en in 'n diep slaap geval.
Er schlief wie ein Arbeiter, erschöpft von einem harten Arbeitstag.

Hy het geslaap soos 'n werkende man, uitgeput van die strawwe dag van swoeg.
Doch zu früh wurde er in der Dunkelheit aus dem Schlaf gerissen.
Maar te vroeg in die donkerte is hy uit die slaap gesleep.
Er wurde wieder mit seinen Kumpels angeschirrt und vor den Schlitten gespannt.
Hy is weer saam met sy maats vasgespan en aan die slee vasgemaak.
An diesem Tag legten sie sechzig Kilometer zurück, weil der Schnee festgetreten war.
Daardie dag het hulle veertig myl afgelê, want die sneeu was goed getrap.
Am nächsten Tag und noch viele Tage danach war der Schnee weich.
Die volgende dag, en vir baie dae daarna, was die sneeu sag.
Sie mussten den Weg selbst bahnen, härter arbeiten und langsamer vorankommen.
Hulle moes self die pad maak, harder werk en stadiger beweeg.
Normalerweise ging Perrault mit Schwimmhäuten an den Schneeschuhen vor dem Team her.
Gewoonlik het Perrault voor die span geloop met sneeuskoene met webbe.
Seine Schritte verdichteten den Schnee und erleichterten so die Fortbewegung des Schlittens.
Sy treë het die sneeu vasgepak, wat dit vir die slee makliker gemaak het om te beweeg.
François, der vom Steuerstand aus steuerte, übernahm manchmal die Kontrolle.
François, wat van die gee-paal af gestuur het, het soms oorgeneem.
Aber es kam selten vor, dass François die Führung übernahm
Maar dit was seldsaam dat François die leiding geneem het
weil Perrault es eilig hatte, die Briefe und Pakete auszuliefern.

omdat Perrault haastig was om die briewe en pakkies af te lewer.
Perrault war stolz auf sein Wissen über Schnee und insbesondere Eis.
Perrault was trots op sy kennis van sneeu, en veral ys.
Dieses Wissen war von entscheidender Bedeutung, da das Eis im Herbst gefährlich dünn war.
Daardie kennis was noodsaaklik, want herfsys was gevaarlik dun.
Wo das Wasser unter der Oberfläche schnell floss, gab es überhaupt kein Eis.
Waar water vinnig onder die oppervlak gevloei het, was daar glad nie ys nie.

Tag für Tag wiederholte sich endlos die gleiche Routine.
Dag na dag, dieselfde roetine herhaal sonder einde.
Buck arbeitete unermüdlich von morgens bis abends in den Zügeln.
Buck het eindeloos in die leisels geswoeg van dagbreek tot nag.
Sie verließen das Lager im Dunkeln, lange bevor die Sonne aufgegangen war.
Hulle het die kamp in die donker verlaat, lank voor die son opgekom het.
Als es Tag wurde, hatten sie bereits viele Kilometer zurückgelegt.
Teen die tyd dat daglig aangebreek het, was baie kilometers reeds agter hulle.
Sie schlugen ihr Lager nach Einbruch der Dunkelheit auf, aßen Fisch und gruben sich in den Schnee ein.
Hulle het ná donker kamp opgeslaan, vis geëet en in die sneeu gegrawe.
Buck war immer hungrig und mit seiner Ration nie wirklich zufrieden.
Buck was altyd honger en nooit werklik tevrede met sy rantsoen nie.
Er erhielt jeden Tag anderthalb Pfund getrockneten Lachs.

Hy het elke dag 'n pond en 'n half gedroogde salm ontvang.
Doch das Essen schien in ihm zu verschwinden und ließ den Hunger zurück.
Maar die kos het binne-in hom verdwyn en die honger agtergelaat.
Er litt unter ständigem Hunger und träumte von mehr Essen.
Hy het aan voortdurende hongerpyne gely en van meer kos gedroom.
Die anderen Hunde haben nur ein Pfund abgenommen, sind aber stark geblieben.
Die ander honde het net een pond kos gekry, maar hulle het sterk gebly.
Sie waren kleiner und in das Leben im Norden hineingeboren.
Hulle was kleiner, en was in die noordelike lewe gebore.
Er verlor rasch die Sorgfalt, die sein früheres Leben geprägt hatte.
Hy het vinnig die noukeurigheid verloor wat sy ou lewe gekenmerk het.
Er war ein gieriger Esser gewesen, aber jetzt war das nicht mehr möglich.
Hy was 'n fyn eter, maar nou was dit nie meer moontlik nie.
Seine Kameraden waren zuerst fertig und raubten ihm seine noch nicht aufgegessene Ration.
Sy maats het eerste klaargemaak en hom van sy onvoltooide rantsoen beroof.
Als sie einmal damit anfingen, gab es keine Möglichkeit mehr, sein Essen vor ihnen zu verteidigen.
Toe hulle eers begin het, was daar geen manier om sy kos teen hulle te verdedig nie.
Während er zwei oder drei Hunde abwehrte, stahlen die anderen den Rest.
Terwyl hy twee of drie honde afgeweer het, het die ander die res gesteel.
Um dies zu beheben, begann er, so schnell zu essen wie die anderen.

Om dit reg te stel, het hy so vinnig begin eet soos die ander geëet het.

Der Hunger trieb ihn so sehr an, dass er sogar Essen zu sich nahm, das ihm nicht gehörte.

Honger het hom so gedryf dat hy selfs kos geneem het wat nie sy eie was nie.

Er beobachtete die anderen und lernte schnell aus ihren Handlungen.

Hy het die ander dopgehou en vinnig uit hul optrede geleer.

Er sah, wie Pike, ein neuer Hund, Perrault eine Scheibe Speck stahl.

Hy het gesien hoe Pike, 'n nuwe hond, 'n sny spek van Perrault steel.

Pike hatte gewartet, bis Perrault sich umdrehte, um den Speck zu stehlen.

Pike het gewag totdat Perrault se rug gedraai is om die spek te steel.

Am nächsten Tag machte Buck es Pike nach und stahl das ganze Stück.

Die volgende dag het Buck Pike nageboots en die hele stuk gesteel.

Es folgte ein großer Aufruhr, doch Buck wurde nicht verdächtigt.

'n Groot oproer het gevolg, maar Buck is nie verdink nie.

Stattdessen wurde Dub bestraft, ein tollpatschiger Hund, der immer erwischt wurde.

Dub, 'n lomp hond wat altyd gevang is, is eerder gestraf.

Dieser erste Diebstahl machte Buck zu einem Hund, der in der Lage war, im Norden zu überleben.

Daardie eerste diefstal het Buck gemerk as 'n hond wat geskik is om die Noorde te oorleef.

Er zeigte, dass er sich an neue Bedingungen anpassen und schnell lernen konnte.

Hy het gewys dat hy by nuwe omstandighede kan aanpas en vinnig kan leer.

Ohne diese Anpassungsfähigkeit wäre er schnell und auf schlimme Weise gestorben.

Sonder sulke aanpasbaarheid sou hy vinnig en sleg gesterf het.
Es markierte auch den Zusammenbruch seiner moralischen Natur und seiner früheren Werte.
Dit het ook die ineenstorting van sy morele aard en vorige waardes gemerk.
Im Südland hatte er nach dem Gesetz der Liebe und Güte gelebt.
In die Suidland het hy onder die wet van liefde en vriendelikheid geleef.
Dort war es sinnvoll, Eigentum und die Gefühle anderer Hunde zu respektieren.
Daar het dit sin gemaak om eiendom en ander honde se gevoelens te respekteer.
Aber das Nordland befolgte das Gesetz der Keule und das Gesetz der Reißzähne.
Maar die Noordland het die wet van die knuppel en die wet van die slagtand gevolg.
Wer hier alte Werte respektierte, war dumm und würde scheitern.
Wie ook al ou waardes hier gerespekteer het, was dwaas en sou misluk.
Buck hat das alles nicht durchdacht.
Buck het dit alles nie in sy gedagtes uitgeredeneer nie.
Er war fit und passte sich daher an, ohne darüber nachdenken zu müssen.
Hy was fiks, en daarom het hy aangepas sonder om te hoef te dink.
Sein ganzes Leben lang war er noch nie vor einem Kampf davongelaufen.
Sy hele lewe lank het hy nog nooit van 'n geveg weggehardloop nie.
Doch die Holzkeule des Mannes im roten Pullover änderte diese Regel.
Maar die houtknuppel van die man in die rooi trui het daardie reël verander.
Jetzt folgte er einem tieferen, älteren Code, der in sein Wesen eingeschrieben war.

Nou het hy 'n dieper, ouer kode gevolg wat in sy wese geskryf was.
Er stahl nicht aus Vergnügen, sondern aus Hunger.
Hy het nie uit plesier gesteel nie, maar uit die pyn van die honger.
Er raubte nie offen, sondern stahl mit List und Sorgfalt.
Hy het nooit openlik beroof nie, maar met slinksheid en sorg gesteel.
Er handelte aus Respekt vor der Holzkeule und aus Angst vor dem Fangzahn.
Hy het opgetree uit respek vir die houtknuppel en vrees vir die slagtand.
Kurz gesagt, er hat das getan, was einfacher und sicherer war, als es nicht zu tun.
Kortom, hy het gedoen wat makliker en veiliger was as om dit nie te doen nie.
Seine Entwicklung – oder vielleicht seine Rückkehr zu alten Instinkten – verlief schnell.
Sy ontwikkeling—of miskien sy terugkeer na ou instinkte—was vinnig.
Seine Muskeln verhärteten sich, bis sie sich stark wie Eisen anfühlten.
Sy spiere het verhard totdat hulle so sterk soos yster gevoel het.
Schmerzen machten ihm nichts mehr aus, es sei denn, sie waren ernst.
Hy het nie meer omgegee vir pyn nie, tensy dit ernstig was.
Er wurde durch und durch effizient und verschwendete überhaupt nichts.
Hy het van binne en van buite doeltreffend geword en glad niks vermors nie.
Er konnte Dinge essen, die scheußlich, verdorben oder schwer verdaulich waren.
Hy kon dinge eet wat afstootlik, vrot of moeilik verteerbaar was.
Was auch immer er aß, sein Magen verbrauchte das letzte bisschen davon.

Wat hy ook al geëet het, sy maag het elke laaste bietjie waarde gebruik.
Sein Blut transportierte die Nährstoffe weit durch seinen kräftigen Körper.
Sy bloed het die voedingstowwe ver deur sy kragtige liggaam gedra.
Dadurch baute er starkes Gewebe auf, das ihm eine unglaubliche Ausdauer verlieh.
Dit het sterk weefsel gebou wat hom ongelooflike uithouvermoë gegee het.
Sein Seh- und Geruchssinn wurden viel feiner als zuvor.
Sy sig en reuk het baie meer sensitief geword as voorheen.
Sein Gehör wurde so scharf, dass er im Schlaf leise Geräusche wahrnehmen konnte.
Sy gehoor het so skerp geword dat hy dowwe geluide in sy slaap kon opspoor.
In seinen Träumen wusste er, ob die Geräusche Sicherheit oder Gefahr bedeuteten.
Hy het in sy drome geweet of die geluide veiligheid of gevaar beteken het.
Er lernte, mit den Zähnen auf das Eis zwischen seinen Zehen zu beißen.
Hy het geleer om die ys tussen sy tone met sy tande te byt.
Wenn ein Wasserloch zufror, brach er das Eis mit seinen Beinen.
As 'n watergat toevries, sou hy die ys met sy bene breek.
Er bäumte sich auf und schlug mit seinen steifen Vorderbeinen hart auf das Eis.
Hy het orent gekom en die ys hard met stywe voorpote geslaan.
Seine bemerkenswerteste Fähigkeit war die Vorhersage von Windänderungen über Nacht.
Sy mees opvallende vermoë was om windveranderinge oornag te voorspel.
Selbst bei Windstille suchte er sich windgeschützte Stellen aus.

Selfs toe die lug stil was, het hy plekke gekies wat teen die wind beskut was.
Wo auch immer er sein Nest grub, der Wind des nächsten Tages strich an ihm vorbei.
Waar hy ook al sy nes gegrawe het, het die volgende dag se wind hom verbygewaai.
Er landete immer gemütlich und geschützt, in Lee der Brise.
Hy het altyd knus en beskermd geëindig, aan die lykkant van die briesie.
Buck hat nicht nur durch Erfahrung gelernt – auch seine Instinkte sind zurückgekehrt.
Buck het nie net deur ondervinding geleer nie — sy instinkte het ook teruggekeer.
Die Gewohnheiten der domestizierten Generationen begannen zu verschwinden.
Die gewoontes van makgemaakte geslagte het begin wegval.
Er erinnerte sich vage an die alten Zeiten seiner Rasse.
Op vae maniere het hy die antieke tye van sy ras onthou.
Er dachte an die Zeit zurück, als wilde Hunde in Rudeln durch die Wälder rannten.
Hy het teruggedink aan toe wildehonde in troppe deur woude gehardloop het.
Sie hatten ihre Beute gejagt und getötet, während sie sie verfolgten.
Hulle het hul prooi gejaag en doodgemaak terwyl hulle dit afgejaag het.
Buck lernte leicht, mit Biss und Schnelligkeit zu kämpfen.
Dit was maklik vir Buck om te leer hoe om met tand en spoed te veg.
Er verwendete Schnitte, Hiebe und schnelle Schnappschüsse, genau wie seine Vorfahren.
Hy het snye, houe en vinnige knape gebruik, net soos sy voorouers.
Diese Vorfahren regten sich in ihm und erweckten seine wilde Natur.
Daardie voorouers het in hom geroer en sy wilde natuur wakker gemaak.

Ihre alten Fähigkeiten waren ihm durch die Blutlinie vererbt worden.
Hul ou vaardighede het deur die bloedlyn in hom oorgedra.
Ihre Tricks gehörten ihm nun, ohne dass er üben oder sich anstrengen musste.
Hul truuks was nou syne, sonder enige oefening of moeite.

In stillen, kalten Nächten hob Buck die Nase und heulte.
Op stil, koue nagte het Buck sy neus opgelig en gehuil.
Er heulte lang und tief, so wie es die Wölfe vor langer Zeit getan hatten.
Hy het lank en diep gehuil, soos wolwe lank gelede gedoen het.
Durch ihn streckten seine toten Vorfahren ihre Nasen und heulten.
Deur hom het sy oorlede voorouers hul neuse gewys en gehuil.
Sie heulten durch die Jahrhunderte mit seiner Stimme und Gestalt.
Hulle het deur die eeue heen gehuil in sy stem en gedaante.
Seine Kadenzen waren ihre, alte Schreie, die von Kummer und Kälte erzählten.
Sy kadense was hulle s'n, ou uitroepe wat van hartseer en koue vertel het.
Sie sangen von Dunkelheit, Hunger und der Bedeutung des Winters.
Hulle het gesing van duisternis, van honger en die betekenis van die winter.
Buck bewies, wie das Leben von Kräften jenseits des eigenen Ichs geprägt wird.
Buck het bewys hoe die lewe gevorm word deur kragte buite jouself,
Das uralte Lied stieg durch Buck auf und ergriff seine Seele.
die antieke lied het deur Buck opgestaan en sy siel beetgepak.
Er fand sich selbst, weil Menschen im Norden Gold gefunden hatten.

Hy het homself gevind omdat mans goud in die Noorde gevind het.

Und er fand sich selbst, weil Manuel, der Gärtnergehilfe, Geld brauchte.

En hy het homself bevind omdat Manuel, die tuinier se helper, geld nodig gehad het.

Das dominante Urtier
Die Dominante Oerdier

In Buck war das dominante Urtier so stark wie eh und je.
Die dominante oerbeest was so sterk soos altyd in Buck.
Doch das dominante Urtier hatte in ihm geschlummert.
Maar die dominante oerdier het dormant in hom gelê.
Das Leben auf dem Trail war hart, aber es stärkte das Tier in Buck.
Die lewe op die roete was hard, maar dit het die dier binne Buck versterk.
Insgeheim wurde das Biest von Tag zu Tag stärker.
In die geheim het die dier elke dag sterker en sterker geword.
Doch dieses innere Wachstum blieb der Außenwelt verborgen.
Maar daardie innerlike groei het vir die buitewêreld verborge gebly.
In Buck baute sich eine stille und ruhige Urkraft auf.
'n Stil en kalm oerkrag was besig om binne-in Buck op te bou.
Neue Gerissenheit verlieh Buck Gleichgewicht, Ruhe und Selbstbeherrschung.
Nuwe listigheid het Buck balans, kalmte en beheersing gegee.
Buck konzentrierte sich sehr auf die Anpassung und fühlte sich nie völlig entspannt.
Buck het hard gefokus op aanpassing, en het nooit heeltemal ontspanne gevoel nie.
Er ging Konflikten aus dem Weg, fing nie Streit an und suchte auch nie Ärger.
Hy het konflik vermy, nooit bakleiery begin of moeilikheid gesoek nie.
Jede Bewegung von Buck war von langsamer, stetiger Nachdenklichkeit geprägt.
'n Stadige, bestendige bedagsaamheid het Buck se elke beweging gevorm.
Er vermied überstürzte Entscheidungen und plötzliche, rücksichtslose Entschlüsse.

Hy het oorhaastige keuses en skielike, roekelose besluite vermy.
Obwohl Buck Spitz zutiefst hasste, zeigte er ihm gegenüber keine Aggression.
Alhoewel Buck Spitz diep gehaat het, het hy hom geen aggressie getoon nie.
Buck hat Spitz nie provoziert und sein Verhalten zurückhaltend gehalten.
Buck het Spitz nooit uitgelok nie, en het sy optrede beheersd gehou.
Spitz hingegen spürte die wachsende Gefahr, die von Buck ausging.
Spitz, aan die ander kant, het die groeiende gevaar in Buck aangevoel.
Er sah in Buck eine Bedrohung und eine ernsthafte Herausforderung seiner Macht.
Hy het Buck as 'n bedreiging en 'n ernstige uitdaging vir sy mag beskou.
Er nutzte jede Gelegenheit, um zu knurren und seine scharfen Zähne zu zeigen.
Hy het elke kans gebruik om te grom en sy skerp tande te wys.
Er versuchte, den tödlichen Kampf zu beginnen, der bevorstand.
Hy het probeer om die dodelike geveg te begin wat moes kom.
Schon zu Beginn der Reise wäre es beinahe zu einem Streit zwischen ihnen gekommen.
Vroeg in die reis het 'n geveg amper tussen hulle uitgebreek.
Doch ein unerwarteter Unfall verhinderte den Kampf.
Maar 'n onverwagte ongeluk het die geveg verhoed.
An diesem Abend schlugen sie ihr Lager am bitterkalten Lake Le Barge auf.
Daardie aand het hulle kamp opgeslaan by die bitterkoue Lake Le Barge.
Es schneite heftig und der Wind war schneidend wie ein Messer.
Die sneeu het hard geval, en die wind het soos 'n mes gesny.

Die Nacht war zu schnell hereingebrochen und Dunkelheit umgab sie.
Die nag het te vinnig gekom, en duisternis het hulle omring.
Sie hätten sich kaum einen schlechteren Ort zum Ausruhen aussuchen können.
Hulle kon nouliks 'n slegter plek vir rus gekies het.
Die Hunde suchten verzweifelt nach einem Platz zum Hinlegen.
Die honde het desperaat gesoek na 'n plek om te lê.
Hinter der kleinen Gruppe erhob sich steil eine hohe Felswand.
'n Hoë rotsmuur het steil agter die klein groepie verrys.
Das Zelt wurde in Dyea zurückgelassen, um die Last zu erleichtern.
Die tent is in Dyea agtergelaat om die las ligter te maak.
Ihnen blieb nichts anderes übrig, als das Feuer auf dem Eis selbst zu machen.
Hulle het geen ander keuse gehad as om self die vuur op die ys te maak nie.
Sie breiten ihre Schlafmäntel direkt auf dem zugefrorenen See aus.
Hulle het hul slaapklere direk op die bevrore meer uitgesprei.
Ein paar Stücke Treibholz gaben ihnen ein wenig Feuer.
'n Paar stokke dryfhout het hulle 'n bietjie vuur gegee.
Doch das Feuer wurde auf dem Eis entfacht und taute hindurch.
Maar die vuur is op die ys gebou en daardeur ontdooi.
Schließlich aßen sie ihr Abendessen im Dunkeln.
Uiteindelik het hulle hul aandete in die donker geëet.
Buck rollte sich neben dem Felsen zusammen, geschützt vor dem kalten Wind.
Buck het langs die rots opgekrul, beskut teen die koue wind.
Der Platz war so warm und sicher, dass Buck es hasste, wegzugehen.
Die plek was so warm en veilig dat Buck dit gehaat het om weg te trek.

Aber François hatte den Fisch aufgewärmt und verteilte die Rationen.
Maar François het die vis warm gemaak en was besig om rantsoene uit te deel.
Buck aß schnell fertig und ging zurück in sein Bett.
Buck het vinnig klaar geëet en teruggekeer na sy bed.
Aber Spitz lag jetzt dort, wo Buck sein Bett gemacht hatte.
Maar Spitz het nou gelê waar Buck sy bed opgemaak het.
Ein leises Knurren warnte Buck, dass Spitz sich weigerte, sich zu bewegen.
'n Sagte gegrom het Buck gewaarsku dat Spitz geweier het om te beweeg.
Bisher hatte Buck diesen Kampf mit Spitz vermieden.
Tot nou toe het Buck hierdie geveg met Spitz vermy.
Doch tief in Bucks Innerem brach das Biest schließlich aus.
Maar diep binne Buck het die dier uiteindelik losgebreek.
Der Diebstahl seines Schlafplatzes war zu viel für ihn.
Die diefstal van sy slaapplek was te veel om te duld.
Buck stürzte sich voller Wut und Zorn auf Spitz.
Buck het homself na Spitz gestorm, vol woede en woede.
Bis jetzt hatte Spitz gedacht, Buck sei bloß ein großer Hund.
Tot nou toe het Spitz gedink Buck was net 'n groot hond.
Er glaubte nicht, dass Buck durch seinen Geist überlebt hatte.
Hy het nie gedink Buck het deur sy gees oorleef nie.
Er erwartete Angst und Feigheit, nicht Wut und Rache.
Hy het vrees en lafhartigheid verwag, nie woede en wraak nie.
François starrte die beiden Hunde an, als sie aus dem zerstörten Nest stürmten.
François het gestaar terwyl albei honde uit die verwoeste nes bars.
Er verstand sofort, was den wilden Kampf ausgelöst hatte.
Hy het dadelik verstaan wat die wilde stryd begin het.
„Aa-ah!", rief François, um dem braunen Hund zuzujubeln.
"Aa-ah!" het François uitgeroep ter ondersteuning van die bruin hond.

„Verprügelt ihn! Bei Gott, bestraft diesen hinterhältigen Dieb!"
"Gee hom 'n pak slae! By God, straf daardie slinkse dief!"
Spitz zeigte gleichermaßen Bereitschaft und wilden Kampfeswillen.
Spitz het ewe veel gereedheid en wilde gretigheid om te veg getoon.
Er schrie wütend auf, während er schnell im Kreis kreiste und nach einer Öffnung suchte.
Hy het woedend uitgeroep terwyl hy vinnig om die draai gekom het, op soek na 'n opening.
Buck zeigte den gleichen Kampfeshunger und die gleiche Vorsicht.
Buck het dieselfde honger om te veg, en dieselfde versigtigheid getoon.
Auch er umkreiste seinen Gegner und versuchte, im Kampf die Oberhand zu gewinnen.
Hy het ook om sy teenstander gesirkel in 'n poging om die oorhand in die geveg te kry.
Dann geschah etwas Unerwartetes und veränderte alles.
Toe gebeur iets onverwags en verander alles.
Dieser Moment verzögerte den letztendlichen Kampf um die Führung.
Daardie oomblik het die uiteindelike stryd om die leierskap vertraag.
Bis zum Ende warteten noch viele Meilen voller Mühe und Anstrengung.
Baie kilometers se roete en gesukkel het nog voor die einde gewag.
Perrault stieß einen Fluch aus, als eine Keule auf Knochen schlug.
Perrault het 'n eed geskreeu terwyl 'n knuppel teen die been geslaan het.
Es folgte ein scharfer Schmerzensschrei, dann brach überall Chaos aus.
'n Skerp pyngil het gevolg, toe het chaos oral ontplof.

Dunkle Gestalten bewegten sich im Lager; wilde Huskys, ausgehungert und wild.
Donker gedaantes het in die kamp beweeg; wilde husky's, uitgehonger en fel.
Vier oder fünf Dutzend Huskys hatten das Lager von weitem erschnüffelt.
Vier of vyf dosyn huskies het die kamp van ver af besnuffel.
Sie hatten sich leise hineingeschlichen, während die beiden Hunde in der Nähe kämpften.
Hulle het stilweg ingesluip terwyl die twee honde naby baklei het.
François und Perrault griffen an und schwangen Knüppel auf die Eindringlinge.
François en Perrault het aangeval en knuppels na die indringers geswaai.
Die ausgehungerten Huskies zeigten ihre Zähne und wehrten sich rasend.
Die uitgehongerde huskies het tande gewys en woes teruggeveg.
Der Geruch von Fleisch und Brot hatte sie alle Angst vertreiben lassen.
Die reuk van vleis en brood het hulle oor alle vrees gedryf.
Perrault schlug einen Hund, der seinen Kopf in der Fresskiste vergraben hatte.
Perrault het 'n hond geslaan wat sy kop in die larwehok begrawe het.
Der Schlag war hart, die Schachtel kippte um und das Essen quoll heraus.
Die hou het hard geslaan, en die boks het omgeslaan, en kos het uitgemors.
Innerhalb von Sekunden rissen sich zwanzig wilde Tiere über das Brot und das Fleisch her.
Binne sekondes het 'n tiental wilde diere die brood en vleis verskeur.
Die Keulen der Männer landeten Schlag auf Schlag, doch kein Hund ließ nach.

Die mansklubs het hou na hou geland, maar geen hond het weggedraai nie.
Sie schrien vor Schmerz, kämpften aber, bis kein Futter mehr übrig war.
Hulle het gehuil van die pyn, maar geveg totdat daar geen kos oor was nie.
Inzwischen waren die Schlittenhunde aus ihren verschneiten Betten gesprungen.
Intussen het die sleehonde van hul sneeubedekte beddens afgespring.
Sie wurden sofort von den bösartigen, hungrigen Huskys angegriffen.
Hulle is onmiddellik aangeval deur die wrede honger huskies.
Buck hatte noch nie zuvor so wilde und ausgehungerte Tiere gesehen.
Buck het nog nooit tevore sulke wilde en uitgehongerde wesens gesien nie.
Ihre Haut hing lose und verbarg kaum ihr Skelett.
Hul vel het los gehang en skaars hul geraamtes versteek.
In ihren Augen brannte ein Feuer aus Hunger und Wahnsinn
Daar was 'n vuur in hulle oë, van honger en waansin
Sie waren nicht aufzuhalten, ihrem wilden Ansturm war kein Widerstand zu leisten.
Daar was geen keer vir hulle nie; geen weerstand teen hul wrede stormloop nie.
Die Schlittenhunde wurden zurückgedrängt und gegen die Felswand gedrückt.
Die sleehonde is teruggestoot, teen die kransmuur gedruk.
Drei Huskies griffen Buck gleichzeitig an und rissen ihm das Fleisch auf.
Drie husky's het Buck gelyktydig aangeval en in sy vlees geskeur.
Aus den Schnittwunden an seinem Kopf und seinen Schultern strömte Blut.
Bloed het uit sy kop en skouers gestroom, waar hy gesny was.

Der Lärm erfüllte das Lager: Knurren, Jaulen und Schmerzensschreie.
Die geraas het die kamp gevul; gegrom, gegil en pynkrete.
Billee weinte wie immer laut, gefangen im Kampf und in der Panik.
Billee het hard gehuil, soos gewoonlik, vasgevang in die geveg en paniek.
Dave und Solleks standen Seite an Seite, blutend, aber trotzig.
Dave en Solleks het langs mekaar gestaan, bloeiend maar uitdagend.
Joe kämpfte wie ein Dämon und biss alles, was ihm zu nahe kam.
Joe het soos 'n demoon geveg en enigiets gebyt wat naby gekom het.
Mit einem brutalen Schnappen seines Kiefers zerquetschte er das Bein eines Huskys.
Hy het 'n husky se been met een brutale klap van sy kake vergruis.
Pike sprang auf den verletzten Husky und brach ihm sofort das Genick.
Snoek het op die gewonde husky gespring en sy nek onmiddellik gebreek.
Buck packte einen Husky an der Kehle und riss ihm die Ader auf.
Buck het 'n hees hond aan die keel gegryp en deur die aar geskeur.
Blut spritzte und der warme Geschmack trieb Buck in Raserei.
Bloed het gespuit, en die warm smaak het Buck in 'n waansin gedryf.
Ohne zu zögern stürzte er sich auf einen anderen Angreifer.
Hy het homself sonder aarseling op 'n ander aanvaller gegooi.
Im selben Moment gruben sich scharfe Zähne in Bucks Kehle.
Op dieselfde oomblik het skerp tande in Buck se eie keel gegrawe.

Spitz hatte von der Seite zugeschlagen und ohne Vorwarnung angegriffen.
Spitz het van die kant af toegeslaan en sonder waarskuwing aangeval.
Perrault und François hatten die Hunde besiegt, die das Futter stahlen.
Perrault en François het die honde wat die kos gesteel het, verslaan.
Nun eilten sie ihren Hunden zu Hilfe, um die Angreifer abzuwehren.
Nou het hulle gehaas om hul honde te help om die aanvallers terug te veg.
Die ausgehungerten Hunde zogen sich zurück, als die Männer ihre Keulen schwangen.
Die uitgehongerde honde het teruggetrek terwyl die mans hul knuppels geswaai het.
Buck konnte sich dem Angriff befreien, doch die Flucht war nur von kurzer Dauer.
Buck het van die aanval losgebreek, maar die ontsnapping was van korte duur.
Die Männer rannten los, um ihre Hunde zu retten, und die Huskies kamen erneut zum Vorschein.
Die mans het gehardloop om hul honde te red, en die husky's het weer geswerm.
Billee, der aus Angst Mut fasste, sprang in die Hundemeute.
Billee, verskrik tot dapperheid, spring in die trop honde in.
Doch dann floh er in blanker Angst und Panik über das Eis.
Maar toe het hy oor die ys gevlug, in rou vrees en paniek.
Pike und Dub folgten dicht dahinter und rannten um ihr Leben.
Pike en Dub het kort agter hulle gevolg en vir hul lewens gehardloop.
Der Rest des Teams löste sich auf, zerstreute sich und folgte ihnen.
Die res van die span het uitgebreek en verstrooi, agter hulle aan.

Buck nahm all seine Kräfte zusammen, um loszurennen, doch dann sah er einen Blitz.
Buck het sy kragte bymekaargeskraap om te hardloop, maar toe sien hy 'n flits.
Spitz stürzte sich auf Buck und versuchte, ihn zu Boden zu schlagen.
Spitz het na Buck se sy gestorm en probeer om hom teen die grond te gooi.
Unter dieser Meute von Huskys hätte Buck nicht entkommen können.
Onder daardie skare husky's sou Buck geen ontsnapping gehad het nie.
Aber Buck blieb standhaft und wappnete sich für den Schlag von Spitz.
Maar Buck het ferm gebly en hom gestaal vir die hou van Spitz.
Dann drehte er sich um und rannte mit dem fliehenden Team auf das Eis hinaus.
Toe omdraai hy en hardloop saam met die vlugtende span op die ys.

Später versammelten sich die neun Schlittenhunde im Schutz des Waldes.
Later het die nege sleehonde in die skuiling van die bos bymekaargekom.
Niemand verfolgte sie mehr, aber sie waren geschlagen und verwundet.
Niemand het hulle meer agternagesit nie, maar hulle is aangerand en gewond.
Jeder Hund hatte Wunden; vier oder fünf tiefe Schnitte an jedem Körper.
Elke hond het wonde gehad; vier of vyf diep snye aan elke liggaam.
Dub hatte ein verletztes Hinterbein und konnte kaum noch laufen.
Dub het 'n beseerde agterbeen gehad en het gesukkel om nou te loop.

Dolly, der neueste Hund aus Dyea, hatte eine aufgeschlitzte Kehle.
Dolly, die nuutste hond van Dyea, het 'n afgesnyde keel gehad.
Joe hatte ein Auge verloren und Billees Ohr war in Stücke geschnitten
Joe het 'n oog verloor, en Billee se oor was in stukke gesny.
Alle Hunde schrien die ganze Nacht vor Schmerz und Niederlage.
Al die honde het deur die nag van pyn en nederlaag gehuil.
Im Morgengrauen krochen sie wund und gebrochen zurück ins Lager.
Met dagbreek het hulle terug kamp toe gesluip, seer en stukkend.
Die Huskies waren verschwunden, aber der Schaden war angerichtet.
Die husky's het verdwyn, maar die skade was aangerig.
Perrault und François standen schlecht gelaunt vor der Ruine.
Perrault en François het in slegte buie gestaan oor die ruïne.
Die Hälfte der Lebensmittel war verschwunden und von den hungrigen Dieben geschnappt worden.
Die helfte van die kos was weg, gesteel deur die honger diewe.
Die Huskies hatten Schlittenbindungen und Planen zerrissen.
Die huskies het deur sleebindings en seil geskeur.
Alles, was nach Essen roch, wurde vollständig verschlungen.
Enigiets met 'n reuk na kos is heeltemal verslind.
Sie aßen ein Paar von Perraults Reisestiefeln aus Elchleder.
Hulle het 'n paar van Perrault se elandvel-reisstewels geëet.
Sie zerkauten Lederreis und ruinierten Riemen, sodass sie nicht mehr verwendet werden konnten.
Hulle het leerreise gekou en bande onbruikbaar verwoes.
François hörte auf, auf die zerrissene Peitsche zu starren, um nach den Hunden zu sehen.

François het opgehou staar na die geskeurde wimper om die honde te ondersoek.

„Ah, meine Freunde", sagte er mit leiser, besorgter Stimme.

"Ag, my vriende," het hy gesê, sy stem laag en vol kommer.

„Vielleicht verwandeln euch all diese Bisse in tollwütige Tiere."

"Miskien sal al hierdie byte julle in mal diere verander."

„Vielleicht alles tollwütige Hunde, heiliger Scheiß! Was meinst du, Perrault?"

"Miskien almal mal honde, heilige dame! Wat dink jy, Perrault?"

Perrault schüttelte den Kopf, seine Augen waren dunkel vor Sorge und Angst.

Perrault het sy kop geskud, oë donker van kommer en vrees.

Zwischen ihnen und Dawson lagen noch sechshundertvierzig Kilometer.

Vierhonderd myl het nog tussen hulle en Dawson gelê.

Der Hundewahnsinn könnte nun jede Überlebenschance zerstören.

Honde-waansin kan nou enige kans op oorlewing vernietig.

Sie verbrachten zwei Stunden damit, zu fluchen und zu versuchen, die Ausrüstung zu reparieren.

Hulle het twee ure lank gevloek en probeer om die toerusting reg te maak.

Das verwundete Team verließ schließlich gebrochen und besiegt das Lager.

Die gewonde span het uiteindelik die kamp verlaat, gebroke en verslaan.

Dies war der bisher schwierigste Weg und jeder Schritt war schmerzhaft.

Dit was die moeilikste roete tot nog toe, en elke tree was pynlik.

Der Thirty Mile River war nicht zugefroren und rauschte wild.

Die Dertig Myl-rivier het nie gevries nie, en het wild gestroom.

Nur an ruhigen Stellen und in wirbelnden Wirbeln konnte das Eis halten.
Slegs in kalm kolle en kolkende draaikolke het ys daarin geslaag om te hou.
Sechs Tage harter Arbeit vergingen, bis die dreißig Meilen geschafft waren.
Ses dae van harde arbeid het verbygegaan totdat die dertig myl voltooi was.
Jeder Kilometer des Weges barg Gefahren und Todesgefahr.
Elke myl van die roete het gevaar en die dreiging van die dood gebring.
Die Männer und Hunde riskierten mit jedem schmerzhaften Schritt ihr Leben.
Die mans en honde het hul lewens met elke pynlike tree gewaag.
Perrault durchbrach ein Dutzend Mal dünne Eisbrücken.
Perrault het 'n dosyn verskillende kere deur dun ysbruggies gebreek.
Er trug eine Stange und ließ sie über das Loch fallen, das sein Körper hinterlassen hatte.
Hy het 'n paal gedra en dit oor die gat wat sy liggaam gemaak het, laat val.
Mehr als einmal rettete diese Stange Perrault vor dem Ertrinken.
Meer as een keer het daardie paal Perrault van verdrinking gered.
Die Kältewelle hielt an, die Lufttemperatur lag bei minus fünfzig Grad.
Die koue vlaag het vasgehou, die lug was vyftig grade onder vriespunt.
Jedes Mal, wenn er hineinfiel, musste Perrault ein Feuer anzünden, um zu überleben.
Elke keer as hy ingeval het, moes Perrault 'n vuur aansteek om te oorleef.
Nasse Kleidung gefror schnell, also trocknete er sie in der Nähe der sengenden Hitze.

Nat klere het vinnig gevries, so hy het dit naby die brandende hitte gedroog.
Perrault hatte nie Angst und das machte ihn zu einem Kurier.
Geen vrees het Perrault ooit geraak nie, en dit het hom 'n koerier gemaak.
Er wurde für die Gefahr auserwählt und begegnete ihr mit stiller Entschlossenheit.
Hy is gekies vir gevaar, en hy het dit met stille vasberadenheid tegemoetgegaan.
Er drängte sich gegen den Wind vorwärts, sein runzliges Gesicht war erfroren.
Hy het vorentoe teen die wind gedruk, sy verrekte gesig bevrore.
Von der Morgendämmerung bis zum Einbruch der Nacht führte Perrault sie weiter.
Van flou dagbreek tot nagval het Perrault hulle verder gelei.
Er ging auf einer schmalen Eiskante, die bei jedem Schritt knackte.
Hy het op smal randys geloop wat met elke tree gekraak het.
Sie wagten nicht, anzuhalten – jede Pause hätte das Risiko eines tödlichen Zusammenbruchs bedeutet.
Hulle het nie gewaag om te stop nie — elke pouse het 'n dodelike ineenstorting in gevaar gestel.
Einmal brach der Schlitten durch und zog Dave und Buck hinein.
Eenkeer het die slee deurgebreek en Dave en Buck ingesleep.
Als sie freigezogen wurden, waren beide fast erfroren.
Teen die tyd dat hulle vrygesleep is, was albei amper gevries.
Die Männer machten schnell ein Feuer, um Buck und Dave am Leben zu halten.
Die mans het vinnig 'n vuur gemaak om Buck en Dave aan die lewe te hou.
Die Hunde waren von der Nase bis zum Schwanz mit Eis bedeckt und steif wie geschnitztes Holz.
Die honde was van neus tot stert met ys bedek, styf soos gesnede hout.

Die Männer ließen sie in der Nähe des Feuers im Kreis laufen, um ihre Körper aufzutauen.
Die mans het hulle in sirkels naby die vuur laat hardloop om hulle liggame te ontdooi.
Sie kamen den Flammen so nahe, dass ihr Fell versengt wurde.
Hulle het so naby aan die vlamme gekom dat hulle pels geskroei het.
Als nächster durchbrach Spitz das Eis und zog das Team hinter sich her.
Spitz het volgende deur die ys gebreek en die span agter hom ingesleep.
Der Bruch reichte bis zu der Stelle, an der Buck zog.
Die breuk het heeltemal tot by waar Buck getrek het, gestrek.
Buck lehnte sich weit zurück, seine Pfoten rutschten und zitterten auf der Kante.
Buck leun hard agteroor, pote gly en bewe op die rand.
Dave streckte sich ebenfalls nach hinten, direkt hinter Buck auf der Leine.
Dave het ook agtertoe gespanne geraak, net agter Buck op die lyn.
François zog den Schlitten, seine Muskeln knackten vor Anstrengung.
François het op die slee getrek, sy spiere het gekraak van inspanning.
Ein anderes Mal brach das Randeis vor und hinter dem Schlitten.
Nog 'n keer het randys voor en agter die slee gekraak.
Sie hatten keinen anderen Ausweg, als eine gefrorene Felswand zu erklimmen.
Hulle het geen uitweg gehad behalwe om teen 'n bevrore kransmuur uit te klim nie.
Perrault schaffte es irgendwie, die Mauer zu erklimmen; wie durch ein Wunder blieb er am Leben.
Perrault het op een of ander manier teen die muur uitgeklim; 'n wonderwerk het hom aan die lewe gehou.
François blieb unten und betete um dasselbe Glück.

François het onder gebly en vir dieselfde soort geluk gebid.
Sie banden jeden Riemen, jede Zurrschnur und jede Leine zu einem langen Seil zusammen.
Hulle het elke band, vasmaakplek en spoor in een lang tou vasgemaak.
Die Männer zogen jeden Hund einzeln nach oben.
Die mans het elke hond, een op 'n slag, na bo gesleep.
François kletterte als Letzter, nach dem Schlitten und der gesamten Ladung.
François het laaste geklim, na die slee en die hele vrag.
Dann begann eine lange Suche nach einem Weg von den Klippen hinunter.
Toe begin 'n lang soektog na 'n pad van die kranse af.
Schließlich stiegen sie mit demselben Seil ab, das sie selbst hergestellt hatten.
Hulle het uiteindelik afgeklim met dieselfde tou wat hulle gemaak het.
Es wurde Nacht, als sie erschöpft und wund zum Flussbett zurückkehrten.
Die nag het geval toe hulle uitgeput en seer na die rivierbedding terugkeer.
Der ganze Tag hatte ihnen nur eine Viertelmeile Gewinn eingebracht.
Die volle dag het hulle slegs 'n kwartmyl se wins opgelewer.
Als sie das Hootalinqua erreichten, war Buck erschöpft.
Teen die tyd dat hulle die Hootalinqua bereik het, was Buck uitgeput.
Die anderen Hunde litten ebenso sehr unter den Bedingungen auf dem Trail.
Die ander honde het net so erg onder die roetetoestande gely.
Aber Perrault musste Zeit gutmachen und trieb sie jeden Tag weiter an.
Maar Perrault moes tyd herwin en het hulle elke dag aangepor.
Am ersten Tag reisten sie dreißig Meilen nach Big Salmon.
Die eerste dag het hulle dertig myl na Big Salmon gereis.

Am nächsten Tag reisten sie fünfunddreißig Meilen nach Little Salmon.
Die volgende dag het hulle vyf-en-dertig myl na Little Salmon gereis.
Am dritten Tag kämpften sie sich durch sechzig Kilometer lange, eisige Strecken.
Op die derde dag het hulle deur veertig lang bevrore myle gedruk.
Zu diesem Zeitpunkt näherten sie sich der Siedlung Five Fingers.
Teen daardie tyd was hulle naby die nedersetting Five Fingers.

Bucks Füße waren weicher als die harten Füße der einheimischen Huskys.
Buck se voete was sagter as die harde voete van inheemse huskies.
Seine Pfoten waren im Laufe vieler zivilisierter Generationen zart geworden.
Sy pote het oor baie beskaafde geslagte sag geword.
Vor langer Zeit wurden seine Vorfahren von Flussmännern oder Jägern gezähmt.
Lank gelede is sy voorouers deur riviermense of jagters getem.
Jeden Tag humpelte Buck unter Schmerzen und ging auf wunden, schmerzenden Pfoten.
Elke dag het Buck mank geloop van die pyn, en op rou, seer pote geloop.
Im Lager fiel Buck wie eine leblose Gestalt in den Schnee.
By die kamp het Buck soos 'n lewelose vorm op die sneeu geval.
Obwohl Buck am Verhungern war, stand er nicht auf, um sein Abendessen einzunehmen.
Alhoewel hy uitgehonger was, het Buck nie opgestaan om sy aandete te eet nie.
François brachte Buck seine Ration und legte ihm Fisch neben die Schnauze.

François het vir Buck sy rantsoen gebring en vis by sy snoet gelê.
Jeden Abend massierte der Fahrer Bucks Füße eine halbe Stunde lang.
Elke aand het die bestuurder Buck se voete vir 'n halfuur gevryf.
François hat sogar seine eigenen Mokassins zerschnitten, um daraus Hundeschuhe zu machen.
François het selfs sy eie mokassins opgesny om hondeskoene te maak.
Vier warme Schuhe waren für Buck eine große und willkommene Erleichterung.
Vier warm skoene het Buck 'n groot en welkome verligting gegee.
Eines Morgens vergaß François die Schuhe und Buck weigerte sich aufzustehen.
Een oggend het François die skoene vergeet, en Buck het geweier om op te staan.
Buck lag auf dem Rücken, die Füße in der Luft, und wedelte mitleiderregend damit herum.
Buck het op sy rug gelê, sy voete in die lug, en hulle jammerlik gewaai.
Sogar Perrault grinste beim Anblick von Bucks dramatischer Bitte.
Selfs Perrault het geglimlag by die aanskoue van Buck se dramatiese pleidooi.
Bald wurden Bucks Füße hart und die Schuhe konnten weggeworfen werden.
Gou het Buck se voete hard geword, en die skoene kon weggegooi word.
In Pelly stieß Dolly beim Angeschirrtwerden ein schreckliches Heulen aus.
By Pelly, gedurende die tuigtyd, het Dolly 'n verskriklike gehuil uitgestoot.
Der Schrei war lang und voller Wahnsinn und erschütterte jeden Hund.

Die gehuil was lank en gevul met waansin, en het elke hond geskud.
Jeder Hund zuckte vor Angst zusammen, ohne den Grund zu kennen.
Elke hond het van vrees geskrik sonder om die rede te weet.
Dolly war verrückt geworden und stürzte sich direkt auf Buck.
Dolly het mal geword en haarself reguit na Buck gegooi.
Buck hatte noch nie Wahnsinn gesehen, aber sein Herz war von Entsetzen erfüllt.
Buck het nog nooit waansin gesien nie, maar afgryse het sy hart gevul.
Ohne nachzudenken, drehte er sich um und floh in absoluter Panik.
Sonder enige gedagte het hy omgedraai en in absolute paniek gevlug.
Dolly jagte ihm hinterher, ihre Augen waren wild, Speichel spritzte aus ihrem Maul.
Dolly het hom agternagesit, haar oë wild, speeksel wat uit haar kake vlieg.
Sie blieb direkt hinter Buck, holte nie auf und fiel nie zurück.
Sy het reg agter Buck gebly, nooit gewen of teruggedeins nie.
Buck rannte durch den Wald, die Insel hinunter und über zerklüftetes Eis.
Buck het deur die woude gehardloop, langs die eiland af, oor gekartelde ys.
Er überquerte die Insel und erreichte eine weitere, bevor er im Kreis zurück zum Fluss ging.
Hy het na 'n eiland gegaan, toe na 'n ander, en terug na die rivier gesirkel.
Dolly jagte ihn immer noch und knurrte ihn bei jedem Schritt an.
Dolly het hom steeds agternagesit, haar gegrom kort agter haar met elke tree.
Buck konnte ihren Atem und ihre Wut hören, obwohl er es nicht wagte, zurückzublicken.

Buck kon haar asemhaling en woede hoor, hoewel hy nie durf terugkyk nie.

François rief aus der Ferne und Buck drehte sich in die Richtung der Stimme um.
François het van ver af geskree, en Buck het na die stem gedraai.

Immer noch nach Luft schnappend rannte Buck vorbei und setzte seine ganze Hoffnung auf François.
Nog steeds snakend na asem, hardloop Buck verby en plaas alle hoop op François.

Der Hundeführer hob eine Axt und wartete, während Buck vorbeiflog.
Die hondebestuurder het 'n byl opgelig en gewag terwyl Buck verbyvlieg.

Die Axt kam schnell herunter und traf Dollys Kopf mit tödlicher Wucht.
Die byl het vinnig neergekom en Dolly se kop met dodelike krag getref.

Buck brach neben dem Schlitten zusammen, keuchte und konnte sich nicht bewegen.
Buck het naby die slee ineengestort, hygend asemhaal en nie in staat om te beweeg nie.

In diesem Moment hatte Spitz die Chance, einen erschöpften Gegner zu schlagen.
Daardie oomblik het Spitz sy kans gegee om 'n uitgeputte teenstander te slaan.

Zweimal biss er Buck und riss das Fleisch bis auf den weißen Knochen auf.
Twee keer het hy Buck gebyt en vleis tot op die wit been afgeskeur.

François' Peitsche knallte und traf Spitz mit voller, wütender Wucht.
François se sweep het gekraak en Spitz met volle, woedende krag getref.

Buck sah mit Freude zu, wie Spitz seine bisher härteste Tracht Prügel bekam.

Buck het met vreugde gekyk hoe Spitz sy ergste pak slae tot nog toe ontvang het.

„Er ist ein Teufel, dieser Spitz", murmelte Perrault düster vor sich hin.

"Hy's 'n duiwel, daardie Spitz," het Perrault donker vir homself gemompel.

„Eines Tages wird dieser verfluchte Hund Buck töten – das schwöre ich."

"Eendag binnekort sal daardie vervloekte hond Buck doodmaak—ek sweer dit."

„Dieser Buck hat zwei Teufel in sich", antwortete François mit einem Nicken.

"Daardie Buck het twee duiwels in hom," antwoord François met 'n knik.

„Wenn ich Buck beobachte, weiß ich, dass etwas Wildes in ihm lauert."

"Wanneer ek vir Buck kyk, weet ek iets fels wag in hom."

„Eines Tages wird er rasend vor Wut werden und Spitz in Stücke reißen."

"Eendag sal hy woedend word en Spitz aan stukke skeur."

„Er wird den Hund zerkauen und ihn auf den gefrorenen Schnee spucken."

"Hy sal daardie hond opkou en hom op die bevrore sneeu spoeg."

„Das weiß ich ganz sicher tief in meinem Innern."

"So seker as enigiets, ek weet dit diep in my bene."

Von diesem Moment an befanden sich die beiden Hunde im Krieg.

Van daardie oomblik af was die twee honde in 'n oorlog gewikkel.

Spitz führte das Team an und hatte die Macht, aber Buck stellte das in Frage.

Spitz het die span gelei en mag behou, maar Buck het dit betwis.

Spitz sah seinen Rang durch diesen seltsamen Fremden aus dem Süden bedroht.

Spitz het gesien hoe sy rang bedreig word deur hierdie vreemde Suidland-vreemdeling.

Buck war anders als alle Südstaatenhunde, die Spitz zuvor gekannt hatte.
Buck was anders as enige suidelike hond wat Spitz voorheen geken het.

Die meisten von ihnen scheiterten – sie waren zu schwach, um Kälte und Hunger zu überleben.
Die meeste van hulle het misluk—te swak om deur koue en honger te oorleef.

Sie starben schnell unter der harten Arbeit, dem Frost und der langsamen Hungersnot.
Hulle het vinnig gesterf onder arbeid, ryp en die stadige brand van hongersnood.

Buck stand abseits – mit jedem Tag stärker, klüger und wilder.
Buck het uitsonderlik gestaan—sterker, slimmer en meer barbaars elke dag.

Er gedieh trotz aller Härte und wuchs heran, bis er den nördlichen Huskies ebenbürtig war.
Hy het op ontbering gefloreer en gegroei om by die noordelike huskies te pas.

Buck hatte Kraft, wilde Geschicklichkeit und einen geduldigen, tödlichen Instinkt.
Buck het krag, wilde vaardigheid en 'n geduldige, dodelike instink gehad.

Der Mann mit der Keule hatte Buck die Unbesonnenheit ausgetrieben.
Die man met die knuppel het Buck se onbesonnenheid uitgeslaan.

Die blinde Wut war verschwunden und durch stille Gerissenheit und Kontrolle ersetzt worden.
Blinde woede was weg, vervang deur stille listigheid en beheer.

Er wartete ruhig und ursprünglich und wartete auf den richtigen Moment.
Hy het gewag, kalm en oer, en uitgesien na die regte oomblik.

Ihr Kampf um die Vorherrschaft wurde unvermeidlich und deutlich.
Hul stryd om bevel het onvermydelik en duidelik geword.
Buck strebte nach einer Führungsposition, weil sein Geist es verlangte.
Buck het leierskap begeer omdat sy gees dit vereis het.
Er wurde von dem seltsamen Stolz getrieben, der aus der Jagd und dem Geschirr entstand.
Hy is gedryf deur die vreemde trots wat gebore is uit roete en harnas.
Dieser Stolz ließ die Hunde ziehen, bis sie im Schnee zusammenbrachen.
Daardie trots het honde laat trek totdat hulle op die sneeu ineengestort het.
Der Stolz verleitete sie dazu, all ihre Kraft einzusetzen.
Trots het hulle gelok om al die krag wat hulle gehad het te gee.
Stolz kann einen Schlittenhund sogar in den Tod treiben.
Trots kan 'n sleehond selfs tot die punt van die dood lok.
Der Verlust des Geschirrs ließ die Hunde gebrochen und ziellos zurück.
Om die harnas te verloor, het honde gebroke en sonder doel gelaat.
Das Herz eines Schlittenhundes kann vor Scham brechen, wenn er in den Ruhestand geht.
Die hart van 'n sleehond kan deur skaamte verpletter word wanneer hulle aftree.
Dave lebte von diesem Stolz, während er den Schlitten hinter sich herzog.
Dave het volgens daardie trots geleef terwyl hy die slee van agter af gesleep het.
Auch Solleks gab mit grimmiger Stärke und Loyalität alles.
Solleks het ook sy alles gegee met grimmige krag en lojaliteit.
Jeden Morgen verwandelte der Stolz ihre Verbitterung in Entschlossenheit.
Elke oggend het trots hulle van bitter na vasberade verander.

Sie drängten den ganzen Tag und verstummten dann am Ende des Lagers.
Hulle het die hele dag gedruk, toe stil geword aan die einde van die kamp.

Dieser Stolz gab Spitz die Kraft, Drückeberger zur Räson zu bringen.
Daardie trots het Spitz die krag gegee om ontduikers in die lyn te klop.

Spitz fürchtete Buck, weil Buck denselben tiefen Stolz in sich trug.
Spitz het Buck gevrees omdat Buck dieselfde diep trots gedra het.

Bucks Stolz wandte sich nun gegen Spitz, und er ließ nicht locker.
Buck se trots het nou teen Spitz geroer, en hy het nie opgehou nie.

Buck widersetzte sich Spitz' Macht und hinderte ihn daran, Hunde zu bestrafen.
Buck het Spitz se mag getrotseer en hom verhoed om honde te straf.

Als andere versagten, stellte sich Buck zwischen sie und ihren Anführer.
Toe ander misluk het, het Buck tussen hulle en hul leier getree.

Er tat dies mit Absicht und brachte seine Herausforderung offen und deutlich zum Ausdruck.
Hy het dit met opset gedoen en sy uitdaging oop en duidelik gemaak.

In einer Nacht hüllte schwerer Schnee die Welt in tiefe Stille.
Een nag het swaar sneeu die wêreld in diepe stilte toegemaak.

Am nächsten Morgen stand Pike, faul wie immer, nicht zur Arbeit auf.
Die volgende oggend het Pike, lui soos altyd, nie opgestaan vir werk nie.

Er blieb in seinem Nest unter einer dicken Schneeschicht verborgen.
Hy het in sy nes onder 'n dik laag sneeu weggesteek gebly.

François rief und suchte, konnte den Hund jedoch nicht finden.
François het geroep en gesoek, maar kon die hond nie vind nie.
Spitz wurde wütend und stürmte durch das schneebedeckte Lager.
Spitz het woedend geword en deur die sneeubedekte kamp gestorm.
Er knurrte und schnüffelte und grub wie verrückt mit flammenden Augen.
Hy het gegrom en gesnuif, terwyl hy woes met brandende oë gegrawe het.
Seine Wut war so heftig, dass Pike vor Angst unter dem Schnee zitterte.
Sy woede was so fel dat Pike onder die sneeu van vrees gebewe het.
Als Pike schließlich gefunden wurde, stürzte sich Spitz auf den versteckten Hund, um ihn zu bestrafen.
Toe Pike uiteindelik gevind is, het Spitz gespring om die wegkruipende hond te straf.
Doch Buck sprang mit einer Wut zwischen sie, die Spitz' eigener ebenbürtig war.
Maar Buck het tussen hulle gespring met 'n woede gelykstaande aan Spitz s'n.
Der Angriff erfolgte so plötzlich und geschickt, dass Spitz umfiel.
Die aanval was so skielik en slim dat Spitz van sy voete af geval het.
Pike, der gezittert hatte, schöpfte aus diesem Trotz neuen Mut.
Pike, wat gebewe het, het moed geput uit hierdie verset.
Er sprang auf den gefallenen Spitz und folgte Bucks mutigem Beispiel.
Hy het op die gevalle Spitz gespring, en Buck se dapper voorbeeld gevolg.
Buck, der nicht länger an Fairness gebunden war, beteiligte sich am Angriff auf Spitz.

Buck, nie meer gebonde aan billikheid nie, het by die staking op Spitz aangesluit.
François, amüsiert, aber dennoch diszipliniert, schwang seine schwere Peitsche.
François, geamuseerd maar ferm in dissipline, het sy swaar hou geswaai.
Er schlug Buck mit aller Kraft, um den Kampf zu beenden.
Hy het Buck met al sy krag geslaan om die geveg te beëindig.
Buck weigerte sich, sich zu bewegen und blieb auf dem gefallenen Anführer sitzen.
Buck het geweier om te beweeg en het bo-op die gevalle leier gebly.
Dann benutzte François den Griff der Peitsche und schlug Buck damit heftig.
François het toe die sweep se handvatsel gebruik en Buck hard geslaan.
Buck taumelte unter dem Schlag und fiel zurück.
Buck het gewankel van die slag en teruggeval onder die aanval.
François schlug immer wieder zu, während Spitz Pike bestrafte.
François het oor en oor toegeslaan terwyl Spitz vir Pike gestraf het.

Die Tage vergingen und Dawson City kam immer näher.
Dae het verbygegaan, en Dawson City het al hoe nader gekom.
Buck mischte sich immer wieder ein und schlüpfte zwischen Spitz und andere Hunde.
Buck het aanhou inmeng en tussen Spitz en ander honde ingeglip.
Er wählte seine Momente gut und wartete immer darauf, dass François ging.
Hy het sy oomblikke goed gekies en altyd gewag vir François om te vertrek.
Bucks stille Rebellion breitete sich aus und im Team breitete sich Unordnung aus.

Buck se stil rebellie het versprei, en wanorde het in die span wortel geskiet.

Dave und Solleks blieben loyal, andere jedoch wurden widerspenstig.

Dave en Solleks het lojaal gebly, maar ander het oproerig geword.

Die Situation im Team wurde immer schlimmer – es wurde unruhig, streitsüchtig und geriet aus der Reihe.

Die span het erger geword—rusteloos, twisgierig en uit lyn.

Nichts lief mehr reibungslos und es kam immer wieder zu Streit.

Niks het meer vlot gewerk nie, en bakleiery het algemeen geword.

Buck blieb im Zentrum des Chaos und provozierte ständig Unruhe.

Buck het in die kern van die moeilikheid gebly en altyd onrus veroorsaak.

François blieb wachsam, aus Angst vor dem Kampf zwischen Buck und Spitz.

François het waaksaam gebly, bang vir die geveg tussen Buck en Spitz.

Jede Nacht wurde er durch Rangeleien geweckt, aus Angst, dass es endlich losgehen würde.

Elke nag het gevegte hom wakker gemaak, uit vrees dat die begin uiteindelik aangebreek het.

Er sprang aus seiner Robe, bereit, den Kampf zu beenden.

Hy het uit sy kleed gespring, gereed om die geveg te beëindig.

Aber der Moment kam nie und sie erreichten schließlich Dawson.

Maar die oomblik het nooit aangebreek nie, en hulle het uiteindelik Dawson bereik.

Das Team betrat die Stadt an einem trüben Nachmittag, angespannt und still.

Die span het een somber middag die dorp binnegekom, gespanne en stil.

Der große Kampf um die Führung hing noch immer in der eisigen Luft.

Die groot stryd om leierskap het steeds in die yskoue lug gehang.

Dawson war voller Männer und Schlittenhunde, die alle mit der Arbeit beschäftigt waren.

Dawson was vol mans en sleehonde, almal besig met werk.

Buck beobachtete die Hunde von morgens bis abends beim Lastenziehen.

Buck het die honde van die oggend tot die aand dopgehou terwyl hulle vragte trek.

Sie transportierten Baumstämme und Brennholz und lieferten Vorräte an die Minen.

Hulle het stompe en brandhout vervoer en voorrade na die myne vervoer.

Wo früher im Süden Pferde arbeiteten, schufteten heute Hunde.

Waar perde eens in die Suidland gewerk het, het honde nou gewerk.

Buck sah einige Hunde aus dem Süden, aber die meisten waren wolfsähnliche Huskys.

Buck het 'n paar honde van die Suide gesien, maar die meeste was wolfagtige husky's.

Nachts erhoben die Hunde pünktlich zum ersten Mal ihre Stimmen zum Singen.

Snags, soos klokslag, het die honde hul stemme in lied verhef.

Um neun, um Mitternacht und erneut um drei begann der Gesang.

Om nege, om middernag, en weer om drie, het die sang begin.

Buck liebte es, in ihren unheimlichen Gesang einzustimmen, der wild und uralt klang.

Buck het dit baie geniet om by hulle grillerige gesang aan te sluit, wild en oud in klank.

Das Polarlicht flammte, die Sterne tanzten und das Land war mit Schnee bedeckt.

Die aurora het gevlam, sterre het gedans, en sneeu het die land bedek.

Der Gesang der Hunde erhob sich als Aufschrei gegen die Stille und die bittere Kälte.

Die honde se lied het as 'n kreet teen stilte en bittere koue opgeklink.
Doch in jedem langen Ton ihres Heulens war Trauer und nicht Trotz zu hören.
Maar hulle gehuil het hartseer, nie uitdaging nie, in elke lang noot bevat.
Jeder Klageschrei war voller Flehen; die Last des Lebens selbst.
Elke weeklag was vol smeekbede; die las van die lewe self.
Dieses Lied war alt – älter als Städte und älter als Feuer
Daardie liedjie was oud—ouer as dorpe, en ouer as vure
Dieses Lied war sogar älter als die Stimmen der Menschen.
Daardie lied was selfs ouer as die stemme van mense.
Es war ein Lied aus der jungen Welt, als alle Lieder traurig waren.
Dit was 'n liedjie uit die jong wêreld, toe alle liedjies hartseer was.
Das Lied trug den Kummer unzähliger Hundegenerationen in sich.
Die liedjie het hartseer van tallose geslagte honde gedra.
Buck spürte die Melodie tief und stöhnte vor jahrhundertealtem Schmerz.
Buck het die melodie diep gevoel, gekreun van pyn wat in die eeue gewortel is.
Er schluchzte aus einem Kummer, der so alt war wie das wilde Blut in seinen Adern.
Hy het gehuil van 'n hartseer so oud soos die wilde bloed in sy are.
Die Kälte, die Dunkelheit und das Geheimnisvolle berührten Bucks Seele.
Die koue, die donker en die misterie het Buck se siel geraak.
Dieses Lied bewies, wie weit Buck zu seinen Ursprüngen zurückgekehrt war.
Daardie liedjie het bewys hoe ver Buck na sy oorsprong teruggekeer het.
Durch Schnee und Heulen hatte er den Anfang seines eigenen Lebens gefunden.

Deur sneeu en gehuil het hy die begin van sy eie lewe gevind.

Sieben Tage nach ihrer Ankunft in Dawson brachen sie erneut auf.
Sewe dae nadat hulle in Dawson aangekom het, het hulle weer vertrek.
Das Team verließ die Kaserne und fuhr hinunter zum Yukon Trail.
Die span het van die Barakke af na die Yukon-roete geval.
Sie begannen die Rückreise nach Dyea und Salt Water.
Hulle het die reis terug na Dyea en Saltwater begin.
Perrault überbrachte noch dringlichere Depeschen als zuvor.
Perrault het selfs dringender as voorheen berigte oorgedra.
Auch ihn packte der Trail-Stolz, und er wollte einen Rekord aufstellen.
Hy is ook deur roete-trots beetgepak en het daarop gemik om 'n rekord op te stel.
Diesmal hatte Perrault mehrere Vorteile.
Hierdie keer was verskeie voordele aan Perrault se kant.
Die Hunde hatten eine ganze Woche lang geruht und ihre Kräfte wiedererlangt.
Die honde het vir 'n volle week gerus en hul krag herwin.
Die Spur, die sie gebahnt hatten, wurde nun von anderen festgestampft.
Die spoor wat hulle gebreek het, was nou deur ander hard gepak.
An manchen Stellen hatte die Polizei Futter für Hunde und Menschen gelagert.
Op plekke het die polisie kos vir honde en mans gestoor.
Perrault reiste mit leichtem Gepäck und bewegte sich schnell, ohne dass ihn etwas belastete.
Perrault het lig gereis, vinnig beweeg met min om hom af te weeg.
Sie erreichten Sixty-Mile, eine Strecke von achtzig Kilometern, noch in der ersten Nacht.
Hulle het Sixty-Mile, 'n hardloop van vyftig myl, teen die eerste nag bereik.

Am zweiten Tag eilten sie den Yukon hinauf nach Pelly.
Op die tweede dag het hulle die Yukon-rivier opgevaar na Pelly.
Doch dieser tolle Fortschritt war für François mit vielen Strapazen verbunden.
Maar sulke goeie vordering het met baie stres vir François gepaard gegaan.
Bucks stille Rebellion hatte die Disziplin des Teams zerstört.
Buck se stil rebellie het die span se dissipline verpletter.
Sie zogen nicht mehr wie ein Tier an den Zügeln.
Hulle het nie meer soos een dier in die leisels saamgetrek nie.
Buck hatte durch sein mutiges Beispiel andere zum Trotz verleitet.
Buck het ander deur sy dapper voorbeeld tot verset gelei.
Spitz' Befehl stieß weder auf Furcht noch auf Respekt.
Spitz se bevel is nie meer met vrees of respek begroet nie.
Die anderen verloren ihre Ehrfurcht vor ihm und wagten es, sich seiner Herrschaft zu widersetzen.
Die ander het hul ontsag vir hom verloor en het dit gewaag om sy heerskappy te weerstaan.
Eines Nachts stahl Pike einen halben Fisch und aß ihn vor Bucks Augen.
Eendag het Pike 'n halwe vis gesteel en dit onder Buck se oog geëet.
In einer anderen Nacht kämpften Dub und Joe gegen Spitz und blieben ungestraft.
Nog 'n aand het Dub en Joe teen Spitz geveg en ongestraf gebly.
Sogar Billee jammerte weniger süß und zeigte eine neue Schärfe.
Selfs Billee het minder soet gekerm en nuwe skerpte getoon.
Buck knurrte Spitz jedes Mal an, wenn sich ihre Wege kreuzten.
Buck het elke keer vir Spitz gegrom as hulle paaie gekruis het.
Bucks Haltung wurde dreist und bedrohlich, fast wie die eines Tyrannen.

Buck se houding het vermetel en dreigend geword, amper soos 'n boelie.

Mit stolzgeschwellter Brust und voller spöttischer Bedrohung schritt er vor Spitz auf und ab.
Hy het voor Spitz uit gestap met 'n bravade, vol spottende dreigement.

Dieser Zusammenbruch der Ordnung breitete sich auch unter den Schlittenhunden aus.
Daardie ineenstorting van orde het ook onder die sleehonde versprei.

Sie stritten und stritten mehr denn je und erfüllten das Lager mit Lärm.
Hulle het meer as ooit tevore baklei en gestry, en die kamp met geraas gevul.

Das Lagerleben verwandelte sich jede Nacht in ein wildes, heulendes Chaos.
Die kamplewe het elke nag in 'n wilde, huilende chaos verander.

Nur Dave und Solleks blieben ruhig und konzentriert.
Net Dave en Solleks het standvastig en gefokus gebly.

Doch selbst sie wurden durch die ständigen Schlägereien ungehalten.
Maar selfs hulle het kortaf geword van die voortdurende bakleiery.

François fluchte in fremden Sprachen und stampfte frustriert auf.
François het in vreemde tale gevloek en gefrustreerd getrap.

Er riss sich die Haare aus und schrie, während der Schnee unter seinen Füßen wirbelte.
Hy het aan sy hare geruk en geskree terwyl sneeu onder sy voete gevlieg het.

Seine Peitsche knallte über das Rudel, konnte es aber kaum in Schach halten.
Sy sweep het oor die trop geslaan, maar hulle skaars in lyn gehou.

Immer wenn er sich umdrehte, brachen die Kämpfe erneut aus.

Elke keer as hy die rug gedraai het, het die geveg weer uitgebreek.

François setzte die Peitsche für Spitz ein, während Buck die Rebellen anführte.

François het die sweep vir Spitz gebruik, terwyl Buck die rebelle gelei het.

Jeder kannte die Rolle des anderen, aber Buck vermied jegliche Schuldzuweisungen.

Elkeen het die ander se rol geken, maar Buck het enige blaam vermy.

François hat Buck nie dabei erwischt, wie er eine Schlägerei anfing oder sich vor seiner Arbeit drückte.

François het Buck nooit betrap terwyl hy 'n bakleiery begin of sy werk ontduik nie.

Buck arbeitete hart im Geschirr – die Mühe erfüllte ihn jetzt mit Begeisterung.

Buck het hard in die harnas gewerk—die arbeid het nou sy gees opgewonde gemaak.

Doch noch mehr Freude bereitete ihm das Anzetteln von Kämpfen und Chaos im Lager.

Maar hy het selfs meer vreugde gevind in die aanwakkering van gevegte en chaos in die kamp.

Eines Abends schreckte Dub an der Mündung des Tahkeena ein Kaninchen auf.

Een aand by die Tahkeena se bek het Dub 'n konyn laat skrik.

Er verpasste den Fang und das Schneeschuhkaninchen sprang davon.

Hy het die vangs gemis, en die sneeuskoenkonyn het weggespring.

Innerhalb von Sekunden nahm das gesamte Schlittenteam unter wildem Geschrei die Verfolgung auf.

Binne sekondes het die hele sleespan met wilde geskreeu agternagesit.

In der Nähe beherbergte ein Lager der Northwest Police fünfzig Huskys.

Nabygeleë het 'n Noordwes-polisiekamp vyftig huskyhonde gehuisves.
Sie schlossen sich der Jagd an und stürmten gemeinsam den zugefrorenen Fluss hinunter.
Hulle het by die jagtog aangesluit en saam die bevrore rivier afgestorm.
Das Kaninchen verließ den Fluss und floh in ein gefrorenes Bachbett.
Die konyn het van die rivier afgedraai en in 'n bevrore spruitbedding opgevlug.
Das Kaninchen hüpfte leichtfüßig über den Schnee, während die Hunde sich durchkämpften.
Die haas het liggies oor die sneeu gespring terwyl die honde deurgesukkel het.
Buck führte das riesige Rudel von sechzig Hunden um jede Kurve.
Buck het die massiewe trop van sestig honde om elke kronkelende draai gelei.
Er drängte tief und eifrig vorwärts, konnte jedoch keinen Boden gutmachen.
Hy het vorentoe gedruk, laag en gretig, maar kon nie grond wen nie.
Bei jedem kraftvollen Sprung blitzte sein Körper im blassen Mondlicht auf.
Sy liggaam het met elke kragtige sprong onder die bleek maan geflits.
Vor uns bewegte sich das Kaninchen wie ein Geist, lautlos und zu schnell, um es einzufangen.
Vooruit het die haas soos 'n spook beweeg, stil en te vinnig om te vang.
All diese alten Instinkte – der Hunger, der Nervenkitzel – durchströmten Buck.
Al daardie ou instinkte—die honger, die opwinding—het deur Buck gejaag.
Manchmal verspüren Menschen diesen Instinkt und werden dazu getrieben, mit Gewehr und Kugel zu jagen.

Mense voel hierdie instink soms, gedryf om met geweer en koeël te jag.
Aber Buck empfand dieses Gefühl auf einer tieferen und persönlicheren Ebene.
Maar Buck het hierdie gevoel op 'n dieper en meer persoonlike vlak gevoel.
Sie konnten die Wildnis nicht in ihrem Blut spüren, so wie Buck sie spüren konnte.
Hulle kon nie die wildernis in hul bloed voel soos Buck dit kon voel nie.
Er jagte lebendes Fleisch, bereit, mit seinen Zähnen zu töten und Blut zu schmecken.
Hy het lewende vleis gejaag, gereed om met sy tande dood te maak en bloed te proe.
Sein Körper spannte sich vor Freude, er wollte in warmem, rotem Leben baden.
Sy liggaam het gespanne geword van vreugde, en wou in warm rooi lewe bad.
Eine seltsame Freude markiert den höchsten Punkt, den das Leben jemals erreichen kann.
'n Vreemde vreugde merk die hoogste punt wat die lewe ooit kan bereik.
Das Gefühl eines Gipfels, bei dem die Lebenden vergessen, dass sie überhaupt am Leben sind.
Die gevoel van 'n piek waar die lewendes vergeet dat hulle selfs leef.
Diese tiefe Freude berührt den Künstler, der sich in glühender Inspiration verliert.
Hierdie diepe vreugde raak die kunstenaar verlore in brandende inspirasie.
Diese Freude ergreift den Soldaten, der wild kämpft und keinen Feind verschont.
Hierdie vreugde gryp die soldaat aan wat wild veg en geen vyand spaar nie.
Diese Freude erfasste nun Buck, der das Rudel mit seinem Urhunger anführte.

Hierdie vreugde het Buck nou geëis terwyl hy die trop in oerhonger gelei het.

Er heulte mit dem uralten Wolfsschrei, aufgeregt durch die lebendige Jagd.
Hy het gehuil met die oeroue wolfskreet, opgewonde deur die lewende jaagtog.

Buck hat den ältesten Teil seiner selbst angezapft, der in der Wildnis verloren war.
Buck het die oudste deel van homself aangeraak, verlore in die wildernis.

Er griff tief in sein Inneres, in die Vergangenheit, in die raue, uralte Zeit.
Hy het diep binne hom, verby geheue, in rou, antieke tyd gereik.

Eine Welle puren Lebens durchströmte jeden Muskel und jede Sehne.
'n Golf van suiwer lewe het deur elke spier en pees gestroom.

Jeder Sprung schrie, dass er lebte, dass er durch den Tod ging.
Elke sprong het geskreeu dat hy geleef het, dat hy deur die dood beweeg het.

Sein Körper schwebte freudig über stilles, kaltes Land, das sich nie regte.
Sy liggaam het vreugdevol oor stil, koue land gesweef wat nooit geroer het nie.

Spitz blieb selbst in seinen wildesten Momenten kalt und listig.
Spitz het koud en listig gebly, selfs in sy wildste oomblikke.

Er verließ den Pfad und überquerte das Land, wo der Bach eine weite Biegung machte.
Hy het die roete verlaat en land oorgesteek waar die spruit wyd gebuig het.

Buck, der davon nichts wusste, blieb auf dem gewundenen Pfad des Kaninchens.
Buck, onbewus hiervan, het op die konyn se kronkelende pad gebly.

Dann, als Buck um eine Kurve bog, stand das geisterhafte Kaninchen vor ihm.
Toe, toe Buck om 'n draai kom, was die spookagtige konyn voor hom.
Er sah, wie eine zweite Gestalt vor der Beute vom Ufer sprang.
Hy het 'n tweede figuur van die wal af sien spring voor die prooi uit.
Bei der Gestalt handelte es sich um Spitz, der direkt auf dem Weg des fliehenden Kaninchens landete.
Die figuur was Spitz, wat reg in die pad van die vlugtende konyn beland het.
Das Kaninchen konnte sich nicht umdrehen und traf mitten in der Luft auf Spitz' Kiefer.
Die konyn kon nie omdraai nie en het Spitz se kake in die lug teëgekom.
Das Rückgrat des Kaninchens brach mit einem Schrei, der so scharf war wie der Schrei eines sterbenden Menschen.
Die konyn se ruggraat het gebreek met 'n gil so skerp soos 'n sterwende mens se gehuil.
Bei diesem Geräusch – dem Sturz vom Leben in den Tod – heulte das Rudel laut auf.
By daardie geluid—die val van lewe na dood—het die trop hard gehuil.
Hinter Buck erhob sich ein wilder Chor voller dunkler Freude.
'n Wrede koor het agter Buck opgestaan, vol donker vreugde.
Buck gab keinen Schrei von sich, keinen Laut, und stürmte direkt auf Spitz zu.
Buck het geen gehuil, geen geluid gemaak nie, en reguit op Spitz ingestorm.
Er zielte auf die Kehle, traf aber stattdessen die Schulter.
Hy het na die keel gemik, maar eerder die skouer getref.
Sie stürzten durch den weichen Schnee, ihre Körper waren in einen Kampf verstrickt.
Hulle het deur sagte sneeu getuimel; hul liggame in geveg vasgevang.

Spitz sprang schnell auf, als wäre er nie niedergeschlagen worden.
Spitz het vinnig opgespring, asof hy glad nie neergeslaan is nie.
Er schlug auf Bucks Schulter und sprang dann aus dem Kampf.
Hy het Buck se skouer gesny en toe uit die geveg gespring.
Zweimal schnappten seine Zähne wie Stahlfallen, seine Lippen waren grimmig gekräuselt.
Twee keer het sy tande soos staalvalle geknak, lippe gekrul en fel.
Er wich langsam zurück und suchte festen Boden unter seinen Füßen.
Hy het stadig teruggedeins, op soek na vaste grond onder sy voete.
Buck verstand den Moment sofort und vollkommen.
Buck het die oomblik onmiddellik en ten volle verstaan.
Die Zeit war gekommen; der Kampf würde ein Kampf auf Leben und Tod werden.
Die tyd het aangebreek; die geveg sou 'n geveg tot die dood wees.
Die beiden Hunde umkreisten knurrend den Raum, legten die Ohren an und kniffen die Augen zusammen.
Die twee honde het in 'n sirkel geloop, gegrom, ore plat, oë vernou.
Jeder Hund wartete darauf, dass der andere Schwäche zeigte oder einen Fehltritt machte.
Elke hond het gewag vir die ander om swakheid of misstap te toon.
Buck hatte ein unheimliches Gefühl, die Szene zu kennen und tief in Erinnerung zu behalten.
Vir Buck het die toneel vreemd bekend en diep onthou gevoel.
Die weißen Wälder, die kalte Erde, die Schlacht im Mondlicht.
Die wit woude, die koue aarde, die geveg onder maanlig.
Eine schwere Stille erfüllte das Land, tief und unnatürlich.
'n Swaar stilte het die land gevul, diep en onnatuurlik.

Kein Wind regte sich, kein Blatt bewegte sich, kein Geräusch unterbrach die Stille.
Geen wind het geroer, geen blaar het beweeg, geen geluid het die stilte verbreek nie.
Der Atem der Hunde stieg wie Rauch in die eiskalte, stille Luft.
Die honde se asems het soos rook in die bevrore, stil lug opgestyg.
Das Kaninchen war von der Meute der wilden Tiere längst vergessen.
Die konyn is lankal deur die trop wilde diere vergeet.
Diese halb gezähmten Wölfe standen nun still in einem weiten Kreis.
Hierdie halfgetemde wolwe het nou stilgestaan in 'n wye sirkel.
Sie waren still, nur ihre leuchtenden Augen verrieten ihren Hunger.
Hulle was stil, net hul gloeiende oë het hul honger verklap.
Ihr Atem stieg auf, als sie den Beginn des Endkampfes beobachteten.
Hul asem het opwaarts gedryf, terwyl hulle die laaste geveg sien begin.
Für Buck war dieser Kampf alt und erwartet, überhaupt nicht ungewöhnlich.
Vir Buck was hierdie geveg oud en verwag, glad nie vreemd nie.
Es fühlte sich an wie die Erinnerung an etwas, das schon immer passieren sollte.
Dit het gevoel soos 'n herinnering aan iets wat altyd bestem was om te gebeur.
Spitz war ein ausgebildeter Kampfhund, gestählt durch zahllose wilde Schlägereien.
Spitz was 'n opgeleide veghond, geslyp deur tallose wilde bakleiery.
Von Spitzbergen bis Kanada hatte er viele Feinde besiegt.
Van Spitsbergen tot Kanada het hy baie vyande bemeester.
Er war voller Wut, ließ seiner Wut jedoch nie freien Lauf.

Hy was vol woede, maar het nooit beheer oor sy woede gegee nie.

Seine Leidenschaft war scharf, aber immer durch einen harten Instinkt gemildert.

Sy passie was skerp, maar altyd getemper deur harde instink.

Er griff nie an, bis seine eigene Verteidigung stand.

Hy het nooit aangeval totdat sy eie verdediging in plek was nie.

Buck versuchte immer wieder, Spitz' verwundbaren Hals zu erreichen.

Buck het oor en oor probeer om Spitz se kwesbare nek te bereik.

Doch jeder Schlag wurde von Spitz' scharfen Zähnen mit einem Hieb beantwortet.

Maar elke hou is begroet met 'n hou van Spitz se skerp tande.

Ihre Reißzähne prallten aufeinander und beide Hunde bluteten aus den aufgerissenen Lippen.

Hul slagtande het gebots, en albei honde het uit geskeurde lippe gebloei.

Egal, wie sehr Buck sich auch wehrte, er konnte die Verteidigung nicht durchbrechen.

Maak nie saak hoe Buck gelung het nie, hy kon nie die verdediging breek nie.

Er wurde immer wütender und stürmte mit wilden Kraftausbrüchen hinein.

Hy het al woedender geword en met wilde magsuitbarstings ingestorm.

Immer wieder schlug Buck nach der weißen Kehle von Spitz.

Keer op keer het Buck vir Spitz se wit keel geslaan.

Jedes Mal wich Spitz aus und schlug mit einem schneidenden Biss zurück.

Elke keer het Spitz ontwyk en met 'n snydende byt teruggeslaan.

Dann änderte Buck seine Taktik und stürzte sich erneut darauf, als wolle er ihm die Kehle zu Leibe rücken.

Toe verander Buck van taktiek en storm weer asof hy vir die keel wil mik.

Doch er zog sich mitten im Angriff zurück und drehte sich um, um von der Seite zuzuschlagen.

Maar hy het midde-aanval teruggetrek en van die kant af geslaan.

Er warf Spitz seine Schulter entgegen, um ihn niederzuschlagen.

Hy het sy skouer in Spitz gegooi, met die doel om hom neer te gooi.

Bei jedem Versuch wich Spitz aus und konterte mit einem Hieb.

Elke keer as hy probeer het, het Spitz ontwyk en met 'n hou teruggekeer.

Bucks Schulter wurde wund, als Spitz nach jedem Schlag davonsprang.

Buck se skouer het rou geword toe Spitz ná elke hou wegspring.

Spitz war nicht berührt worden, während Buck aus vielen Wunden blutete.

Spitz is nie aangeraak nie, terwyl Buck uit baie wonde gebloei het.

Bucks Atem ging schnell und schwer, sein Körper war blutverschmiert.

Buck se asemhaling het vinnig en swaar gekom, sy liggaam glad van die bloed.

Mit jedem Biss und Angriff wurde der Kampf brutaler.

Die geveg het met elke byt en aanval meer brutaal geword.

Um sie herum warteten sechzig stille Hunde darauf, dass der erste fiel.

Rondom hulle het sestig stil honde gewag vir die eerstes om te val.

Wenn ein Hund zu Boden ging, würde das Rudel den Kampf beenden.

As een hond sou val, sou die trop die geveg voltooi.

Spitz sah, dass Buck schwächer wurde, und begann, den Angriff voranzutreiben.

Spitz het gesien hoe Buck verswak en het die aanval begin afdwing.

Er brachte Buck aus dem Gleichgewicht und zwang ihn, um Halt zu kämpfen.

Hy het Buck van balans af gehou, wat hom gedwing het om vir balans te veg.

Einmal stolperte Buck und fiel, und alle Hunde standen auf.

Eenkeer het Buck gestruikel en geval, en al die honde het opgestaan.

Doch Buck richtete sich mitten im Fall auf und alle sanken wieder zu Boden.

Maar Buck het homself midde-in die val regop gemaak, en almal het weer ineengesak.

Buck hatte etwas Seltenes – eine Vorstellungskraft, die aus tiefem Instinkt geboren war.

Buck het iets skaars gehad — verbeelding gebore uit diep instink.

Er kämpfte mit natürlichem Antrieb, aber auch mit List.

Hy het met natuurlike dryfkrag geveg, maar hy het ook met listigheid geveg.

Er griff erneut an, als würde er seinen Schulterangriffstrick wiederholen.

Hy het weer aangeval asof hy sy skoueraanval-truuk herhaal het.

Doch in der letzten Sekunde ließ er sich fallen und flog unter Spitz hindurch.

Maar op die laaste oomblik het hy laag geval en onder Spitz deurgevee.

Seine Zähne schnappten um Spitz' linkes Vorderbein.

Sy tande het met 'n klap aan Spitz se voorste linkerbeen vasgehaak.

Spitz stand nun unsicher da, sein Gewicht ruhte nur noch auf drei Beinen.

Spitz het nou onvas gestaan, sy gewig op slegs drie bene.

Buck schlug erneut zu und versuchte dreimal, ihn zu Fall zu bringen.

Buck het weer toegeslaan en drie keer probeer om hom neer te bring.
Beim vierten Versuch nutzte er denselben Zug mit Erfolg
Met die vierde poging het hy dieselfde beweging met sukses gebruik.
Diesmal gelang es Buck, Spitz in das rechte Bein zu beißen.
Hierdie keer het Buck daarin geslaag om Spitz se regterbeen te byt.
Obwohl Spitz verkrüppelt war und große Schmerzen litt, kämpfte er weiter ums Überleben.
Spitz, hoewel kreupel en in pyn, het aangehou sukkel om te oorleef.
Er sah, wie der Kreis der Huskys enger wurde, die Zungen herausstreckten und deren Augen leuchteten.
Hy het gesien hoe die kring van husky's saamtrek, tonge uit, oë gloei.
Sie warteten darauf, ihn zu verschlingen, so wie sie es mit anderen getan hatten.
Hulle het gewag om hom te verslind, net soos hulle met ander gedoen het.
Dieses Mal stand er im Mittelpunkt: besiegt und verdammt.
Hierdie keer het hy in die middel gestaan; verslaan en verdoem.
Für den weißen Hund gab es jetzt keine Möglichkeit mehr zu entkommen.
Daar was nou geen ander manier om te ontsnap vir die wit hond nie.
Buck kannte keine Gnade, denn Gnade hatte in der Wildnis nichts zu suchen.
Buck het geen genade betoon nie, want genade het nie in die wildernis hoort nie.
Buck bewegte sich vorsichtig und bereitete sich auf den letzten Angriff vor.
Buck het versigtig beweeg en gereed gemaak vir die laaste aanval.
Der Kreis der Huskys schloss sich, er spürte ihren warmen Atem.

Die kring van husky's het toegemaak; hy het hul warm asemhalings gevoel.
Sie duckten sich und waren bereit, im richtigen Moment zu springen.
Hulle het laag gehurk, gereed om te spring wanneer die oomblik aanbreek.
Spitz zitterte im Schnee, knurrte und veränderte seine Haltung.
Spitz het in die sneeu gebewe, gegrom en sy posisie verskuif.
Seine Augen funkelten, seine Lippen waren gekräuselt und seine Zähne blitzten in verzweifelter Drohung.
Sy oë het gegloei, lippe opgetrek, tande het geflikker in desperate dreiging.
Er taumelte und versuchte immer noch, dem kalten Biss des Todes standzuhalten.
Hy het gestruikel, steeds probeer om die koue byt van die dood af te weer.
Er hatte das schon früher erlebt, aber immer von der Gewinnerseite.
Hy het dit al voorheen gesien, maar altyd van die wenkant af.
Jetzt war er auf der Verliererseite, der Besiegte, die Beute, der Tod.
Nou was hy aan die verloorkant; die verslane; die prooi; die dood.
Buck umkreiste ihn für den letzten Schlag, der Hundekreis rückte näher.
Buck het in 'n sirkel gedraai vir die finale hou, die kring honde het nader gedruk.
Er konnte ihren heißen Atem spüren; bereit zum Töten.
Hy kon hulle warm asemteue voel; gereed vir die doodmaak.
Stille breitete sich aus; alles war an seinem Platz; die Zeit war stehen geblieben.
'n Stilte het neergesak; alles was op sy plek; tyd het stilgestaan.
Sogar die kalte Luft zwischen ihnen gefror für einen letzten Moment.
Selfs die koue lug tussen hulle het vir 'n laaste oomblik gevries.

Nur Spitz bewegte sich und versuchte, sein bitteres Ende abzuwenden.
Net Spitz het beweeg en probeer om sy bitter einde af te weer.
Der Kreis der Hunde schloss sich um ihn, und das war sein Schicksal.
Die kring van honde het om hom gesluit, soos sy bestemming was.
Er war jetzt verzweifelt, da er wusste, was passieren würde.
Hy was nou desperaat, wetende wat op die punt staan om te gebeur.
Buck sprang hinein, Schulter an Schulter traf ein letztes Mal.
Buck spring ingespring, skouer teen skouer vir die laaste keer.
Die Hunde drängten vorwärts und deckten Spitz in der verschneiten Dunkelheit.
Die honde het vorentoe gestorm en Spitz in die sneeudonker bedek.
Buck sah zu, aufrecht stehend; der Sieger in einer wilden Welt.
Buck het gekyk, regop staande; die oorwinnaar in 'n barbaarse wêreld.
Das dominante Urtier hatte seine Beute gemacht, und es war gut.
Die dominante oerdier het sy slagting gemaak, en dit was goed.

Wer die Meisterschaft erlangt hat
Hy, wat Meesterskap gewen het

„Wie? Was habe ich gesagt? Ich sage die Wahrheit, wenn ich sage, dass Buck ein Teufel ist."

"Eh? Wat het ek gesê? Ek praat die waarheid as ek sê Buck is 'n duiwel."

François sagte dies am nächsten Morgen, nachdem er festgestellt hatte, dass Spitz verschwunden war.

François het dit die volgende oggend gesê nadat hy Spitz as vermis gevind het.

Buck stand da, übersät mit Wunden aus dem erbitterten Kampf.

Buck het daar gestaan, bedek met wonde van die wrede geveg.

François zog Buck zum Feuer und zeigte auf die Verletzungen.

François het Buck naby die vuur getrek en na die beserings gewys.

„Dieser Spitz hat gekämpft wie der Devik", sagte Perrault und beäugte die tiefen Schnittwunden.

"Daardie Spitz het soos die Devik geveg," het Perrault gesê terwyl hy die diep snye dopgehou het.

„Und dieser Buck hat wie zwei Teufel gekämpft", antwortete François sofort.

"En daardie Buck het soos twee duiwels geveg," het François dadelik geantwoord.

„Jetzt kommen wir gut voran; kein Spitz mehr, kein Ärger mehr."

"Nou sal ons goeie tyd maak; geen Spitz meer nie, geen moeilikheid meer nie."

Perrault packte die Ausrüstung und belud den Schlitten sorgfältig.

Perrault was besig om die toerusting te pak en die slee met sorg te laai.

François spannte die Hunde für den Lauf des Tages an.

François het die honde ingespan ter voorbereiding vir die dag se hardloop.

Buck trabte direkt an die Führungsposition, die einst Spitz innehatte.

Buck draf reguit na die voorste posisie wat eens deur Spitz gehou is.

Doch François bemerkte es nicht und führte Solleks nach vorne.

Maar François, wat dit nie opgemerk het nie, het Solleks vorentoe na die front gelei.

Nach François' Einschätzung war Solleks nun der beste Leithund.

Volgens François se oordeel was Solleks nou die beste leidhond.

Buck stürzte sich wütend auf Solleks und trieb ihn aus Protest zurück.

Buck het woedend op Solleks gespring en hom uit protes teruggedryf.

Er stand dort, wo einst Spitz gestanden hatte, und beanspruchte die Führungsposition.

Hy het gestaan waar Spitz eens gestaan het en die voorste posisie opgeëis.

„Wie? Wie?", rief François und schlug sich amüsiert auf die Schenkel.

"Eh? Eh?" roep François uit en klap sy dye geamuseerd.

„Sehen Sie sich Buck an – er hat Spitz umgebracht und jetzt will er ihm den Job wegnehmen!"

"Kyk na Buck—hy het Spitz doodgemaak, nou wil hy die werk vat!"

„Geh weg, Chook!", schrie er und versuchte, Buck zu vertreiben.

"Gaan weg, Chook!" het hy geskree en probeer om Buck weg te jaag.

Aber Buck weigerte sich, sich zu bewegen und blieb fest im Schnee stehen.

Maar Buck het geweier om te beweeg en het ferm in die sneeu gestaan.

François packte Buck am Genick und zog ihn beiseite.
François het Buck aan die nek gegryp en hom eenkant toe gesleep.
Buck knurrte leise und drohend, griff aber nicht an.
Buck het laag en dreigend gegrom, maar nie aangeval nie.
François brachte Solleks wieder in Führung und versuchte, den Streit zu schlichten
François het Solleks weer in die voortou geplaas en probeer om die dispuut te besleg.
Der alte Hund zeigte Angst vor Buck und wollte nicht bleiben.
Die ou hond het vrees vir Buck getoon en wou nie bly nie.
Als François ihm den Rücken zuwandte, verjagte Buck Solleks wieder.
Toe François sy rug draai, het Buck Solleks weer uitgedryf.
Solleks leistete keinen Widerstand und trat erneut leise zur Seite.
Solleks het nie weerstand gebied nie en het weer stilweg opsy getree.
François wurde wütend und schrie: „Bei Gott, ich werde dich heilen!"
François het kwaad geword en geskree: "By God, ek maak jou reg!"
Er kam mit einer schweren Keule in der Hand auf Buck zu.
Hy het na Buck toe gekom met 'n swaar knuppel in sy hand.
Buck erinnerte sich gut an den Mann im roten Pullover.
Buck het die man in die rooi trui goed onthou.
Er zog sich langsam zurück, beobachtete François, knurrte jedoch tief.
Hy het stadig teruggetrek, François dopgehou, maar diep gegrom.
Er eilte nicht zurück, auch nicht, als Solleks an seiner Stelle stand.
Hy het nie teruggehaas nie, selfs toe Solleks in sy plek gestaan het.
Buck kreiste knapp außerhalb seiner Reichweite und knurrte wütend und protestierend.

Buck het net buite bereik sirkelgeloop, woedend en protesagtig.

Er behielt den Schläger im Auge und war bereit auszuweichen, falls François warf.

Hy het sy oë op die knuppel gehou, gereed om te ontwyk as François gooi.

Er war weise und vorsichtig geworden im Umgang mit bewaffneten Männern.

Hy het wys en versigtig geword in die weë van manne met wapens.

François gab auf und rief Buck erneut an seinen alten Platz.

François het moed opgegee en Buck weer na sy vorige plek geroep.

Aber Buck trat vorsichtig zurück und weigerte sich, dem Befehl Folge zu leisten.

Maar Buck het versigtig teruggetree en geweier om die bevel te gehoorsaam.

François folgte ihm, aber Buck wich nur ein paar Schritte zurück.

François het gevolg, maar Buck het net 'n paar treë verder teruggedeins.

Nach einiger Zeit warf François frustriert die Waffe hin.

Na 'n rukkie het François die wapen in frustrasie neergegooi.

Er dachte, Buck hätte Angst vor einer Tracht Prügel und würde ruhig kommen.

Hy het gedink Buck was bang vir 'n pak slae en sou stilletjies kom.

Aber Buck wollte sich nicht vor einer Strafe drücken – er kämpfte um seinen Rang.

Maar Buck het nie straf vermy nie—hy het vir rang geveg.

Er hatte sich den Platz als Leithund durch einen Kampf auf Leben und Tod verdient

Hy het die leierhondposisie verdien deur 'n geveg tot die dood toe

er würde sich mit nichts Geringerem zufrieden geben, als der Anführer zu sein.

Hy sou nie met enigiets minder as om die leier te wees, tevrede wees nie.

Perrault beteiligte sich an der Verfolgung, um den rebellischen Buck zu fangen.
Perrault het 'n hand in die jaagtog geneem om die opstandige Buck te help vang.
Gemeinsam ließen sie ihn fast eine Stunde lang durch das Lager laufen.
Saam het hulle hom vir amper 'n uur om die kamp gehardloop.
Sie warfen Knüppel nach ihm, aber Buck wich jedem Schlag geschickt aus.
Hulle het knuppels na hom gegooi, maar Buck het elkeen vaardig ontwyk.
Sie verfluchten ihn, seine Vorfahren, seine Nachkommen und jedes Haar an ihm.
Hulle het hom, sy voorouers, sy nageslag en elke haar op hom vervloek.
Aber Buck knurrte nur zurück und blieb gerade außerhalb ihrer Reichweite.
Maar Buck het net teruggegrom en net buite hulle bereik gebly.
Er versuchte nie wegzulaufen, sondern umkreiste das Lager absichtlich.
Hy het nooit probeer wegvlug nie, maar het doelbewus om die kamp gegaan.
Er machte klar, dass er gehorchen würde, sobald sie ihm gäben, was er wollte.
Hy het dit duidelik gemaak dat hy sou gehoorsaam sodra hulle hom gegee het wat hy wou hê.
Schließlich setzte sich François hin und kratzte sich frustriert am Kopf.
François het uiteindelik gaan sit en gefrustreerd aan sy kop gekrap.
Perrault sah auf seine Uhr, fluchte und murmelte etwas über die verlorene Zeit.

Perrault het op sy horlosie gekyk, gevloek en gemompel oor verlore tyd.
Obwohl sie eigentlich auf der Spur sein sollten, war bereits eine Stunde vergangen.
'n Uur het reeds verbygegaan toe hulle op die roete moes gewees het.
François zuckte verlegen mit den Achseln, als der Kurier resigniert seufzte.
François het skaam sy skouers opgetrek vir die koerier, wat verslae gesug het.
Dann ging François zu Solleks und rief Buck noch einmal.
Toe stap François na Solleks en roep weer eens na Buck.
Buck lachte wie ein Hund, wahrte jedoch vorsichtig seine Distanz.
Buck het gelag soos 'n hond lag, maar sy versigtige afstand gehou.
François nahm Solleks das Geschirr ab und brachte ihn an seinen Platz zurück.
François het Solleks se harnas verwyder en hom terug op sy plek gebring.
Das Schlittenteam stand voll angespannt da, nur ein Platz war unbesetzt.
Die sleespan het ten volle ingespan gestaan, met slegs een plek oop.
Die Führungsposition blieb leer und war eindeutig nur für Buck bestimmt.
Die voorste posisie het leeg gebly, duidelik bedoel vir Buck alleen.
François rief erneut, und wieder lachte Buck und blieb standhaft.
François het weer geroep, en weer het Buck gelag en sy manne gehou.
„Wirf die Keule weg", befahl Perrault ohne zu zögern.
"Gooi die knuppel neer," het Perrault sonder aarseling beveel.
François gehorchte und Buck trabte sofort stolz vorwärts.
François het gehoorsaam, en Buck het dadelik trots vorentoe gedraf.

Er lachte triumphierend und übernahm die Führungsposition.
Hy het triomfantlik gelag en in die voorste posisie ingetree.
François befestigte seine Leinen und der Schlitten wurde losgerissen.
François het sy spore verseker, en die slee is losgebreek.
Beide Männer liefen neben dem Team her, als es auf den Flusspfad rannte.
Albei mans het langs die span gehardloop terwyl hulle op die rivierpaadjie gejaag het.
François hatte Bucks „zwei Teufel" sehr geschätzt,
François het Buck se "twee duiwels" hoog aangeslaan.
aber er merkte bald, dass er den Hund tatsächlich unterschätzt hatte.
maar hy het gou besef dat hy die hond eintlik onderskat het.
Buck übernahm schnell die Führung und erbrachte hervorragende Leistungen.
Buck het vinnig leierskap oorgeneem en met uitnemendheid presteer.
In puncto Urteilsvermögen, schnelles Denken und schnelles Handeln übertraf Buck Spitz.
In oordeel, vinnige denke en vinnige optrede het Buck Spitz oortref.
François hatte noch nie einen Hund gesehen, der dem von Buck gleichkam.
François het nog nooit 'n hond gesien wat gelykstaande was aan wat Buck nou vertoon het nie.
Aber Buck war wirklich herausragend darin, für Ordnung zu sorgen und Respekt zu erlangen.
Maar Buck het werklik uitgeblink in die handhawing van orde en die afdwing van respek.
Dave und Solleks akzeptierten die Änderung ohne Bedenken oder Protest.
Dave en Solleks het die verandering sonder kommer of protes aanvaar.
Sie konzentrierten sich nur auf die Arbeit und zogen kräftig die Zügel an.

Hulle het net op werk gefokus en hard in die leisels trek.
Es war ihnen egal, wer führte, solange der Schlitten in Bewegung blieb.
Hulle het min omgegee wie lei, solank die slee aanhou beweeg het.
Billee, der Fröhliche, hätte, soweit es sie interessierte, die Führung übernehmen können.
Billee, die vrolike een, kon gelei het vir alles wat hulle omgegee het.
Was ihnen wichtig war, waren Frieden und Ordnung in den Reihen.
Wat vir hulle saak gemaak het, was vrede en orde in die geledere.

Der Rest des Teams war während Spitz' Niedergang unbändig geworden.
Die res van die span het onordelik geword tydens Spitz se agteruitgang.
Sie waren schockiert, als Buck sie sofort zur Ordnung rief.
Hulle was geskok toe Buck hulle dadelik tot orde gebring het.
Pike war immer faul gewesen und hatte Buck hinterhergehangen.
Pike was nog altyd lui en het agter Buck gesleep.
Doch nun wurde er von der neuen Führung scharf diszipliniert.
Maar nou is hy skerp gedissiplineer deur die nuwe leierskap.
Und er lernte schnell, seinen Teil zum Team beizutragen.
En hy het vinnig geleer om sy gewig in die span te trek.
Am Ende des Tages hatte Pike härter gearbeitet als je zuvor.
Teen die einde van die dag het Pike harder as ooit tevore gewerk.
In dieser Nacht im Lager wurde Joe, der mürrische Hund, endlich beruhigt.
Daardie nag in die kamp is Joe, die suur hond, uiteindelik onderdruk.
Spitz hatte es nicht geschafft, ihn zu disziplinieren, aber Buck versagte nicht.

Spitz het versuim om hom te dissiplineer, maar Buck het nie gefaal nie.

Durch die Nutzung seines größeren Gewichts überwältigte Buck Joe in Sekundenschnelle.

Deur sy groter gewig te gebruik, het Buck Joe binne sekondes oorweldig.

Er biss und schlug Joe, bis dieser wimmerte und aufhörte, sich zu wehren.

Hy het Joe gebyt en geslaan totdat hy gekerm het en opgehou het om weerstand te bied.

Von diesem Moment an verbesserte sich das gesamte Team.

Die hele span het van daardie oomblik af verbeter.

Die Hunde erlangten ihre alte Einheit und Disziplin zurück.

Die honde het hul ou eenheid en dissipline herwin.

In Rink Rapids kamen zwei neue einheimische Huskies hinzu, Teek und Koona.

By Rink Rapids het twee nuwe inheemse huskies, Teek en Koona, aangesluit.

Bucks schnelle Ausbildung erstaunte sogar François.

Buck se vinnige opleiding van hulle het selfs François verbaas.

„So einen Hund wie diesen Buck hat es noch nie gegeben!", rief er erstaunt.

"Nog nooit was daar so 'n hond soos daardie Bok nie!" het hy verbaas uitgeroep.

„Nein, niemals! Er ist tausend Dollar wert, bei Gott!"

"Nee, nooit! Hy is duisend dollar werd, by God!"

„Wie? Was sagst du dazu, Perrault?", fragte er stolz.

"Eh? Wat sê jy, Perrault?" het hy met trots gevra.

Perrault nickte zustimmend und überprüfte seine Notizen.

Perrault het instemmend geknik en sy notas nagegaan.

Wir liegen bereits vor dem Zeitplan und kommen täglich weiter voran.

Ons is reeds voor op skedule en kry elke dag meer.

Der Weg war festgestampft und glatt, es lag kein Neuschnee.

Die roete was styf en glad, sonder vars sneeu.

Es war konstant kalt und lag die ganze Zeit bei minus fünfzig Grad.
Die koue was bestendig en het deurgaans op vyftig onder vriespunt gehang.

Die Männer ritten und rannten abwechselnd, um sich warm zu halten und Zeit zu gewinnen.
Die mans het beurtelings gery en gehardloop om warm te bly en tyd te maak.

Die Hunde rannten schnell, mit wenigen Pausen, immer vorwärts.
Die honde het vinnig gehardloop met min stoppe, altyd vorentoe gestoot.

Der Thirty Mile River war größtenteils zugefroren und leicht zu überqueren.
Die Dertig Myl-rivier was meestal gevries en maklik om oor te reis.

Was zehn Tage gedauert hatte, wurde an einem Tag verschickt.
Hulle het in een dag uitgegaan wat tien dae geneem het om in te kom.

Sie legten einen sechsundneunzig Kilometer langen Sprint vom Lake Le Barge nach White Horse zurück.
Hulle het 'n sestig myl lange draf van Lake Le Barge na White Horse gemaak.

Sie bewegten sich unglaublich schnell über die Seen Marsh, Tagish und Bennett.
Oor Marsh-, Tagish- en Bennett-mere het hulle ongelooflik vinnig beweeg.

Der laufende Mann wird an einem Seil hinter dem Schlitten hergezogen.
Die hardloopman het agter die slee aan 'n tou gesleep.

In der letzten Nacht der zweiten Woche erreichten sie ihr Ziel.
Op die laaste aand van week twee het hulle by hul bestemming aangekom.

Sie hatten gemeinsam die Spitze des White Pass erreicht.
Hulle het saam die bopunt van White Pass bereik.

Sie sanken auf Meereshöhe hinab, mit den Lichtern von Skaguay unter ihnen.
Hulle het tot seevlak gedaal met Skaguay se ligte onder hulle.
Es war ein Rekordlauf durch kilometerlange kalte Wildnis.
Dit was 'n rekordbrekende lopie oor kilometers koue wildernis.
An vierzehn aufeinanderfolgenden Tagen legten sie im Durchschnitt satte vierundsechzig Kilometer zurück.
Vir veertien dae aaneen het hulle gemiddeld 'n stewige veertig myl afgelê.
In Skaguay transportierten Perrault und François Fracht durch die Stadt.
In Skaguay het Perrault en François vrag deur die dorp vervoer.
Die bewundernde Menge jubelte ihnen zu und bot ihnen viele Getränke an.
Hulle is deur bewonderende skares toegejuig en baie drankies aangebied.
Hundefänger und Arbeiter versammelten sich um das berühmte Hundegespann.
Hondejaers en werkers het rondom die bekende hondespan vergader.
Dann kamen Gesetzlose aus dem Westen in die Stadt und erlitten eine brutale Niederlage.
Toe het westerse bandiete na die dorp gekom en 'n gewelddadige nederlaag gely.
Die Leute vergaßen bald das Team und konzentrierten sich auf neue Dramen.
Die mense het gou die span vergeet en op nuwe drama gefokus.
Dann kamen die neuen Befehle, die alles auf einen Schlag veränderten.
Toe kom die nuwe bevele wat alles gelyktydig verander het.
François rief Buck zu sich und umarmte ihn mit tränenreichem Stolz.
François het Buck na hom geroep en hom met tranerige trots omhels.

In diesem Moment sah Buck François zum letzten Mal wieder.
Daardie oomblik was die laaste keer dat Buck François ooit weer gesien het.

Wie viele Männer zuvor waren sowohl François als auch Perrault nicht mehr da.
Soos baie mans tevore, was beide François en Perrault weg.

Ein schottischer Mischling übernahm das Kommando über Buck und seine Schlittenhunde-Kollegen.
'n Skotse halfbloed het Buck en sy sleehondspanmaats in beheer geneem.

Mit einem Dutzend anderer Hundegespanne kehrten sie auf dem Weg nach Dawson zurück.
Saam met 'n dosyn ander hondespanne het hulle langs die roete na Dawson teruggekeer.

Es war kein Schnelllauf mehr, sondern harte Arbeit mit einer schweren Last jeden Tag.
Dit was nou geen vinnige lopie nie — net swaar werk met 'n swaar vrag elke dag.

Dies war der Postzug, der den Goldsuchern in der Nähe des Pols Nachrichten brachte.
Dit was die postrein wat nuus gebring het aan goudjagters naby die Pool.

Buck mochte die Arbeit nicht, ertrug sie jedoch gut und war stolz auf seine Leistung.
Buck het die werk nie gehou nie, maar het dit goed verduur en was trots op sy poging.

Wie Dave und Solleks zeigte Buck Hingabe bei jeder täglichen Aufgabe.
Soos Dave en Solleks, het Buck toewyding aan elke daaglikse taak getoon.

Er stellte sicher, dass jeder seiner Teamkollegen seinen Teil beitrug.
Hy het seker gemaak dat sy spanmaats elkeen hul billike gewig bygedra het.

Das Leben auf dem Trail wurde langweilig und wiederholte sich mit der Präzision einer Maschine.

Die roetelewe het dof geword, herhaal met die presisie van 'n masjien.
Jeder Tag fühlte sich gleich an, ein Morgen ging in den nächsten über.
Elke dag het dieselfde gevoel, die een oggend het in die volgende oorgegaan.
Zur gleichen Stunde standen die Köche auf, um Feuer zu machen und Essen zuzubereiten.
Op dieselfde uur het die kokke opgestaan om vure te maak en kos voor te berei.
Nach dem Frühstück verließen einige das Lager, während andere die Hunde anspannten.
Na ontbyt het sommige die kamp verlaat terwyl ander die honde ingespan het.
Sie machten sich auf den Weg, bevor die schwache Morgendämmerung den Himmel berührte.
Hulle het die roete aangepak voordat die dowwe waarskuwing van die dagbreek die lug geraak het.
Nachts hielten sie an, um ihr Lager aufzuschlagen, wobei jeder Mann eine festgelegte Aufgabe hatte.
In die nag het hulle gestop om kamp op te slaan, elke man met 'n vasgestelde plig.
Einige stellten die Zelte auf, andere hackten Feuerholz und sammelten Kiefernzweige.
Party het die tente opgeslaan, ander het brandhout gekap en dennetakke bymekaargemaak.
Zum Abendessen wurde den Köchen Wasser oder Eis mitgebracht.
Water of ys is teruggedra na die kokke vir die aandete.
Die Hunde wurden gefüttert und das war für sie der schönste Teil des Tages.
Die honde is gevoer, en dit was die beste deel van die dag vir hulle.
Nachdem sie Fisch gegessen hatten, entspannten sich die Hunde und machten es sich in der Nähe des Feuers gemütlich.

Nadat hulle vis geëet het, het die honde ontspan en naby die vuur gelê.

Im Konvoi waren noch hundert andere Hunde, unter die man sich mischen konnte.

Daar was 'n honderd ander honde in die konvooi om mee te meng.

Viele dieser Hunde waren wild und kämpften ohne Vorwarnung.

Baie van daardie honde was fel en vinnig om sonder waarskuwing te baklei.

Doch nach drei Siegen war Buck selbst den härtesten Kämpfern überlegen.

Maar ná drie oorwinnings het Buck selfs die felste vegters bemeester.

Als Buck nun knurrte und die Zähne fletschte, traten sie zur Seite.

Nou toe Buck grom en sy tande wys, het hulle opsy gestap.

Und das Beste war vielleicht, dass Buck es liebte, neben dem flackernden Lagerfeuer zu liegen.

Miskien die beste van alles was dat Buck daarvan gehou het om naby die flikkerende kampvuur te lê.

Er hockte mit angezogenen Hinterbeinen und nach vorne gestreckten Vorderbeinen.

Hy het gehurk met agterpote ingetrek en voorpote vorentoe gestrek.

Er hatte den Kopf erhoben und blinzelte sanft in die glühenden Flammen.

Sy kop was opgelig terwyl hy saggies na die gloeiende vlamme geknipper het.

Manchmal musste er an Richter Millers großes Haus in Santa Clara denken.

Soms het hy Regter Miller se groot huis in Santa Clara onthou.

Er dachte an den Zementpool, an Ysabel und den Mops namens Toots.

Hy het aan die sementpoel gedink, aan Ysabel, en die mopshond met die naam Toots.

Aber häufiger musste er an die Keule des Mannes mit dem roten Pullover denken.
Maar meer dikwels het hy die man met die rooi trui se knuppel onthou.
Er erinnerte sich an Curlys Tod und seinen erbitterten Kampf mit Spitz.
Hy het Curly se dood en sy hewige stryd met Spitz onthou.
Er erinnerte sich auch an das gute Essen, das er gegessen hatte oder von dem er immer noch träumte.
Hy het ook die goeie kos onthou wat hy geëet het of nog van gedroom het.
Buck hatte kein Heimweh – das warme Tal war weit weg und unwirklich.
Buck het nie heimwee gehad nie—die warm vallei was ver en onwerklik.
Die Erinnerungen an Kalifornien hatten keine große Anziehungskraft mehr auf ihn.
Herinneringe aan Kalifornië het hom nie meer werklik aangetrek nie.
Stärker als die Erinnerung waren die tief in seinem Blut verwurzelten Instinkte.
Sterker as geheue was instinkte diep in sy bloedlyn.
Einst verlorene Gewohnheiten waren zurückgekehrt und durch den Weg und die Wildnis wiederbelebt worden.
Gewoontes wat eens verlore was, het teruggekeer, herleef deur die roete en die wildernis.
Während Buck das Feuerlicht betrachtete, veränderte sich seine Wahrnehmung manchmal.
Terwyl Buck na die vuurlig gekyk het, het dit soms iets anders geword.
Er sah im Feuerschein ein anderes Feuer, älter und tiefer als das gegenwärtige.
Hy het in die vuurlig 'n ander vuur gesien, ouer en dieper as die huidige een.
Neben dem anderen Feuer hockte ein Mann, der anders aussah als der Mischlingskoch.

Langs daardie ander vuur het 'n man gehurk, anders as die halfbloedkok.

Diese Figur hatte kurze Beine, lange Arme und harte, verknotete Muskeln.

Hierdie figuur het kort bene, lang arms en harde, geknoopte spiere gehad.

Sein Haar war lang und verfilzt und fiel von den Augen nach hinten ab.

Sy hare was lank en verward, en het agteroor van die oë af gehang.

Er gab seltsame Geräusche von sich und starrte voller Angst in die Dunkelheit.

Hy het vreemde geluide gemaak en vreesbevange na die donkerte gestaar.

Er hielt eine Steinkeule tief in seiner langen, rauen Hand fest.

Hy het 'n klippenknuppel laag gehou, styf vasgegryp in sy lang growwe hand.

Der Mann trug wenig, nur eine verkohlte Haut, die ihm den Rücken hinunterhing.

Die man het min aangehad; net 'n verkoolde vel wat oor sy rug gehang het.

Sein Körper war an Armen, Brust und Oberschenkeln mit dichtem Haar bedeckt.

Sy lyf was bedek met dik hare oor sy arms, bors en dye.

Einige Teile des Haares waren zu rauen Fellbüscheln verfilzt.

Sommige dele van die hare was verstrengel in kolle growwe pels.

Er stand nicht gerade, sondern war von der Hüfte bis zu den Knien nach vorne gebeugt.

Hy het nie regop gestaan nie, maar vooroor gebuig van die heupe tot die knieë.

Seine Schritte waren federnd und katzenartig, als wäre er immer zum Sprung bereit.

Sy treë was veerkragtig en katagtig, asof hy altyd gereed was om te spring.

Er war in höchster Wachsamkeit, als lebte er in ständiger Angst.
Daar was 'n skerp waaksaamheid, asof hy in voortdurende vrees geleef het.
Dieser alte Mann schien mit Gefahr zu rechnen, ob er die Gefahr nun sah oder nicht.
Hierdie antieke man het blykbaar gevaar verwag, of die gevaar nou gesien is of nie.
Manchmal schlief der haarige Mann am Feuer, den Kopf zwischen die Beine gesteckt.
Soms het die harige man by die vuur geslaap, kop tussen sy bene ingesteek.
Seine Ellbogen ruhten auf seinen Knien, die Hände waren über seinem Kopf gefaltet.
Sy elmboë het op sy knieë gerus, hande bo sy kop vasgevou.
Wie ein Hund benutzte er seine haarigen Arme, um den fallenden Regen abzuschütteln.
Soos 'n hond het hy sy harige arms gebruik om die vallende reën af te gooi.
Hinter dem Feuerschein sah Buck zwei Kohlen im Dunkeln glühen.
Verby die vuurlig het Buck twee kole in die donker sien gloei.
Immer zu zweit, waren sie die Augen der sich anpirschenden Raubtiere.
Altyd twee-twee, was hulle die oë van bekruipende roofdiere.
Er hörte, wie Körper durchs Unterholz krachten und Geräusche in der Nacht.
Hy het liggame deur bosse hoor bots en geluide in die nag hoor maak.
Buck lag blinzelnd am Ufer des Yukon und träumte am Feuer.
Terwyl hy op die Yukon-oewer gelê het, en sy oë geknip het, het Buck by die vuur gedroom.
Die Anblicke und Geräusche dieser wilden Welt ließen ihm die Haare zu Berge stehen.
Die besienswaardighede en geluide van daardie wilde wêreld het sy hare laat regop staan.

Das Fell stand ihm über den Rücken, die Schultern und den Hals hinauf.
Die pels het langs sy rug, sy skouers en teen sy nek opgerys.
Er wimmerte leise oder gab ein tiefes Knurren aus der Brust von sich.
Hy het saggies gekreun of 'n lae grom diep in sy bors gegee.
Dann rief der Mischlingskoch: „Hey, du Buck, wach auf!"
Toe skree die halfbloedkok: "Haai, jy Buck, word wakker!"
Die Traumwelt verschwand und das wirkliche Leben kehrte in Bucks Augen zurück.
Die droomwêreld het verdwyn, en die werklike lewe het teruggekeer in Buck se oë.
Er wollte aufstehen, sich strecken und gähnen, als wäre er aus einem Nickerchen erwacht.
Hy wou opstaan, strek en gaap, asof hy uit 'n middagslapie wakker gemaak is.
Die Reise war anstrengend, da sie den Postschlitten hinter sich herziehen mussten.
Die reis was moeilik, met die posslee wat agter hulle gesleep het.
Schwere Lasten und harte Arbeit zermürbten die Hunde jeden langen Tag.
Swaar vragte en harde werk het die honde elke lang dag uitgeput.
Sie kamen dünn und müde in Dawson an und brauchten über eine Woche Ruhe.
Hulle het Dawson maer, moeg en met meer as 'n week se rus aangekom.
Doch nur zwei Tage später machten sie sich erneut auf den Weg den Yukon hinunter.
Maar net twee dae later het hulle weer die Yukon afgevaar.
Sie waren mit weiteren Briefen beladen, die für die Außenwelt bestimmt waren.
Hulle was gelaai met meer briewe wat na die buitewêreld bestem was.
Die Hunde waren erschöpft und die Männer beschwerten sich ständig.

Die honde was uitgeput en die mans het aanhoudend gekla.
Jeden Tag fiel Schnee, der den Weg weicher machte und die Schlitten verlangsamte.
Sneeu het elke dag geval, die roete versag en die sleeë vertraag.
Dies führte zu einem stärkeren Ziehen und einem größeren Widerstand der Läufer.
Dit het veroorsaak dat die hardlopers harder trek en meer weerstand bied.
Trotzdem waren die Fahrer fair und kümmerten sich um ihre Teams.
Ten spyte daarvan was die bestuurders regverdig en het hulle vir hul spanne omgegee.
Jeden Abend wurden die Hunde gefüttert, bevor die Männer etwas zu essen bekamen.
Elke aand is die honde gevoer voordat die mans kon eet.
Kein Mann geht schlafen, ohne vorher die Pfoten seines eigenen Hundes zu kontrollieren.
Geen man het geslaap voordat hy nie sy eie hond se pote nagegaan het nie.
Dennoch wurden die Hunde mit jeder zurückgelegten Strecke schwächer.
Tog het die honde swakker geword soos die kilometers aan hul liggame gedra het.
Sie waren den ganzen Winter über zweitausendachthundert Kilometer gereist.
Hulle het agtienhonderd myl deur die winter gereis.
Sie zogen Schlitten über jede Meile dieser brutalen Distanz.
Hulle het sleeë oor elke myl van daardie brutale afstand getrek.
Selbst die härtesten Schlittenhunde spüren nach so vielen Kilometern die Belastung.
Selfs die taaiste sleehonde voel spanning na soveel kilometers.
Buck hielt durch, sorgte für die Weiterarbeit seines Teams und sorgte für die nötige Disziplin.
Buck het vasgehou, sy span aan die werk gehou en dissipline gehandhaaf.

Aber Buck war müde, genau wie die anderen auf der langen Reise.
Maar Buck was moeg, net soos die ander op die lang reis.
Billee wimmerte und weinte jede Nacht ohne Ausnahme im Schlaf.
Billee het elke nag sonder uitsondering in sy slaap gekreun en gehuil.
Joe wurde noch verbitterter und Solleks blieb kalt und distanziert.
Joe het selfs meer bitter geword, en Solleks het koud en afsydig gebly.
Doch Dave war derjenige des gesamten Teams, der am meisten darunter litt.
Maar dit was Dave wat die ergste van die hele span gely het.
Irgendetwas in seinem Inneren war schiefgelaufen, doch niemand wusste, was.
Iets het binne hom verkeerd geloop, hoewel niemand geweet het wat nie.
Er wurde launischer und fuhr andere mit wachsender Wut an.
Hy het humeuriger geword en met toenemende woede na ander uitgevaar.
Jede Nacht ging er direkt zu seinem Nest und wartete darauf, gefüttert zu werden.
Elke aand het hy reguit na sy nes gegaan en gewag om gevoer te word.
Als Dave einmal unten war, stand er bis zum Morgen nicht mehr auf.
Toe hy eers onder was, het Dave eers die oggend weer opgestaan.
Plötzliche Rucke oder Anlaufe an den Zügeln ließen ihn vor Schmerzen aufschreien.
Aan die teuels het skielike rukke of skrikke hom van pyn laat uitroep.
Sein Fahrer suchte nach der Ursache, konnte jedoch keine Verletzungen feststellen.

Sy bestuurder het na die oorsaak gesoek, maar geen beserings aan hom gevind nie.

Alle Fahrer beobachteten Dave und besprachen seinen Fall.

Al die bestuurders het Dave begin dophou en sy saak bespreek.

Sie unterhielten sich beim Essen und während ihrer letzten Zigarette des Tages.

Hulle het tydens etes en tydens hul laaste rook van die dag gepraat.

Eines Nachts hielten sie eine Versammlung ab und brachten Dave zum Feuer.

Een aand het hulle 'n vergadering gehou en Dave na die vuur gebring.

Sie drückten und untersuchten seinen Körper und er schrie oft.

Hulle het sy liggaam gedruk en ondersoek, en hy het dikwels uitgeroep.

Offensichtlich stimmte etwas nicht, auch wenn keine Knochen gebrochen zu sein schienen.

Dit was duidelik dat iets verkeerd was, alhoewel geen bene gebreek gelyk het nie.

Als sie Cassiar Bar erreichten, war Dave am Umfallen.

Teen die tyd dat hulle by Cassiar Bar aankom, het Dave begin val.

Der schottische Mischling machte Schluss und nahm Dave aus dem Team.

Die Skotse halfbloed het halt geroep en Dave uit die span verwyder.

Er befestigte Solleks an Daves Stelle, ganz vorne am Schlitten.

Hy het Solleks in Dave se plek vasgemaak, naaste aan die slee se voorkant.

Er wollte Dave ausruhen und ihm die Freiheit geben, hinter dem fahrenden Schlitten herzulaufen.

Hy wou Dave laat rus en vry agter die bewegende slee laat hardloop.

Doch selbst als er krank war, hasste Dave es, von seinem Job geholt zu werden.
Maar selfs siek, het Dave gehaat om van die werk wat hy gehad het, weggeneem te word.
Er knurrte und wimmerte, als ihm die Zügel aus dem Körper gerissen wurden.
Hy het gegrom en gekerm toe die teuels van sy lyf af getrek is.
Als er Solleks an seiner Stelle sah, weinte er vor gebrochenem Herzen.
Toe hy Solleks in sy plek sien, het hy van gebroke hartseer gehuil.
Dave war noch immer stolz auf seine Arbeit auf dem Weg, selbst als der Tod nahte.
Die trots van roetewerk was diep in Dave, selfs toe die dood nader kom.
Während der Schlitten fuhr, kämpfte sich Dave durch den weichen Schnee in der Nähe des Pfades.
Terwyl die slee beweeg het, het Dave deur sagte sneeu naby die roete gestruikel.
Er griff Solleks an, biss ihn und stieß ihn von der Seite des Schlittens.
Hy het Solleks aangeval, hom van die slee se kant af gebyt en gestoot.
Dave versuchte, in das Geschirr zu springen und seinen Arbeitsplatz zurückzuerobern.
Dave het probeer om in die harnas te spring en sy werkplek terug te eis.
Er schrie, jammerte und weinte, hin- und hergerissen zwischen Schmerz und Stolz auf die Wehen.
Hy het gegil, gekerm en gehuil, verskeur tussen pyn en trots in arbeid.
Der Mischling versuchte, Dave mit seiner Peitsche vom Team zu vertreiben.
Die halfbloed het sy sweep gebruik om Dave van die span af te probeer wegdryf.
Doch Dave ignorierte den Hieb und der Mann konnte nicht härter zuschlagen.

Maar Dave het die hou geïgnoreer, en die man kon hom nie harder slaan nie.

Dave lehnte den einfacheren Weg hinter dem Schlitten ab, wo der Schnee festgefahren war.

Dave het die makliker pad agter die slee geweier, waar die sneeu vasgepak was.

Stattdessen kämpfte er sich elend durch den tiefen Schnee neben dem Weg.

In plaas daarvan het hy in die diep sneeu langs die paadjie gesukkel, in ellende.

Schließlich brach Dave zusammen, blieb im Schnee liegen und schrie vor Schmerzen.

Uiteindelik het Dave ineengestort, in die sneeu gelê en van die pyn gehuil.

Er schrie auf, als die lange Schlittenkette einer nach dem anderen an ihm vorbeifuhr.

Hy het uitgeroep toe die lang trein sleeë een vir een verby hom ry.

Dennoch stand er mit der ihm verbleibenden Kraft auf und stolperte ihnen hinterher.

Tog, met die oorblywende krag, het hy opgestaan en agter hulle aan gestruikel.

Als der Zug wieder anhielt, holte er ihn ein und fand seinen alten Schlitten.

Hy het ingehaal toe die trein weer stilhou en sy ou slee gevind.

Er kämpfte sich an den anderen Teams vorbei und stand wieder neben Solleks.

Hy het verby die ander spanne gestruikel en weer langs Solleks gaan staan.

Als der Fahrer anhielt, um seine Pfeife anzuzünden, nutzte Dave seine letzte Chance.

Toe die bestuurder stilhou om sy pyp aan te steek, het Dave sy laaste kans gewaag.

Als der Fahrer zurückkam und schrie, bewegte sich das Team nicht weiter.

Toe die bestuurder terugkeer en skree, het die span nie vorentoe beweeg nie.
Die Hunde hatten ihre Köpfe gedreht, verwirrt durch den plötzlichen Stopp.
Die honde het hul koppe gedraai, verward deur die skielike stilstand.
Auch der Fahrer war schockiert – der Schlitten hatte sich keinen Zentimeter vorwärts bewegt.
Die bestuurder was ook geskok — die slee het nie 'n duim vorentoe beweeg nie.
Er rief den anderen zu, sie sollten kommen und nachsehen, was passiert sei.
Hy het na die ander geroep om te kom kyk wat gebeur het.
Dave hatte Solleks' Zügel durchgekaut und beide auseinandergerissen.
Dave het deur Solleks se teuels gekou en albei uitmekaar gebreek.
Nun stand er vor dem Schlitten, wieder an seinem rechtmäßigen Platz.
Nou het hy voor die slee gestaan, terug in sy regmatige posisie.
Dave blickte zum Fahrer auf und flehte ihn stumm an, in der Spur zu bleiben.
Dave het na die bestuurder opgekyk en stilweg gesmeek om in die spore te bly.
Der Fahrer war verwirrt und wusste nicht, was er für den zappelnden Hund tun sollte.
Die bestuurder was verward, onseker oor wat om vir die sukkelende hond te doen.
Die anderen Männer sprachen von Hunden, die beim Rausbringen gestorben waren.
Die ander mans het gepraat van honde wat gevrek het omdat hulle uitgehaal is.
Sie erzählten von alten oder verletzten Hunden, denen es das Herz brach, als sie zurückgelassen wurden.
Hulle het vertel van ou of beseerde honde wie se harte gebreek het toe hulle agtergelaat is.

Sie waren sich einig, dass es Gnade wäre, Dave sterben zu lassen, während er noch im Geschirr steckte.
Hulle het ooreengekom dat dit genade was om Dave te laat sterf terwyl hy nog in sy harnas was.

Er wurde wieder auf dem Schlitten festgeschnallt und Dave zog voller Stolz.
Hy was terug op die slee vasgemaak, en Dave het met trots getrek.

Obwohl er manchmal schrie, arbeitete er, als könne man den Schmerz ignorieren.
Alhoewel hy soms uitgeroep het, het hy gewerk asof pyn geïgnoreer kon word.

Mehr als einmal fiel er und wurde mitgeschleift, bevor er wieder aufstand.
Meer as een keer het hy geval en is hy gesleep voordat hy weer opgestaan het.

Einmal wurde er vom Schlitten überrollt und von diesem Moment an humpelte er.
Eenkeer het die slee oor hom gerol, en hy het van daardie oomblik af mank geloop.

Trotzdem arbeitete er, bis das Lager erreicht war, und legte sich dann ans Feuer.
Tog het hy gewerk totdat hy die kamp bereik het, en toe by die vuur gelê.

Am Morgen war Dave zu schwach, um zu reisen oder auch nur aufrecht zu stehen.
Teen die oggend was Dave te swak om te reis of selfs regop te staan.

Als es Zeit war, das Geschirr anzulegen, versuchte er mit zitternder Anstrengung, seinen Fahrer zu erreichen.
Met die aanbring van die harnas het hy met bewerige inspanning probeer om sy bestuurder te bereik.

Er rappelte sich auf, taumelte und brach auf dem schneebedeckten Boden zusammen.
Hy het homself orent gedwing, gestruikel en op die sneeubedekte grond ineengestort.

Mithilfe seiner Vorderbeine zog er seinen Körper in Richtung des Angeschirrs.
Met sy voorpote het hy sy lyf na die harnasarea gesleep.
Zentimeter für Zentimeter schob er sich auf die Arbeitshunde zu.
Hy het homself vorentoe gehaak, duim vir duim, na die werkhonde toe.
Er verließ die Kraft, aber er machte mit seinem letzten verzweifelten Vorstoß weiter.
Sy krag het opgegee, maar hy het aangehou beweeg in sy laaste desperate stoot.
Seine Teamkollegen sahen ihn im Schnee nach Luft schnappen und sich immer noch danach sehnen, zu ihnen zu kommen.
Sy spanmaats het hom in die sneeu sien hyg, steeds verlangend om by hulle aan te sluit.
Sie hörten ihn vor Kummer schreien, als sie das Lager hinter sich ließen.
Hulle het hom hoor huil van droefheid toe hulle die kamp agterlaat.
Als das Team zwischen den Bäumen verschwand, hallte Daves Schrei hinter ihnen wider.
Terwyl die span in die bome verdwyn het, het Dave se geroep agter hulle weergalm.
Der Schlittenzug hielt kurz an, nachdem er einen Abschnitt des Flusswalds überquert hatte.
Die sleetrein het kortliks stilgehou nadat dit 'n stuk rivierhout oorgesteek het.
Der schottische Mischling ging langsam zurück zum Lager dahinter.
Die Skotse halfbloed het stadig teruggeloop na die kamp agter.
Die Männer verstummten, als sie ihn den Schlittenzug verlassen sahen.
Die mans het opgehou praat toe hulle hom die sleetrein sien verlaat.

Dann ertönte ein einzelner Schuss klar und scharf über den Weg.
Toe het 'n enkele geweerskoot helder en skerp oor die paadjie geklink.
Der Mann kam schnell zurück und nahm wortlos seinen Platz ein.
Die man het vinnig teruggekeer en sonder 'n woord sy plek ingeneem.
Peitschen knallten, Glöckchen bimmelten und die Schlitten rollten durch den Schnee.
Swepe het geklap, klokke het geklingel, en die slee het deur die sneeu gerol.
Aber Buck wusste, was passiert war – und alle anderen Hunde auch.
Maar Buck het geweet wat gebeur het — en so ook elke ander hond.

Die Mühen der Zügel und des Trails
Die Swoeg van Teuels en Roete

Dreißig Tage nach dem Verlassen von Dawson erreichte die Salt Water Mail Skaguay.
Dertig dae nadat hulle Dawson verlaat het, het die Salt Water Mail Skaguay bereik.
Buck und seine Teamkollegen gingen in Führung, kamen aber in einem erbärmlichen Zustand an.
Buck en sy spanmaats het die voortou geneem en in 'n jammerlike toestand aangekom.
Buck hatte von hundertvierzig auf hundertfünfzehn Pfund abgenommen.
Buck het van honderdveertig na honderdvyftien pond verloor.
Die anderen Hunde hatten, obwohl kleiner, noch mehr Körpergewicht verloren.
Die ander honde, hoewel kleiner, het selfs meer liggaamsgewig verloor.
Pike, einst ein vorgetäuschter Hinker, schleppte nun ein wirklich verletztes Bein hinter sich her.
Pike, eens 'n vals mankloper, het nou 'n werklik beseerde been agter hom gesleep.
Solleks humpelte stark und Dub hatte ein verrenktes Schulterblatt.
Solleks het erg mank geloop, en Dub het 'n geskeerde skouerblad gehad.
Die Füße aller Hunde im Team waren von den Wochen auf dem gefrorenen Pfad wund.
Elke hond in die span was seer van weke op die bevrore roete.
Ihre Schritte waren völlig federnd und bewegten sich nur langsam und schleppend.
Hulle het geen veerkrag meer in hul stappe gehad nie, net stadige, sleepende beweging.
Ihre Füße treffen den Weg hart und jeder Schritt belastet ihren Körper stärker.
Hul voete tref die paadjie hard, elke tree plaas meer spanning op hul liggame.

Sie waren nicht krank, sondern nur so erschöpft, dass sie sich auf natürliche Weise nicht mehr erholen konnten.
Hulle was nie siek nie, net uitgeput tot onopvallende natuurlike herstel.

Dies war nicht die Müdigkeit eines harten Tages, die durch eine Nachtruhe geheilt werden konnte.
Dit was nie moegheid van een harde dag, genees met 'n nagrus nie.

Es war eine Erschöpfung, die sich durch monatelange, zermürbende Anstrengungen langsam aufgebaut hatte.
Dit was uitputting wat stadig opgebou is deur maande se uitmergelende inspanning.

Es waren keine Kraftreserven mehr vorhanden, sie hatten alles aufgebraucht, was sie hatten.
Geen reserwekrag het oorgebly nie—hulle het elke bietjie wat hulle gehad het, opgebruik.

Jeder Muskel, jede Faser und jede Zelle ihres Körpers war erschöpft und abgenutzt.
Elke spier, vesel en sel in hulle liggame was uitgeput en afgetakel.

Und das hatte seinen Grund: Sie hatten zweitausendfünfhundert Meilen zurückgelegt.
En daar was 'n rede—hulle het vyf-en-twintig honderd myl afgelê.

Auf den letzten zweitausendachthundert Kilometern hatten sie sich nur fünf Tage ausgeruht.
Hulle het slegs vyf dae gerus gedurende die laaste agtienhonderd myl.

Als sie Skaguay erreichten, sahen sie aus, als könnten sie kaum aufrecht stehen.
Toe hulle Skaguay bereik, het dit gelyk of hulle skaars regop kon staan.

Sie hatten Mühe, die Zügel straff zu halten und vor dem Schlitten zu bleiben.
Hulle het gesukkel om die teuels styf te hou en voor die slee te bly.

Auf abschüssigen Hängen konnten sie nur noch vermeiden, überfahren zu werden.
Op afdraandes het hulle net daarin geslaag om te vermy om omgery te word.
„Weiter, ihr armen, wunden Füße", sagte der Fahrer, während sie weiterhumpelten.
"Marsjeer aan, arme seer voete," het die bestuurder gesê terwyl hulle mank gery het.
„Das ist die letzte Strecke, danach bekommen wir alle auf jeden Fall noch eine lange Pause."
"Dis die laaste stuk, dan kry ons almal verseker een lang ruskans."
„Eine richtig lange Pause", versprach er und sah ihnen nach, wie sie weiter taumelten.
"Een werklik lang ruskans," het hy belowe terwyl hy hulle dopgehou het terwyl hulle vorentoe strompel.
Die Fahrer rechneten damit, dass sie nun eine lange, notwendige Pause bekommen würden.
Die bestuurders het verwag dat hulle nou 'n lang, nodige blaaskans sou kry.
Sie hatten zweitausend Meilen zurückgelegt und nur zwei Tage Pause gemacht.
Hulle het twaalfhonderd myl afgelê met slegs twee dae se rus.
Sie waren der Meinung, dass sie sich die Zeit zum Entspannen verdient hätten, und das aus fairen und vernünftigen Gründen.
Uit billikheid en rede het hulle gevoel dat hulle tyd verdien het om te ontspan.
Aber zu viele waren zum Klondike gekommen und zu wenige waren zu Hause geblieben.
Maar te veel het na die Klondike gekom, en te min het tuis gebly.
Es gingen unzählige Briefe von Familien ein, die zu Bergen verspäteter Post führten.
Briewe van families het ingestroom, wat hope vertraagde pos veroorsaak het.

Offizielle Anweisungen trafen ein – neue Hudson Bay-Hunde würden die Nachfolge antreten.
Amptelike bevele het aangekom — nuwe Hudsonbaai-honde sou oorneem.

Die erschöpften Hunde, die nun als wertlos galten, sollten entsorgt werden.
Die uitgeputte honde, nou as waardeloos beskou, moes van die hand gesit word.

Da Geld wichtiger war als Hunde, sollten sie billig verkauft werden.
Aangesien geld meer as honde saak gemaak het, sou hulle goedkoop verkoop word.

Drei weitere Tage vergingen, bevor die Hunde spürten, wie schwach sie waren.
Nog drie dae het verbygegaan voordat die honde gevoel het hoe swak hulle was.

Am vierten Morgen kauften zwei Männer aus den Staaten das gesamte Team.
Op die vierde oggend het twee mans van die State die hele span gekoop.

Der Verkauf umfasste alle Hunde sowie ihre abgenutzte Geschirrausrüstung.
Die verkoop het al die honde ingesluit, plus hul verslete harnastoerusting.

Die Männer nannten sich gegenseitig „Hal" und „Charles", als sie den Deal abschlossen.
Die mans het mekaar "Hal" en "Charles" genoem terwyl hulle die transaksie voltooi het.

Charles war mittleren Alters, blass, hatte schlaffe Lippen und wilde Schnurrbartspitzen.
Charles was middeljarig, bleek, met slap lippe en woeste snorpunte.

Hal war ein junger Mann, vielleicht neunzehn, der einen Patronengürtel trug.
Hal was 'n jong man, miskien negentien, met 'n gordel vol patroon.

Am Gürtel befanden sich ein großer Revolver und ein Jagdmesser, beide unbenutzt.
Die gordel het 'n groot rewolwer en 'n jagmes bevat, albei ongebruik.
Es zeigte, wie unerfahren und ungeeignet er für das Leben im Norden war.
Dit het getoon hoe onervare en ongeskik hy was vir die noordelike lewe.
Keiner der beiden Männer gehörte in die Wildnis; ihre Anwesenheit widersprach jeder Vernunft.
Nie een van die manne het in die natuur hoort nie; hul teenwoordigheid het alle rede getrotseer.
Buck beobachtete, wie das Geld zwischen Käufer und Makler den Besitzer wechselte.
Buck het gekyk hoe geld tussen koper en agent oorgedra is.
Er wusste, dass die Postzugführer sein Leben wie alle anderen verlassen würden.
Hy het geweet die postreindrywers verlaat sy lewe soos die res.
Sie folgten Perrault und François, die nun unwiederbringlich verschwunden waren.
Hulle het Perrault en François gevolg, nou onherroeplik.
Buck und das Team wurden in das schlampige Lager ihrer neuen Besitzer geführt.
Buck en die span is na hul nuwe eienaars se slordige kamp gelei.
Das Zelt hing durch, das Geschirr war schmutzig und alles lag in Unordnung.
Die tent het gesak, die skottelgoed was vuil, en alles het in wanorde gelê.
Buck bemerkte dort auch eine Frau – Mercedes, Charles' Frau und Hals Schwester.
Buck het ook 'n vrou daar opgemerk—Mercedes, Charles se vrou en Hal se suster.
Sie bildeten eine vollständige Familie, obwohl sie alles andere als für den Wanderpfad geeignet waren.

Hulle het 'n volledige gesin gemaak, alhoewel glad nie geskik vir die roete nie.

Buck beobachtete nervös, wie das Trio begann, die Vorräte einzupacken.

Buck het senuweeagtig gekyk terwyl die drietal die voorraad begin pak het.

Sie arbeiteten hart, aber ohne Ordnung – nur Aufhebens und vergeudete Mühe.

Hulle het hard gewerk, maar sonder orde—net ophef en vermorste moeite.

Das Zelt war zu einer sperrigen Form zusammengerollt und viel zu groß für den Schlitten.

Die tent was in 'n lywige vorm opgerol, heeltemal te groot vir die slee.

Schmutziges Geschirr wurde eingepackt, ohne dass es gespült oder getrocknet worden wäre.

Vuil skottelgoed is verpak sonder om glad nie skoongemaak of gedroog te word nie.

Mercedes flatterte herum, redete, korrigierte und mischte sich ständig ein.

Mercedes het rondgefladder, aanhoudend gepraat, reggestel en ingemeng.

Als ein Sack vorne platziert wurde, bestand sie darauf, dass er hinten drankam.

Toe 'n sak voor geplaas is, het sy daarop aangedring dat dit agterop geplaas word.

Sie packte den Sack ganz unten rein und im nächsten Moment brauchte sie ihn.

Sy het die sak onderin gepak, en die volgende oomblik het sy dit nodig gehad.

Also wurde der Schlitten erneut ausgepackt, um an die eine bestimmte Tasche zu gelangen.

So is die slee weer uitgepak om by die een spesifieke sak uit te kom.

In der Nähe standen drei Männer vor einem Zelt und beobachteten die Szene.

Daar naby het drie mans buite 'n tent gestaan en die toneel dopgehou.

Sie lächelten, zwinkerten und grinsten über die offensichtliche Verwirrung der Neuankömmlinge.

Hulle het geglimlag, geknipoog en geglimlag vir die nuwelinge se ooglopende verwarring.

„Sie haben schon eine ziemlich schwere Last", sagte einer der Männer.

"Jy het reeds 'n baie swaar vrag," het een van die mans gesê.

„Ich glaube nicht, dass Sie das Zelt tragen sollten, aber es ist Ihre Entscheidung."

"Ek dink nie jy moet daardie tent dra nie, maar dis jou keuse."

„Unvorstellbar!", rief Mercedes und warf verzweifelt die Hände in die Luft.

"Ongedroomd!" roep Mercedes uit en gooi haar hande in wanhoop in die lug.

„Wie könnte ich ohne Zelt reisen, unter dem ich übernachten kann?"

"Hoe kan ek moontlik reis sonder 'n tent om onder te bly?"

„Es ist Frühling – Sie werden kein kaltes Wetter mehr erleben", antwortete der Mann.

"Dis lentetyd—jy sal nie weer koue weer sien nie," het die man geantwoord.

Aber sie schüttelte den Kopf und sie stapelten weiterhin Gegenstände auf den Schlitten.

Maar sy het haar kop geskud, en hulle het aangehou om items op die slee te stapel.

Als sie die letzten Dinge hinzufügten, türmte sich die Ladung gefährlich hoch auf.

Die vrag het gevaarlik hoog getoorn toe hulle die laaste dinge bygevoeg het.

„Glauben Sie, der Schlitten fährt?", fragte einer der Männer mit skeptischem Blick.

"Dink jy die slee sal ry?" het een van die mans met 'n skeptiese uitdrukking gevra.

„Warum sollte es nicht?", blaffte Charles mit scharfer Verärgerung zurück.

"Waarom nie?" het Charles met skerp ergernis teruggekap.
„Oh, das ist schon in Ordnung", sagte der Mann schnell und wich seiner Beleidigung aus.
"O, dis reg so," het die man vinnig gesê en van die aanstoot teruggedeins.
„Ich habe mich nur gewundert – es sah für mich einfach ein bisschen zu kopflastig aus."
"Ek het net gewonder—dit het net vir my 'n bietjie te swaar bo-op gelyk."
Charles drehte sich um und band die Ladung so gut fest, wie er konnte.
Charles het weggedraai en die vrag so goed as wat hy kon vasgemaak.
Allerdings waren die Zurrgurte locker und die Verpackung insgesamt schlecht ausgeführt.
Maar die vasmaakplekke was los en die verpakking oor die algemeen swak gedoen.
„Klar, die Hunde machen das den ganzen Tag", sagte ein anderer Mann sarkastisch.
"Natuurlik, die honde sal dit heeldag trek," het 'n ander man sarkasties gesê.
„Natürlich", antwortete Hal kalt und packte die lange Lenkstange des Schlittens.
"Natuurlik," antwoord Hal koud en gryp die slee se lang geestok.
Mit einer Hand an der Stange schwang er mit der anderen die Peitsche.
Met een hand aan die paal het hy die sweep in die ander geswaai.
„Los geht's!", rief er. „Bewegt euch!", und trieb die Hunde zum Aufbruch an.
"Kom ons gaan!" het hy geskree. "Beweeg dit!" en die honde aangespoor om te begin.
Die Hunde lehnten sich in das Geschirr und spannten sich einige Augenblicke lang an.
Die honde het in die harnas geleun en vir 'n paar oomblikke gespanne geraak.

Dann blieben sie stehen, da sie den überladenen Schlitten keinen Zentimeter bewegen konnten.
Toe het hulle stilgehou, nie in staat om die oorlaaide slee 'n duim te beweeg nie.
„Diese faulen Bestien!", schrie Hal und hob die Peitsche, um sie zu schlagen.
"Die lui brute diere!" het Hal geskree en die sweep opgelig om hulle te slaan.
Doch Mercedes stürzte herein und riss Hal die Peitsche aus der Hand.
Maar Mercedes het ingestorm en die sweep uit Hal se hande gegryp.
„Oh, Hal, wage es ja nicht, ihnen wehzutun", rief sie alarmiert.
"Ag, Hal, moenie dit waag om hulle seer te maak nie," het sy verskrik uitgeroep.
„Versprich mir, dass du nett zu ihnen bist, sonst gehe ich keinen Schritt weiter."
"Beloof my dat jy goedhartig teenoor hulle sal wees, anders gaan ek nie verder nie."
„Du weißt nichts über Hunde", fuhr Hal seine Schwester an.
"Jy weet niks van honde af nie," het Hal vir sy suster gesê.
„Sie sind faul, und die einzige Möglichkeit, sie zu bewegen, besteht darin, sie zu peitschen."
"Hulle is lui, en die enigste manier om hulle te beweeg, is om hulle te slaan."
„Fragen Sie irgendjemanden – fragen Sie einen dieser Männer dort drüben, wenn Sie mir nicht glauben."
"Vra enigiemand – vra een van daardie mans daar oorkant as jy aan my twyfel."
Mercedes sah die Zuschauer mit flehenden, tränennassen Augen an.
Mercedes het die omstanders met smekende, tranerige oë aangekyk.
Ihr Gesicht zeigte, wie sehr sie den Anblick jeglichen Schmerzes hasste.

Haar gesig het getoon hoe diep sy die aanskoue van enige pyn gehaat het.

„Sie sind schwach, das ist alles", sagte ein Mann. „Sie sind erschöpft."

"Hulle is swak, dis al," het een man gesê. "Hulle is uitgeput."

„Sie brauchen Ruhe – sie haben zu lange ohne Pause gearbeitet."

"Hulle het rus nodig—hulle is te lank sonder 'n pouse gewerk."

„Der Rest sei verflucht", murmelte Hal mit verzogenen Lippen.

"Mag die res vervloek wees," mompel Hal met sy lip opgetrek.

Mercedes schnappte nach Luft, sein grobes Wort schmerzte sie sichtlich.

Mercedes het na haar asem gesnak, duidelik pynlik oor die growwe woord van hom.

Dennoch blieb sie loyal und verteidigte ihren Bruder sofort.

Tog het sy lojaal gebly en haar broer onmiddellik verdedig.

„Kümmere dich nicht um den Mann", sagte sie zu Hal. „Das sind unsere Hunde."

"Moenie jou aan daardie man steur nie," het sy vir Hal gesê. "Hulle is ons honde."

„Fahren Sie sie, wie Sie es für richtig halten – tun Sie, was Sie für richtig halten."

"Jy bestuur hulle soos jy goeddink—doen wat jy dink reg is."

Hal hob die Peitsche und schlug die Hunde erneut gnadenlos.

Hal het die sweep opgelig en die honde weer sonder genade geslaan.

Sie stürzten sich nach vorne, die Körper tief gebeugt, die Füße in den Schnee gedrückt.

Hulle het vorentoe gestorm, liggame laag, voete in die sneeu gedruk.

Sie gaben sich alle Mühe, den Schlitten zu ziehen, aber er bewegte sich nicht.

Al hulle krag het in die trekkrag gegaan, maar die slee het nie beweeg nie.

Der Schlitten blieb wie ein im Schnee festgefrorener Anker stecken.

Die slee het vasgesteek, soos 'n anker wat in die gepakte sneeu gevries is.

Nach einem zweiten Versuch blieben die Hunde wieder stehen und keuchten schwer.

Na 'n tweede poging het die honde weer gestop, hard hyggend.

Hal hob die Peitsche noch einmal, gerade als Mercedes erneut eingriff.

Hal het die sweep weer eens gelig, net toe Mercedes weer inmeng.

Sie fiel vor Buck auf die Knie und umarmte seinen Hals.

Sy het voor Buck op haar knieë geval en sy nek omhels.

Tränen traten ihr in die Augen, als sie den erschöpften Hund anflehte.

Trane het haar oë gevul terwyl sy die uitgeputte hond gesmeek het.

„Ihr Armen", sagte sie, „warum zieht ihr nicht einfach stärker?"

"Julle arme dierbares," het sy gesê, "hoekom trek julle nie net harder nie?"

„Wenn du ziehst, wirst du nicht so ausgepeitscht."

"As jy trek, sal jy nie so geslaan word nie."

Buck mochte Mercedes nicht, aber er war zu müde, um ihr jetzt zu widerstehen.

Buck het nie van Mercedes gehou nie, maar hy was te moeg om haar nou te weerstaan.

Er akzeptierte ihre Tränen als einen weiteren Teil dieses elenden Tages.

Hy het haar trane as net nog 'n deel van die ellendige dag aanvaar.

Einer der zuschauenden Männer ergriff schließlich das Wort, nachdem er seinen Ärger unterdrückt hatte.

Een van die mans wat toekyk, het uiteindelik gepraat nadat hy sy woede onderdruk het.

„Es ist mir egal, was mit euch passiert, Leute, aber diese Hunde sind wichtig."

"Ek gee nie om wat met julle gebeur nie, maar daardie honde maak saak."

„Wenn du helfen willst, mach den Schlitten los – er ist am Schnee festgefroren."

"As jy wil help, breek daardie slee los – dis vasgevries tot die sneeu."

„Drücken Sie fest auf die Gee-Stange, rechts und links, und brechen Sie die Eisversiegelung."

"Druk hard op die gee-paal, regs en links, en breek die ysseël."

Ein dritter Versuch wurde unternommen, diesmal auf Vorschlag des Mannes.

'n Derde poging is aangewend, hierdie keer na aanleiding van die man se voorstel.

Hal schaukelte den Schlitten von einer Seite auf die andere und löste so die Kufen.

Hal het die slee van kant tot kant gewieg en die lopers losgebreek.

Obwohl der Schlitten überladen und unhandlich war, machte er schließlich einen Satz nach vorne.

Die slee, hoewel oorlaai en lomp, het uiteindelik vorentoe geslinger.

Buck und die anderen zogen wild, angetrieben von einem Sturm aus Schleudertraumen.

Buck en die ander het wild getrek, gedryf deur 'n storm sweepslae.

Hundert Meter weiter machte der Weg eine Biegung und führte in die Straße hinein.

Honderd meter vorentoe het die paadjie gebuig en in die straat afgegaan.

Um den Schlitten aufrecht zu halten, hätte es eines erfahrenen Fahrers bedurft.

Dit sou 'n bekwame bestuurder geverg het om die slee regop te hou.

Hal war nicht geschickt und der Schlitten kippte, als er um die Kurve schwang.

Hal was nie vaardig nie, en die slee het gekantel toe dit om die draai swaai.

Lose Zurrgurte gaben nach und die Hälfte der Ladung ergoss sich auf den Schnee.

Los vasmaakbande het meegegee, en die helfte van die vrag het op die sneeu geval.

Die Hunde hielten nicht an; der leichtere Schlitten flog auf der Seite weiter.

Die honde het nie gestop nie; die ligter slee het op sy sy gevlieg.

Wütend über die Beschimpfungen und die schwere Last rannten die Hunde noch schneller.

Woedend van die mishandeling en die swaar las, het die honde vinniger gehardloop.

Buck rannte wütend los und das Team folgte ihm.

Buck, in woede, het begin hardloop, met die span wat agter hom aanloop.

Hal rief „Whoa! Whoa!", aber das Team beachtete ihn nicht.

Hal het geskree "Whoa! Whoa!" maar die span het geen aandag aan hom geskenk nie.

Er stolperte, fiel und wurde am Geschirr über den Boden geschleift.

Hy het gestruikel, geval en is deur die harnas oor die grond gesleep.

Der umgekippte Schlitten wurde über ihn geworfen, als die Hunde weiterrasten.

Die omgekeerde slee het oor hom gestamp terwyl die honde vorentoe gejaag het.

Die restlichen Vorräte verteilten sich über die belebte Straße von Skaguay.

Die res van die voorrade het oor Skaguay se besige straat versprei gelê.

Gutherzige Menschen eilten herbei, um die Hunde anzuhalten und die Ausrüstung einzusammeln.
Goedhartige mense het gehardloop om die honde te stop en die toerusting bymekaar te maak.

Sie gaben den neuen Reisenden auch direkte und praktische Ratschläge.
Hulle het ook raad, reguit en prakties, aan die nuwe reisigers gegee.

„Wenn Sie Dawson erreichen wollen, nehmen Sie die halbe Ladung und die doppelte Anzahl an Hunden mit."
"As jy Dawson wil bereik, neem die helfte van die vrag en verdubbel die honde."

Hal, Charles und Mercedes hörten zu, wenn auch nicht mit Begeisterung.
Hal, Charles en Mercedes het geluister, maar nie met entoesiasme nie.

Sie bauten ihr Zelt auf und begannen, ihre Vorräte zu sortieren.
Hulle het hul tent opgeslaan en begin om hul voorraad uit te sorteer.

Heraus kamen Konserven, die die Zuschauer laut lachen ließen.
Ingemaakte goedere het uitgekom, wat omstanders hardop laat lag het.

„Konserven auf dem Weg? Bevor die schmelzen, verhungern Sie", sagte einer.
"Ingemaakte goed op die roete? Jy sal verhonger voordat dit smelt," het een gesê.

„Hoteldecken? Die wirfst du am besten alle weg."
"Hotelkomberse? Jy is beter daaraan toe om hulle almal weg te gooi."

„Schmeißen Sie auch das Zelt weg, und hier spült niemand mehr Geschirr."
"Gooi ook die tent weg, en niemand was skottelgoed hier nie."

„Sie glauben, Sie fahren in einem Pullman-Zug mit Bediensteten an Bord?"
"Dink jy jy ry op 'n Pullman-trein met bediendes aan boord?"

Der Prozess begann – jeder nutzlose Gegenstand wurde beiseite geworfen.
Die proses het begin—elke nuttelose item is eenkant gegooi.
Mercedes weinte, als ihre Taschen auf den schneebedeckten Boden geleert wurden.
Mercedes het gehuil toe haar tasse op die sneeubedekte grond leeggemaak is.
Sie schluchzte ohne Pause über jeden einzelnen hinausgeworfenen Gegenstand.
Sy het sonder ophou gehuil oor elke item wat uitgegooi is, een vir een.
Sie schwor, keinen Schritt weiterzugehen – nicht einmal für zehn Charleses.
Sy het belowe om nie een tree verder te gee nie—nie eens vir tien Charleses nie.
Sie flehte alle Menschen in ihrer Nähe an, ihr ihre wertvollen Sachen zu überlassen.
Sy het elke persoon naby gesmeek om haar toe te laat om haar kosbare besittings te hou.
Schließlich wischte sie sich die Augen und begann, auch die wichtigsten Kleidungsstücke wegzuwerfen.
Uiteindelik het sy haar oë afgevee en selfs noodsaaklike klere begin weggooi.
Als sie mit ihrem eigenen fertig war, begann sie, die Vorräte der Männer auszuräumen.
Toe sy klaar was met haar eie, het sy die mans se voorrade begin leegmaak.
Wie ein Wirbelwind verwüstete sie die Habseligkeiten von Charles und Hal.
Soos 'n warrelwind het sy deur Charles en Hal se besittings geskeur.
Obwohl die Ladung halbiert wurde, war sie immer noch viel schwerer als nötig.
Alhoewel die lading gehalveer is, was dit steeds baie swaarder as wat nodig was.
In dieser Nacht gingen Charles und Hal los und kauften sechs neue Hunde.

Daardie aand het Charles en Hal uitgegaan en ses nuwe honde gekoop.

Diese neuen Hunde gesellten sich zu den ursprünglichen sechs, plus Teek und Koona.

Hierdie nuwe honde het by die oorspronklike ses aangesluit, plus Teek en Koona.

Zusammen bildeten sie ein Gespann aus vierzehn Hunden, die vor den Schlitten gespannt wurden.

Saam het hulle 'n span van veertien honde gevorm wat aan die slee vasgemaak is.

Doch die neuen Hunde waren für die Schlittenarbeit ungeeignet und schlecht ausgebildet.

Maar die nuwe honde was ongeskik en swak opgelei vir sleewerk.

Drei der Hunde waren kurzhaarige Vorstehhunde und einer war ein Neufundländer.

Drie van die honde was korthaar-wysers, en een was 'n Newfoundland.

Bei den letzten beiden Hunden handelte es sich um Mischlinge ohne eindeutige Rasse oder Zweckbestimmung.

Die laaste twee honde was basters van geen duidelike ras of doel hoegenaamd nie.

Sie haben den Weg nicht verstanden und ihn nicht schnell gelernt.

Hulle het die roete nie verstaan nie, en hulle het dit nie vinnig geleer nie.

Buck und seine Kameraden beobachteten sie mit Verachtung und tiefer Verärgerung.

Buck en sy makkers het hulle met minagting en diepe irritasie dopgehou.

Obwohl Buck ihnen beibrachte, was sie nicht tun sollten, konnte er ihnen keine Pflicht beibringen.

Alhoewel Buck hulle geleer het wat om nie te doen nie, kon hy hulle nie plig leer nie.

Sie kamen mit dem Leben auf dem Wanderpfad und dem Ziehen von Zügeln und Schlitten nicht gut zurecht.

Hulle het nie goed verdra om die lewe agterna te loop of die trek van teuels en slee nie.

Nur die Mischlinge versuchten, sich anzupassen, und selbst ihnen fehlte der Kampfgeist.

Slegs die basterdiere het probeer aanpas, en selfs hulle het veggees kortgekom.

Die anderen Hunde waren durch ihr neues Leben verwirrt, geschwächt und gebrochen.

Die ander honde was verward, verswak en gebroke deur hul nuwe lewe.

Da die neuen Hunde ahnungslos und die alten erschöpft waren, gab es kaum Hoffnung.

Met die nuwe honde sonder enige idee en die oues uitgeput, was die hoop skraal.

Bucks Team hatte zweitausendfünfhundert Meilen eines rauen Pfades zurückgelegt.

Buck se span het vyf-en-twintig honderd myl se rowwe roete afgelê.

Dennoch waren die beiden Männer fröhlich und stolz auf ihr großes Hundegespann.

Tog was die twee mans vrolik en trots op hul groot hondespan.

Sie dachten, sie würden mit Stil reisen, mit vierzehn Hunden an der Leine.

Hulle het gedink hulle reis in styl, met veertien honde vasgehaak.

Sie hatten gesehen, wie Schlitten nach Dawson aufbrachen und andere von dort ankamen.

Hulle het sleeë na Dawson sien vertrek, en ander daarvandaan sien aankom.

Aber noch nie hatten sie eins gesehen, das von bis zu vierzehn Hunden gezogen wurde.

Maar nog nooit het hulle een gesien wat deur soveel as veertien honde getrek word nie.

Es gab einen Grund, warum solche Teams in der arktischen Wildnis selten waren.

Daar was 'n rede waarom sulke spanne skaars in die Arktiese wildernis was.

Kein Schlitten konnte genug Futter transportieren, um vierzehn Hunde für die Reise zu versorgen.
Geen slee kon genoeg kos dra om veertien honde vir die reis te voed nie.

Aber Charles und Hal wussten das nicht – sie hatten nachgerechnet.
Maar Charles en Hal het dit nie geweet nie—hulle het die wiskunde gedoen.

Sie haben das Futter berechnet: so viel pro Hund, so viele Tage, fertig.
Hulle het die kos met potlood neergeskryf: soveel per hond, soveel dae, klaar.

Mercedes betrachtete ihre Zahlen und nickte, als ob es Sinn machte.
Mercedes het na hul syfers gekyk en geknik asof dit sin maak.

Zumindest auf dem Papier erschien ihr alles sehr einfach.
Dit het alles vir haar baie eenvoudig gelyk, ten minste op papier.

Am nächsten Morgen führte Buck das Team langsam die verschneite Straße hinauf.
Die volgende oggend het Buck die span stadig die sneeubedekte straat op gelei.

Weder er noch die Hunde hinter ihm hatten Energie oder Tatendrang.
Daar was geen energie of gees in hom of die honde agter hom nie.

Sie waren von Anfang an todmüde, es waren keine Reserven mehr vorhanden.
Hulle was van die begin af doodmoeg—daar was geen reserwe oor nie.

Buck hatte bereits vier Fahrten zwischen Salt Water und Dawson unternommen.
Buck het reeds vier reise tussen Salt Water en Dawson gemaak.

Als er nun erneut vor derselben Spur stand, empfand er nichts als Bitterkeit.
Nou, terwyl hy weer met dieselfde spoor te kampe gehad het, het hy niks anders as bitterheid gevoel nie.
Er war nicht mit dem Herzen dabei und die anderen Hunde auch nicht.
Sy hart was nie daarin nie, en ook nie die harte van die ander honde nie.
Die neuen Hunde waren schüchtern und den Huskys fehlte jegliches Vertrauen.
Die nuwe honde was skugter, en die huskies het alle vertroue kortgekom.
Buck spürte, dass er sich auf diese beiden Männer oder ihre Schwester nicht verlassen konnte.
Buck het aangevoel dat hy nie op hierdie twee mans of hul suster kon staatmaak nie.
Sie wussten nichts und zeigten auf dem Weg keine Anzeichen, etwas zu lernen.
Hulle het niks geweet nie en geen tekens van leer op die roete getoon nie.
Sie waren unorganisiert und es fehlte ihnen jeglicher Sinn für Disziplin.
Hulle was ongeorganiseerd en het geen sin vir dissipline gehad nie.
Sie brauchten jedes Mal die halbe Nacht, um ein schlampiges Lager aufzubauen.
Dit het hulle elke keer die helfte van die nag geneem om 'n slordige kamp op te slaan.
Und den halben nächsten Morgen verbrachten sie wieder damit, am Schlitten herumzufummeln.
En die helfte van die volgende oggend het hulle weer met die slee gepeuter.
Gegen Mittag hielten sie oft nur an, um die ungleichmäßige Beladung zu korrigieren.
Teen die middaguur het hulle dikwels gestop net om die ongelyke vrag reg te maak.

An manchen Tagen legten sie insgesamt weniger als sechzehn Kilometer zurück.
Op sommige dae het hulle minder as tien myl in totaal afgelê.
An anderen Tagen schafften sie es überhaupt nicht, das Lager zu verlassen.
Ander dae het hulle glad nie daarin geslaag om die kamp te verlaat nie.
Sie kamen nie auch nur annähernd an die geplante Nahrungsdistanz heran.
Hulle het nooit naby gekom om die beplande voedselafstand af te lê nie.
Wie erwartet ging das Futter für die Hunde sehr schnell aus.
Soos verwag, het hulle baie vinnig kos vir die honde kortgekom.
Sie haben die Sache noch schlimmer gemacht, indem sie in den ersten Tagen zu viel gefüttert haben.
Hulle het sake vererger deur in die vroeë dae oor te voer.
Mit jeder unvorsichtigen Ration rückte der Hungertod näher.
Dit het hongersnood nader gebring met elke sorgelose rantsoen.
Die neuen Hunde hatten nicht gelernt, mit sehr wenig zu überleben.
Die nuwe honde het nie geleer om met baie min te oorleef nie.
Sie aßen hungrig, ihr Appetit war zu groß für den Weg.
Hulle het hongerig geëet, met 'n aptyt te groot vir die roete.
Als Hal sah, wie die Hunde schwächer wurden, glaubte er, dass das Futter nicht ausreichte.
Toe Hal sien hoe die honde verswak, het hy geglo dat die kos nie genoeg was nie.
Er verdoppelte die Rationen und verschlimmerte damit den Fehler noch.
Hy het die rantsoene verdubbel, wat die fout nog erger gemaak het.
Mercedes verschärfte das Problem mit Tränen und leisem Flehen.

Mercedes het met trane en sagte smeekbedes tot die probleem bygedra.

Als sie Hal nicht überzeugen konnte, fütterte sie die Hunde heimlich.
Toe sy Hal nie kon oortuig nie, het sy die honde in die geheim gevoer.

Sie stahl den Fisch aus den Säcken und gab ihn ihnen hinter seinem Rücken.
Sy het uit die visakke gesteel en dit agter sy rug vir hulle gegee.

Doch was die Hunde wirklich brauchten, war nicht mehr Futter, sondern Ruhe.
Maar wat die honde werklik nodig gehad het, was nie meer kos nie—dit was rus.

Sie kamen nur langsam voran, aber der schwere Schlitten schleppte sich trotzdem weiter.
Hulle het swak tyd gemaak, maar die swaar slee het steeds gesleep.

Allein dieses Gewicht zehrte jeden Tag an ihrer verbleibenden Kraft.
Daardie gewig alleen het elke dag hul oorblywende krag uitgeput.

Dann kam es zur Phase der Unterernährung, da die Vorräte zur Neige gingen.
Toe kom die stadium van ondervoeding namate die voorrade min geword het.

Eines Morgens stellte Hal fest, dass die Hälfte des Hundefutters bereits weg war.
Hal het eendagoggend besef dat die helfte van die hondekos reeds op was.

Sie hatten nur ein Viertel der gesamten Wegstrecke zurückgelegt.
Hulle het slegs 'n kwart van die totale afstand van die roete afgelê.

Es konnten keine Lebensmittel mehr gekauft werden, egal zu welchem Preis.

Geen kos kon meer gekoop word nie, ongeag die prys wat aangebied is.

Er reduzierte die Portionen der Hunde unter die normale Tagesration.
Hy het die honde se porsies verminder tot onder die standaard daaglikse rantsoen.

Gleichzeitig forderte er längere Reisemöglichkeiten, um die Verluste auszugleichen.
Terselfdertyd het hy langer reise geëis om die verlies te vergoed.

Mercedes und Charles unterstützten diesen Plan, scheiterten jedoch bei der Umsetzung.
Mercedes en Charles het hierdie plan ondersteun, maar het misluk in uitvoering.

Ihr schwerer Schlitten und ihre mangelnden Fähigkeiten machten ein Vorankommen nahezu unmöglich.
Hul swaar slee en gebrek aan vaardigheid het vordering byna onmoontlik gemaak.

Es war einfach, weniger Futter zu geben, aber unmöglich, mehr Anstrengung zu erzwingen.
Dit was maklik om minder kos te gee, maar onmoontlik om meer moeite af te dwing.

Sie konnten weder früher anfangen, noch konnten sie Überstunden machen.
Hulle kon nie vroeg begin nie, en hulle kon ook nie vir ekstra ure reis nie.

Sie wussten nicht, wie sie mit den Hunden und überhaupt mit sich selbst arbeiten sollten.
Hulle het nie geweet hoe om die honde te werk nie, en ook nie hulself nie.

Der erste Hund, der starb, war Dub, der unglückliche, aber fleißige Dieb.
Die eerste hond wat gesterf het, was Dub, die ongelukkige maar hardwerkende dief.

Obwohl Dub oft bestraft wurde, leistete er ohne zu klagen seinen Beitrag.

Alhoewel hy dikwels gestraf is, het Dub sy deel gedoen sonder om te kla.

Seine Schulterverletzung verschlimmerte sich ohne Pflege und nötige Ruhe.

Sy beseerde skouer het vererger sonder sorg of rus nodig gehad.

Schließlich beendete Hal mit dem Revolver Dubs Leiden.

Uiteindelik het Hal die rewolwer gebruik om Dub se lyding te beëindig.

Ein gängiges Sprichwort besagt, dass normale Hunde an der Husky-Ration sterben.

'n Algemene gesegde beweer dat normale honde op husky-rantsoene vrek.

Bucks sechs neue Gefährten bekamen nur die Hälfte des Futteranteils des Huskys.

Buck se ses nuwe metgeselle het net die helfte van die husky se deel van kos gehad.

Zuerst starb der Neufundländer, dann die drei kurzhaarigen Vorstehhunde.

Die Newfoundland het eerste gevrek, toe die drie korthaar-wysers.

Die beiden Mischlinge hielten länger durch, kamen aber schließlich wie die anderen um.

Die twee basterds het langer gehou, maar uiteindelik soos die res omgekom.

Zu diesem Zeitpunkt waren alle Annehmlichkeiten und die Sanftheit des Südens verschwunden.

Teen hierdie tyd was al die geriewe en sagtheid van die Suidland weg.

Die drei Menschen hatten die letzten Spuren ihrer zivilisierten Erziehung abgelegt.

Die drie mense het die laaste spore van hul beskaafde opvoeding afgeskud.

Ohne Glamour und Romantik wurde das Reisen in die Arktis zur brutalen Realität.

Gestroop van glans en romanse, het Arktiese reise brutaal werklik geword.

Es war eine Realität, die zu hart für ihr Männlichkeits- und Weiblichkeitsgefühl war.
Dit was 'n werklikheid te hard vir hulle sin van manlikheid en vroulikheid.
Mercedes weinte nicht mehr um die Hunde, sondern nur noch um sich selbst.
Mercedes het nie meer oor die honde gehuil nie, maar nou net oor haarself.
Sie verbrachte ihre Zeit damit, zu weinen und mit Hal und Charles zu streiten.
Sy het haar tyd deurgebring met huil en rusie met Hal en Charles.
Streiten war das Einzige, wozu sie nie zu müde waren.
Rusie was die een ding waarvoor hulle nooit te moeg was nie.
Ihre Gereiztheit rührte vom Elend her, wuchs mit ihm und übertraf es.
Hul prikkelbaarheid het uit ellende gekom, daarmee saam gegroei en dit oortref.
Die Geduld des Weges, die diejenigen kennen, die sich abmühen und freundlich leiden, kam nie.
Die geduld van die roete, bekend aan diegene wat swoeg en ly met liefde, het nooit gekom nie.
Diese Geduld, die die Sprache trotz Schmerzen süß hält, war ihnen unbekannt.
Daardie geduld, wat spraak soet hou deur pyn, was onbekend aan hulle.
Sie besaßen nicht die geringste Spur von Geduld und schöpften keine Kraft aus dem anmutigen Leiden.
Hulle het geen sweempie geduld gehad nie, geen krag geput uit lyding met genade nie.
Sie waren steif vor Schmerz – ihre Muskeln, Knochen und ihr Herz schmerzten.
Hulle was styf van pyn—pyn in hulle spiere, bene en harte.
Aus diesem Grund bekamen sie eine scharfe Zunge und waren schnell im Umgang mit harten Worten.
As gevolg hiervan het hulle skerp van tong geword en vinnig met harde woorde.

Jeder Tag begann und endete mit wütenden Stimmen und bitteren Klagen.
Elke dag het begin en geëindig met kwaai stemme en bittere klagtes.
Charles und Hal stritten sich, wann immer Mercedes ihnen eine Chance gab.
Charles en Hal het gestry wanneer Mercedes hulle 'n kans gegee het.
Jeder Mann glaubte, dass er mehr als seinen gerechten Anteil an der Arbeit geleistet hatte.
Elke man het geglo dat hy meer as sy regverdige deel van die werk gedoen het.
Keiner von beiden ließ es sich je entgehen, dies immer wieder zu sagen.
Nie een van hulle het ooit 'n kans laat verbygaan om dit oor en oor te sê nie.
Manchmal stand Mercedes auf der Seite von Charles, manchmal auf der Seite von Hal.
Soms het Mercedes die kant van Charles gekies, soms die kant van Hal.
Dies führte zu einem großen und endlosen Streit zwischen den dreien.
Dit het gelei tot 'n groot en eindelose rusie tussen die drie.
Ein Streit darüber, wer Brennholz hacken sollte, geriet außer Kontrolle.
'n Geskil oor wie brandhout moes kap, het buite beheer geraak.
Bald wurden Väter, Mütter, Cousins und verstorbene Verwandte genannt.
Gou is vaders, moeders, neefs en niggies en oorlede familielede by name genoem.
Hal's Ansichten über Kunst oder die Theaterstücke seines Onkels wurden Teil des Kampfes.
Hal se sienings oor kuns of sy oom se toneelstukke het deel van die stryd geword.
Auch Charles' politische Überzeugungen wurden in die Debatte einbezogen.

Charles se politieke oortuigings het ook die debat betree.

Für Mercedes schienen sogar die Gerüchte über die Schwester ihres Mannes relevant zu sein.

Vir Mercedes het selfs haar man se suster se skinderstories relevant gelyk.

Sie äußerte ihre Meinung dazu und zu vielen Fehlern in Charles' Familie.

Sy het menings daaroor en oor baie van Charles se familie se foute gelug.

Während sie stritten, blieb das Feuer aus und das Lager war halb fertig.

Terwyl hulle gestry het, het die vuur doodgebly en die kamp halfpad gebou.

In der Zwischenzeit waren die Hunde unterkühlt und hatten nichts zu fressen.

Intussen het die honde koud en sonder kos gebly.

Mercedes hegte einen Groll, den sie als zutiefst persönlich betrachtete.

Mercedes het 'n grief gehad wat sy as baie persoonlik beskou het.

Sie fühlte sich als Frau misshandelt und fühlte sich ihrer Privilegien beraubt.

Sy het as vrou mishandel gevoel, haar sagte voorregte ontsê.

Sie war hübsch und sanft und pflegte ihr ganzes Leben lang ritterliche Gesten.

Sy was mooi en sag, en haar hele lewe lank ridderlik.

Doch ihr Mann und ihr Bruder begegneten ihr nun mit Ungeduld.

Maar haar man en broer het haar nou met ongeduld behandel.

Sie hatte die Angewohnheit, sich hilflos zu verhalten, und sie begannen, sich zu beschweren.

Haar gewoonte was om hulpeloos op te tree, en hulle het begin kla.

Sie war davon beleidigt und machte ihnen das Leben noch schwerer.

Aanstoot geneem hierdeur, het sy hul lewens al hoe moeiliker gemaak.

Sie ignorierte die Hunde und bestand darauf, den Schlitten selbst zu fahren.
Sy het die honde geïgnoreer en daarop aangedring om self die slee te ry.
Obwohl sie von leichter Gestalt war, wog sie fünfundvierzig Kilo.
Alhoewel sy lig van voorkoms was, het sy honderd-en-twintig pond geweeg.
Diese zusätzliche Belastung war zu viel für die hungernden, schwachen Hunde.
Daardie ekstra las was te veel vir die honger, swak honde.
Trotzdem ritt sie tagelang, bis die Hunde in den Zügeln zusammenbrachen.
Tog het sy dae lank gery, totdat die honde in die teuels ineengestort het.
Der Schlitten stand still und Charles und Hal baten sie, zu laufen.
Die slee het stilgestaan, en Charles en Hal het haar gesmeek om te loop.
Sie flehten und flehten, aber sie weinte und nannte sie grausam.
Hulle het gesmeek en gebid, maar sy het geween en hulle wreed genoem.
Einmal zogen sie sie mit purer Kraft und Wut vom Schlitten.
By een geleentheid het hulle haar met pure krag en woede van die slee afgetrek.
Nach dem, was damals passiert ist, haben sie es nie wieder versucht.
Hulle het nooit weer probeer na wat destyds gebeur het nie.
Sie wurde schlaff wie ein verwöhntes Kind und setzte sich in den Schnee.
Sy het slap geword soos 'n bederfde kind en in die sneeu gaan sit.
Sie gingen weiter, aber sie weigerte sich aufzustehen oder ihnen zu folgen.
Hulle het aangegaan, maar sy het geweier om op te staan of agter haar te volg.

Nach drei Meilen hielten sie an, kehrten um und trugen sie zurück.
Na drie myl het hulle gestop, teruggekeer en haar teruggedra.
Sie luden sie wieder auf den Schlitten, wobei sie erneut rohe Gewalt anwandten.
Hulle het haar weer op die slee gelaai, weer eens met brute krag.
In ihrem tiefen Elend zeigten sie gegenüber dem Leid der Hunde keine Skrupel.
In hul diepe ellende was hulle gevoelloos teenoor die honde se lyding.
Hal glaubte, man müsse sich abhärten und zwang anderen diesen Glauben auf.
Hal het geglo dat 'n mens verhard moet word en het daardie oortuiging op ander afgedwing.
Er versuchte zunächst, seiner Schwester seine Philosophie zu predigen
Hy het eers probeer om sy filosofie aan sy suster te verkondig
und dann predigte er erfolglos seinem Schwager.
en toe, sonder sukses, het hy vir sy swaer gepreek.
Bei den Hunden hatte er mehr Erfolg, aber nur, weil er ihnen weh tat.
Hy het meer sukses met die honde gehad, maar net omdat hy hulle seergemaak het.
Bei Five Fingers ist das Hundefutter komplett ausgegangen.
By Five Fingers het die hondekos heeltemal opgeraak.
Eine zahnlose alte Squaw verkaufte ein paar Pfund gefrorenes Pferdeleder
'n Tandlose ou squat het 'n paar pond bevrore perdevel verkoop
Hal tauschte seinen Revolver gegen das getrocknete Pferdefell.
Hal het sy rewolwer vir die gedroogde perdevel verruil.
Das Fleisch stammte von den Pferden der Viehzüchter, die Monate zuvor verhungert waren.
Die vleis het maande tevore van uitgehongerde perde of beesboere gekom.

Gefroren war die Haut wie verzinktes Eisen: zäh und ungenießbar.
Bevrore, die vel was soos gegalvaniseerde yster; taai en oneetbaar.

Die Hunde mussten endlos auf dem Fell herumkauen, um es zu fressen.
Die honde moes eindeloos aan die vel kou om dit te eet.

Doch die ledrigen Fäden und das kurze Haar waren kaum Nahrung.
Maar die leeragtige snare en kort hare was nouliks voeding.

Das Fell war größtenteils irritierend und kein echtes Nahrungsmittel.
Meeste van die vel was irriterend, en nie kos in enige ware sin van die woord nie.

Und während all dem taumelte Buck vorne herum, wie in einem Albtraum.
En deur dit alles het Buck voor gestruikel, soos in 'n nagmerrie.

Er zog, wenn er dazu in der Lage war; wenn nicht, blieb er liegen, bis er mit einer Peitsche oder einem Knüppel hochgehoben wurde.
Hy het getrek wanneer hy kon; wanneer hy nie kon nie, het hy gelê totdat die sweep of knuppel hom opgelig het.

Sein feines, glänzendes Fell hatte jegliche Steifheit und jeglichen Glanz verloren, den es einst hatte.
Sy fyn, blink pels het al die styfheid en glans wat dit eens gehad het, verloor.

Sein Haar hing schlaff herunter, war zerzaust und mit getrocknetem Blut von den Schlägen verklebt.
Sy hare het slap, gesleep en vol gedroogde bloed van die houe gehang.

Seine Muskeln schrumpften zu Sehnen und seine Fleischpolster waren völlig abgenutzt.
Sy spiere het tot toue gekrimp, en sy vleiskussings was almal weggeslyt.

Jede Rippe, jeder Knochen war deutlich durch die Falten der runzligen Haut zu sehen.

Elke rib, elke been, het duidelik deur die voue van die gekreukelde vel geskyn.

Es war herzzerreißend, doch Bucks Herz konnte nicht brechen.

Dit was hartverskeurend, maar Buck se hart kon nie breek nie.

Der Mann im roten Pullover hatte das getestet und vor langer Zeit bewiesen.

Die man in die rooi trui het dit lankal getoets en bewys.

So wie es bei Buck war, war es auch bei allen seinen übrigen Teamkollegen.

Soos dit met Buck was, so was dit met al sy oorblywende spanmaats.

Insgesamt waren es sieben, jeder einzelne ein wandelndes Skelett des Elends.

Daar was altesaam sewe, elkeen 'n wandelende geraamte van ellende.

Sie waren gegenüber den Peitschenhieben taub geworden und spürten nur noch entfernten Schmerz.

Hulle het gevoelloos geword om te sweep, en het net vae pyn gevoel.

Sogar Bild und Ton erreichten sie nur schwach, wie durch dichten Nebel.

Selfs sig en klank het hulle vaagweg bereik, soos deur 'n digte mis.

Sie waren nicht halb lebendig – es waren Knochen mit schwachen Funken darin.

Hulle was nie half lewendig nie — hulle was bene met dowwe vonke binne.

Als sie angehalten wurden, brachen sie wie Leichen zusammen, ihre Funken waren fast erloschen.

Toe hulle gestop het, het hulle soos lyke ineengestort, hul vonke amper weg.

Und als die Peitsche oder der Knüppel erneut zuschlug, sprühten schwache Funken.

En toe die sweep of knuppel weer slaan, het die vonke swak gefladder.

Dann erhoben sie sich, taumelten vorwärts und schleiften ihre Gliedmaßen vor sich her.

Toe het hulle opgestaan, vorentoe gestruikel en hul ledemate vorentoe gesleep.

Eines Tages stürzte der nette Billee und konnte überhaupt nicht mehr aufstehen.

Eendag het die vriendelike Billee geval en kon glad nie meer opstaan nie.

Hal hatte seinen Revolver eingetauscht und benutzte stattdessen eine Axt, um Billee zu töten.

Hal het sy rewolwer verruil, so hy het eerder 'n byl gebruik om Billee dood te maak.

Er schlug ihm auf den Kopf, schnitt dann seinen Körper los und schleifte ihn weg.

Hy het hom op die kop geslaan, toe sy liggaam losgesny en dit weggesleep.

Buck sah dies und die anderen auch; sie wussten, dass der Tod nahe war.

Buck het dit gesien, en die ander ook; hulle het geweet die dood was naby.

Am nächsten Tag ging Koona und ließ nur fünf Hunde im hungernden Team zurück.

Die volgende dag het Koona gegaan en net vyf honde in die uitgehongerde span agtergelaat.

Joe war nicht länger gemein, sondern zu weit weg, um überhaupt noch viel mitzubekommen.

Joe, nie meer gemeen nie, was te ver heen om hoegenaamd van veel bewus te wees.

Pike täuschte seine Verletzung nicht länger vor und war kaum bei Bewusstsein.

Pike, wat nie meer voorgegee het dat hy beseer is nie, was skaars by sy bewussyn.

Solleks, der immer noch treu war, beklagte, dass er nicht mehr die Kraft hatte, etwas zu geben.

Solleks, steeds getrou, het getreur dat hy geen krag gehad het om te gee nie.

Teek wurde am häufigsten geschlagen, weil er frischer war, aber schnell nachließ.
Teek is die meeste geslaan omdat hy varser was, maar vinnig vervaag het.

Und Buck, der immer noch in Führung lag, sorgte nicht länger für Ordnung und setzte sie auch nicht durch.
En Buck, steeds aan die voorpunt, het nie meer orde gehandhaaf of afgedwing nie.

Halb blind vor Schwäche folgte Buck der Spur nur nach Gefühl.
Halfblind van swakheid, het Buck die spoor alleen op gevoel gevolg.

Es war schönes Frühlingswetter, aber keiner von ihnen bemerkte es.
Dit was pragtige lenteweer, maar niemand van hulle het dit opgemerk nie.

Jeden Tag ging die Sonne früher auf und später unter als zuvor.
Elke dag het die son vroeër opgekom en later ondergegaan as voorheen.

Um drei Uhr morgens dämmerte es, die Dämmerung dauerte bis neun Uhr.
Teen drie-uur die oggend het die dagbreek aangebreek; die skemer het tot nege-uur geduur.

Die langen Tage waren erfüllt von der vollen Strahlkraft des Frühlingssonnenscheins.
Die lang dae was gevul met die volle gloed van lentesonskyn.

Die gespenstische Stille des Winters hatte sich in ein warmes Murmeln verwandelt.
Die spookagtige stilte van die winter het verander in 'n warm gemompel.

Das ganze Land erwachte und war erfüllt von der Freude am Leben.
Die hele land het wakker geword, lewendig met die vreugde van lewende dinge.

Das Geräusch kam von etwas, das den Winter über tot und reglos dagelegen hatte.

Die geluid het gekom van wat dood en stil deur die winter gelê het.
Jetzt bewegten sich diese Dinger wieder und schüttelten den langen Frostschlaf ab.
Nou het daardie dinge weer beweeg, en die lang ryp slaap afgeskud.
Saft stieg durch die dunklen Stämme der wartenden Kiefern.
Sap het deur die donker stamme van die wagtende dennebome gestyg.
An jedem Zweig von Weiden und Espen treiben leuchtende junge Knospen aus.
Wilgers en espe bars helder jong knoppe aan elke takkie uit.
Sträucher und Weinreben erstrahlten in frischem Grün, als der Wald zum Leben erwachte.
Struike en wingerdstokke het vars groen aangetrek toe die woude lewendig geword het.
Nachts zirpten Grillen und in der Sonne krabbelten Käfer.
Krieke het snags getjirp, en goggas het in die dagligson gekruip.
Rebhühner dröhnten und Spechte klopften tief in den Bäumen.
Patryse het gedreun, en houtkappers het diep in die bome geklop.
Eichhörnchen schnatterten, Vögel sangen und Gänse schnatterten über den Hunden.
Eekhorings het gesels, voëls het gesing, en ganse het oor die honde getoeter.
Das Wildgeflügel kam in scharfen Keilen und flog aus dem Süden heran.
Die wilde voëls het in skerp wiggies gekom, opgevlieg uit die suide.
Von jedem Hügel ertönte die Musik verborgener, rauschender Bäche.
Van elke heuwelhang het die musiek van verborge, ruisende strome gekom.

Alles taute auf, brach, bog sich und geriet wieder in Bewegung.
Alles het ontdooi en gebreek, gebuig en weer in beweging gekom.
Der Yukon bemühte sich, die Kälteketten des gefrorenen Eises zu durchbrechen.
Die Yukon het gesukkel om die koue kettings van bevrore ys te breek.
Das Eis schmolz von unten, während die Sonne es von oben zum Schmelzen brachte.
Die ys het onder gesmelt, terwyl die son dit van bo af gesmelt het.
Luftlöcher öffneten sich, Risse breiteten sich aus und Brocken fielen in den Fluss.
Luggate het oopgegaan, krake het versprei, en stukke het in die rivier geval.
Inmitten dieses pulsierenden und lodernden Lebens taumelten die Reisenden.
Te midde van al hierdie barsende en brandende lewe het die reisigers gestruikel.
Zwei Männer, eine Frau und ein Rudel Huskys liefen wie die Toten.
Twee mans, 'n vrou en 'n trop husky's het soos dooies geloop.
Die Hunde fielen, Mercedes weinte, fuhr aber immer noch Schlitten.
Die honde het geval, Mercedes het gehuil, maar het steeds op die slee gery.
Hal fluchte schwach und Charles blinzelte mit tränenden Augen.
Hal het swak gevloek, en Charles het deur traanende oë geknipper.
Sie stolperten in John Thorntons Lager an der Mündung des White River.
Hulle het John Thornton se kamp by die monding van White River binnegestrompel.
Als sie anhielten, fielen die Hunde flach um, als wären sie alle tot.

Toe hulle stop, het die honde plat geval, asof almal doodgeslaan het.

Mercedes wischte sich die Tränen ab und sah zu John Thornton hinüber.

Mercedes het haar trane afgevee en na John Thornton gekyk.

Charles saß langsam und steif auf einem Baumstamm, mit Schmerzen vom Weg.

Charles het stadig en styf op 'n stomp gesit, pynlik van die paadjie.

Hal redete, während Thornton das Ende eines Axtstiels schnitzte.

Hal het die praatwerk gedoen terwyl Thornton die punt van 'n bylsteel gekerf het.

Er schnitzte Birkenholz und antwortete mit kurzen, bestimmten Antworten.

Hy het berkehout gekap en met kort, ferm antwoorde geantwoord.

Wenn man ihn fragte, gab er Ratschläge, war sich jedoch sicher, dass diese nicht befolgt würden.

Toe hy gevra is, het hy raad gegee, seker dat dit nie gevolg sou word nie.

Hal erklärte: „Sie sagten uns, dass das Eis auf dem Weg schmelzen würde."

Hal het verduidelik: "Hulle het vir ons gesê die ys op die roete val weg."

„Sie sagten, wir sollten bleiben, wo wir waren – aber wir haben es bis nach White River geschafft."

"Hulle het gesê ons moet bly waar ons is—maar ons het dit tot by Witrivier gemaak."

Er schloss mit höhnischem Ton, als wolle er einen Sieg in der Not für sich beanspruchen.

Hy het met 'n spottende toon afgesluit, asof hy oorwinning in ontbering wou eis.

„Und sie haben dir die Wahrheit gesagt", antwortete John Thornton Hal ruhig.

"En hulle het jou die waarheid vertel," het John Thornton stil vir Hal geantwoord.

„Das Eis kann jeden Moment nachgeben – es ist kurz davor, abzufallen."

"Die ys kan enige oomblik meegee—dit is gereed om af te val."

„Nur durch blindes Glück und ein paar Narren wäre es möglich gewesen, lebend so weit zu kommen."

"Slegs blinde geluk en dwase kon dit so ver gemaak het."

„Ich sage es Ihnen ganz offen: Ich würde mein Leben nicht für alles Gold Alaskas riskieren."

"Ek sê vir jou reguit, ek sou nie my lewe waag vir al Alaska se goud nie."

„Das liegt wohl daran, dass Sie kein Narr sind", antwortete Hal.

"Dis omdat jy nie 'n dwaas is nie, neem ek aan," het Hal geantwoord.

„Trotzdem fahren wir weiter nach Dawson." Er rollte seine Peitsche ab.

"Tog gaan ons aan na Dawson." Hy het sy sweep afgerol.

„Komm rauf, Buck! Hallo! Steh auf! Los!", rief er barsch.

"Klim op daar, Buck! Haai! Staan op! Gaan aan!" het hy hard geskree.

Thornton schnitzte weiter, wohl wissend, dass Narren nicht auf Vernunft hören.

Thornton het aanhou skraap, wetende dat dwase nie na rede sal luister nie.

Einen Narren aufzuhalten war sinnlos – und zwei oder drei Narren änderten nichts.

Om 'n dwaas te keer was tevergeefs—en twee of drie dwase het niks verander nie.

Doch als das Team Hal's Befehl hörte, bewegte es sich nicht.

Maar die span het nie beweeg op die geluid van Hal se bevel nie.

Jetzt konnten sie nur noch durch Schläge wieder auf die Beine kommen und weiterkommen.

Teen hierdie tyd kon slegs houe hulle laat opstaan en vorentoe trek.

Immer wieder knallte die Peitsche über die geschwächten Hunde.
Die sweep het oor en oor die verswakte honde geklap.
John Thornton presste die Lippen fest zusammen und sah schweigend zu.
John Thornton het sy lippe styf vasgedruk en in stilte gekyk.
Solleks war der Erste, der unter der Peitsche auf die Beine kam.
Solleks was die eerste wat onder die sweep orent gekruip het.
Dann folgte Teek zitternd. Joe schrie auf, als er stolperte.
Toe volg Teek, bewerig. Joe gil toe hy opstapel.
Pike versuchte aufzustehen, scheiterte zweimal und stand schließlich unsicher da.
Pike het probeer opstaan, twee keer misluk, en toe uiteindelik onvas gestaan.
Aber Buck blieb liegen, wo er hingefallen war, und bewegte sich dieses Mal überhaupt nicht.
Maar Buck het gelê waar hy geval het, glad nie hierdie keer beweeg nie.
Die Peitsche schlug immer wieder auf ihn ein, aber er gab keinen Laut von sich.
Die sweep het hom oor en oor geslaan, maar hy het geen geluid gemaak nie.
Er zuckte nicht zusammen und wehrte sich nicht, sondern blieb einfach still und ruhig.
Hy het nie teruggedeins of weerstand gebied nie, maar eenvoudig stil en stil gebly.
Thornton rührte sich mehr als einmal, als wolle er etwas sagen, tat es aber nicht.
Thornton het meer as een keer geroer, asof hy wou praat, maar het nie.
Seine Augen wurden feucht und immer noch knallte die Peitsche gegen Buck.
Sy oë het nat geword, en die sweep het steeds teen Buck geklap.
Schließlich begann Thornton langsam auf und ab zu gehen, unsicher, was er tun sollte.

Uiteindelik het Thornton stadig begin loop, onseker oor wat om te doen.

Es war das erste Mal, dass Buck versagt hatte, und Hal wurde wütend.

Dit was die eerste keer dat Buck misluk het, en Hal het woedend geword.

Er warf die Peitsche weg und nahm stattdessen die schwere Keule.

Hy het die sweep neergegooi en eerder die swaar knuppel opgetel.

Der Holzknüppel schlug hart auf, aber Buck stand immer noch nicht auf, um sich zu bewegen.

Die houtknuppel het hard neergekom, maar Buck het steeds nie opgestaan om te beweeg nie.

Wie seine Teamkollegen war er zu schwach – aber mehr als das.

Soos sy spanmaats, was hy te swak—maar meer as dit.

Buck hatte beschlossen, sich nicht zu bewegen, egal was als Nächstes passieren würde.

Buck het besluit om nie te trek nie, maak nie saak wat volgende gebeur nie.

Er spürte, wie etwas Dunkles und Bestimmtes direkt vor ihm schwebte.

Hy het iets donker en seker net voor hom gevoel.

Diese Angst hatte ihn ergriffen, sobald er das Flussufer erreicht hatte.

Daardie vrees het hom beetgepak sodra hy die rivieroewer bereik het.

Dieses Gefühl hatte ihn nicht verlassen, seit er das Eis unter seinen Pfoten dünner werden fühlte.

Die gevoel het hom nie verlaat vandat hy die ys dun onder sy pote gevoel het nie.

Etwas Schreckliches wartete – er spürte es gleich weiter unten auf dem Weg.

Iets verskrikliks het gewag—hy het dit net langs die paadjie gevoel.

Er würde nicht auf das Schreckliche vor ihm zugehen

Hy sou nie na daardie verskriklike ding voor hom stap nie.
Er würde keinem Befehl gehorchen, der ihn zu diesem Ding führte.
Hy sou geen bevel gehoorsaam wat hom na daardie ding gelei het nie.
Der Schmerz der Schläge war für ihn kaum noch spürbar, er war zu weit weg.
Die pyn van die houe het hom nou skaars geraak—hy was te ver heen.
Der Funke des Lebens flackerte schwach und erlosch unter jedem grausamen Schlag.
Die vonk van die lewe het laag geflikker, dof onder elke wrede hou.
Seine Glieder fühlten sich fremd an, sein ganzer Körper schien einem anderen zu gehören.
Sy ledemate het ver weg gevoel; sy hele liggaam het gelyk of dit aan 'n ander behoort.
Er spürte eine seltsame Taubheit, als der Schmerz vollständig nachließ.
Hy het 'n vreemde gevoelloosheid gevoel toe die pyn heeltemal verdwyn het.
Aus der Ferne spürte er, dass er geschlagen wurde, aber er wusste es kaum.
Van ver af het hy aangevoel dat hy geslaan word, maar hy het skaars geweet.
Er konnte die Schläge schwach hören, aber sie taten nicht mehr wirklich weh.
Hy kon die dowwe geluide vaagweg hoor, maar hulle het nie meer regtig seergemaak nie.
Die Schläge trafen, aber sein Körper schien nicht mehr sein eigener zu sein.
Die houe het getref, maar sy liggaam het nie meer soos sy eie gevoel nie.
Dann stieß John Thornton plötzlich und ohne Vorwarnung einen wilden Schrei aus.
Toe skielik, sonder waarskuwing, het John Thornton 'n wilde kreet gegee.

Es war unartikuliert, eher der Schrei eines Tieres als eines Menschen.
Dit was onartikulêr, meer die geroep van 'n dier as van 'n mens.
Er sprang mit der Keule auf den Mann zu und stieß Hal nach hinten.
Hy het na die man met die knuppel gespring en Hal agteroor geslaan.
Hal flog, als wäre er von einem Baum getroffen worden, und landete hart auf dem Boden.
Hal het gevlieg asof hy deur 'n boom getref is en hard op die grond geland.
Mercedes schrie laut vor Panik und umklammerte ihr Gesicht.
Mercedes het hardop in paniek geskree en na haar gesig gegryp.
Charles sah nur zu, wischte sich die Augen und blieb sitzen.
Charles het net toegekyk, sy oë afgevee en bly sit.
Sein Körper war vor Schmerzen zu steif, um aufzustehen oder beim Kampf mitzuhelfen.
Sy liggaam was te styf van pyn om op te staan of in die geveg te help.
Thornton stand über Buck, zitterte vor Wut und konnte nicht sprechen.
Thornton het oor Buck gestaan, bewerig van woede, nie in staat om te praat nie.
Er zitterte vor Wut und kämpfte darum, trotz allem seine Stimme wiederzufinden.
Hy het van woede gebewe en gesukkel om sy stem daardeur te vind.
"Wenn du den Hund noch einmal schlägst, bringe ich dich um", sagte er schließlich.
"As jy daardie hond weer slaan, sal ek jou doodmaak," het hy uiteindelik gesê.
Hal wischte sich das Blut aus dem Mund und kam wieder nach vorne.
Hal het bloed van sy mond afgevee en weer vorentoe gekom.

„Es ist mein Hund", murmelte er. „Geh mir aus dem Weg, sonst kriege ich dich wieder in Ordnung."
"Dis my hond," het hy gemompel. "Gaan uit die pad uit, anders maak ek jou reg."
„Ich gehe nach Dawson und Sie halten mich nicht auf", fügte er hinzu.
"Ek gaan na Dawson, en jy keer my nie," het hy bygevoeg.
Thornton stand fest zwischen Buck und dem wütenden jungen Mann.
Thornton het ferm tussen Buck en die kwaai jongman gestaan.
Er hatte nicht die Absicht, zur Seite zu treten oder Hal vorbeizulassen.
Hy het geen voorneme gehad om opsy te tree of Hal te laat verbygaan nie.
Hal zog sein Jagdmesser heraus, das lang und gefährlich in der Hand lag.
Hal het sy jagmes uitgehaal, lank en gevaarlik in die hand.
Mercedes schrie, dann weinte sie und lachte dann in wilder Hysterie.
Mercedes het geskree, toe gehuil, toe in wilde histerie gelag.
Thornton schlug mit dem Axtstiel hart und schnell auf Hals Hand.
Thornton het Hal se hand met sy bylsteel geslaan, hard en vinnig.
Das Messer wurde aus Hals Griff gerissen und flog zu Boden.
Die mes is uit Hal se greep losgeslaan en het grond toe geval.
Hal versuchte, das Messer aufzuheben, und Thornton klopfte erneut auf seine Fingerknöchel.
Hal het probeer om die mes op te tel, en Thornton het weer op sy kneukels geklop.
Dann bückte sich Thornton, griff nach dem Messer und hielt es fest.
Toe buk Thornton vooroor, gryp die mes en hou dit vas.
Mit zwei schnellen Hieben des Axtstiels zerschnitt er Bucks Zügel.

Met twee vinnige houe van die bylsteel het hy Buck se teuels afgesny.

Hal hatte keine Kraft mehr, sich zu wehren, und trat von dem Hund zurück.
Hal het geen stryd meer in hom gehad nie en het van die hond teruggetree.

Außerdem brauchte Mercedes jetzt beide Arme, um aufrecht zu bleiben.
Boonop het Mercedes nou albei arms nodig gehad om haar regop te hou.

Buck war dem Tod zu nahe, um noch einmal einen Schlitten ziehen zu können.
Buck was te naby aan die dood om weer van nut te wees om 'n slee te trek.

Ein paar Minuten später legten sie ab und fuhren flussabwärts.
'n Paar minute later het hulle uitgetrek, met die rivier af.

Buck hob schwach den Kopf und sah ihnen nach, wie sie die Bank verließen.
Buck het sy kop swak opgelig en gekyk hoe hulle die bank verlaat.

Pike führte das Team an, mit Solleks am Ende des Feldes.
Pike het die span gelei, met Solleks agter in die wielposisie.

Joe und Teek gingen dazwischen, beide humpelten vor Erschöpfung.
Joe en Teek het tussenin geloop, albei mank van uitputting.

Mercedes saß auf dem Schlitten und Hal hielt die lange Lenkstange fest.
Mercedes het op die slee gesit, en Hal het die lang gee-stok vasgegryp.

Charles stolperte hinterher, seine Schritte waren unbeholfen und unsicher.
Charles het agteruit gestruikel, sy treë lomp en onseker.

Thornton kniete neben Buck und tastete vorsichtig nach gebrochenen Knochen.
Thornton het langs Buck gekniel en saggies vir gebreekte bene gevoel.

Seine Hände waren rau, bewegten sich aber mit Freundlichkeit und Sorgfalt.
Sy hande was grof, maar het met vriendelikheid en sorg beweeg.
Bucks Körper wies Blutergüsse auf, wies jedoch keine bleibenden Verletzungen auf.
Buck se liggaam was gekneus, maar het geen blywende beserings getoon nie.
Zurück blieben schrecklicher Hunger und nahezu völlige Schwäche.
Wat oorgebly het, was verskriklike honger en byna totale swakheid.
Als dies klar wurde, war der Schlitten bereits weit flussabwärts gefahren.
Teen die tyd dat dit duidelik was, het die slee al ver stroomaf gegaan.
Mann und Hund sahen zu, wie der Schlitten langsam über das knackende Eis kroch.
Man en hond het gekyk hoe die slee stadig oor die krakende ys kruip.
Dann sahen sie, wie der Schlitten in eine Mulde sank.
Toe sien hulle hoe die slee in 'n holte wegsink.
Die Gee-Stange flog in die Höhe, und Hal klammerte sich immer noch vergeblich daran fest.
Die gee-paal het opgevlieg, met Hal wat steeds tevergeefs daaraan vasklou.
Mercedes' Schrei erreichte sie über die kalte Ferne.
Mercedes se gil het hulle oor die koue verte bereik.
Charles drehte sich um und trat zurück – aber er war zu spät.
Charles het omgedraai en teruggetree—maar hy was te laat.
Eine ganze Eisdecke brach nach und sie alle fielen hindurch.
'n Hele ysplaat het meegegee, en hulle het almal deurgeval.
Hunde, Schlitten und Menschen verschwanden im schwarzen Wasser darunter.
Honde, sleeë en mense het in die swart water onder verdwyn.
An der Stelle, an der sie vorbeigekommen waren, war nur ein breites Loch im Eis zurückgeblieben.

Net 'n wye gat in die ys het oorgebly waar hulle verbygegaan het.

Der Boden des Pfades war nach unten abgesunken – genau wie Thornton gewarnt hatte.

Die roete se bodem het uitgeval—net soos Thornton gewaarsku het.

Thornton und Buck sahen sich einen Moment lang schweigend an.

Thornton en Buck het mekaar vir 'n oomblik stil aangekyk.

„Du armer Teufel", sagte Thornton leise und Buck leckte ihm die Hand.

"Jou arme duiwel," het Thornton saggies gesê, en Buck het sy hand gelek.

Aus Liebe zu einem Mann
Vir die liefde van 'n man

John Thornton erfror in der Kälte des vergangenen Dezembers seine Füße.
John Thornton het sy voete gevries in die koue van die vorige Desember.
Seine Partner machten es ihm bequem und ließen ihn allein genesen.
Sy vennote het hom gemaklik gemaak en hom alleen gelaat om te herstel.
Sie fuhren den Fluss hinauf, um ein Floß mit Sägestämmen für Dawson zu holen.
Hulle het die rivier opgegaan om 'n vlot saagstompe vir Dawson bymekaar te maak.
Er humpelte noch leicht, als er Buck vor dem Tod rettete.
Hy het nog effens mank geloop toe hy Buck van die dood gered het.
Aber bei anhaltend warmem Wetter verschwand sogar dieses Hinken.
Maar met die warm weer wat voortduur, het selfs daardie mankheid verdwyn.
Buck ruhte sich an langen Frühlingstagen am Flussufer aus.
Terwyl hy gedurende lang lentedae langs die rivieroewer gelê het, het Buck gerus.
Er beobachtete das fließende Wasser und lauschte den Vögeln und Insekten.
Hy het die vloeiende water dopgehou en na voëls en insekte geluister.
Langsam erlangte Buck unter Sonne und Himmel seine Kraft zurück.
Stadig het Buck sy krag onder die son en lug herwin.
Nach einer Reise von dreitausend Meilen war eine Pause ein wunderbares Gefühl.
'n Rus het wonderlik gevoel na drieduisend myl se reis.
Buck wurde träge, als seine Wunden heilten und sein Körper an Gewicht zunahm.

Buck het lui geword soos sy wonde genees het en sy liggaam vol geword het.
Seine Muskeln wurden fester und das Fleisch bedeckte wieder seine Knochen.
Sy spiere het stewig geword, en vlees het teruggekeer om sy bene te bedek.
Sie ruhten sich alle aus – Buck, Thornton, Skeet und Nig.
Hulle het almal gerus – Buck, Thornton, Skeet en Nig.
Sie warteten auf das Floß, das sie nach Dawson bringen sollte.
Hulle het gewag vir die vlot wat hulle na Dawson sou dra.
Skeet war ein kleiner Irish Setter, der sich mit Buck anfreundete.
Skeet was 'n klein Ierse setter wat vriende gemaak het met Buck.
Buck war zu schwach und krank, um ihr bei ihrem ersten Treffen Widerstand zu leisten.
Buck was te swak en siek om haar tydens hul eerste ontmoeting te weerstaan.
Skeet hatte die Heilereigenschaft, die manche Hunde von Natur aus besitzen.
Skeet het die geneserstrek gehad wat sommige honde natuurlik besit.
Wie eine Katzenmutter leckte und reinigte sie Bucks offene Wunden.
Soos 'n moederkat het sy Buck se rou wonde gelek en skoongemaak.
Jeden Morgen nach dem Frühstück wiederholte sie ihre sorgfältige Arbeit.
Elke oggend na ontbyt het sy haar noukeurige werk herhaal.
Buck erwartete ihre Hilfe ebenso sehr wie die von Thornton.
Buck het haar hulp net soveel verwag as Thornton s'n.
Nig war auch freundlich, aber weniger offen und weniger liebevoll.
Nig was ook vriendelik, maar minder oop en minder liefdevol.
Nig war ein großer schwarzer Hund, halb Bluthund, halb Hirschhund.

Nig was 'n groot swart hond, deels bloedhond en deels herthond.

Er hatte lachende Augen und eine unendlich gute Seele.
Hy het laggende oë en 'n eindelose goeie geaardheid in sy gees gehad.

Zu Bucks Überraschung zeigte keiner der Hunde Eifersucht ihm gegenüber.
Tot Buck se verbasing het nie een van die honde jaloesie teenoor hom getoon nie.

Sowohl Skeet als auch Nig erfuhren die Freundlichkeit von John Thornton.
Beide Skeet en Nig het die vriendelikheid van John Thornton gedeel.

Als Buck stärker wurde, verleiteten sie ihn zu albernen Hundespielen.
Soos Buck sterker geword het, het hulle hom in dwase hondespeletjies gelok.

Auch Thornton spielte oft mit ihnen und konnte ihrer Freude nicht widerstehen.
Thornton het ook dikwels saam met hulle gespeel, nie in staat om hul vreugde te weerstaan nie.

Auf diese spielerische Weise gelang Buck der Übergang von der Krankheit in ein neues Leben.
Op hierdie speelse manier het Buck van siekte na 'n nuwe lewe oorgegaan.

Endlich hatte er Liebe gefunden – wahre, brennende und leidenschaftliche Liebe.
Liefde—ware, brandende en passievolle liefde—was uiteindelik syne.

Auf Millers Anwesen hatte er diese Art von Liebe nie erlebt.
Hy het nog nooit hierdie soort liefde op Miller se landgoed geken nie.

Mit den Söhnen des Richters hatte er Arbeit und Abenteuer geteilt.
Met die Regter se seuns het hy werk en avontuur gedeel.

Bei den Enkeln sah er steifen und prahlerischen Stolz.
By die kleinseuns het hy stywe en grootpraterige trots gesien.

Mit Richter Miller selbst verband ihn eine respektvolle Freundschaft.
Met Regter Miller self het hy 'n respekvolle vriendskap gehad.
Doch mit Thornton kam eine Liebe, die Feuer, Wahnsinn und Anbetung war.
Maar liefde wat vuur, waansin en aanbidding was, het saam met Thornton gekom.
Dieser Mann hatte Bucks Leben gerettet, und das allein bedeutete sehr viel.
Hierdie man het Buck se lewe gered, en dit alleen het baie beteken.
Aber darüber hinaus war John Thornton der ideale Meistertyp.
Maar meer as dit, was John Thornton die ideale soort meester.
Andere Männer kümmerten sich aus Pflichtgefühl oder geschäftlicher Notwendigkeit um Hunde.
Ander mans het uit plig of sakebehoeftes na honde omgesien.
John Thornton kümmerte sich um seine Hunde, als wären sie seine Kinder.
John Thornton het vir sy honde gesorg asof hulle sy kinders was.
Er kümmerte sich um sie, weil er sie liebte und einfach nicht anders konnte.
Hy het vir hulle omgegee omdat hy hulle liefgehad het en dit eenvoudig nie kon help nie.
John Thornton sah sogar weiter, als die meisten Menschen jemals sehen konnten.
John Thornton het selfs verder gesien as wat die meeste mans ooit kon sien.
Er vergaß nie, sie freundlich zu grüßen oder ein aufmunterndes Wort zu sagen.
Hy het nooit vergeet om hulle vriendelik te groet of 'n opbeurende woordjie te spreek nie.
Er liebte es, mit den Hunden zusammenzusitzen und lange zu reden, oder, wie er sagte, „gasy".
Hy was mal daaroor om saam met die honde te sit vir lang gesprekke, of "gassig", soos hy gesê het.

Er packte Bucks Kopf gern grob zwischen seinen starken Händen.
Hy het daarvan gehou om Buck se kop ruweg tussen sy sterk hande te gryp.
Dann lehnte er seinen Kopf an Bucks und schüttelte ihn sanft.
Toe het hy sy eie kop teen Buck s'n laat rus en hom saggies geskud.
Die ganze Zeit über beschimpfte er Buck mit unhöflichen Namen, die für ihn Liebe bedeuteten.
Die hele tyd het hy Buck onbeskofte name genoem wat vir Buck liefde beteken het.
Buck bereiteten diese grobe Umarmung und diese Worte große Freude.
Vir Buck het daardie growwe omhelsing en daardie woorde diepe vreugde gebring.
Sein Herz schien bei jeder Bewegung vor Glück zu beben.
Sy hart het met elke beweging losgebewe van geluk.
Als er anschließend aufsprang, sah sein Mund aus, als würde er lachen.
Toe hy daarna opspring, het sy mond gelyk asof dit lag.
Seine Augen leuchteten hell und seine Kehle zitterte vor unausgesprochener Freude.
Sy oë het helder geskyn en sy keel het gebewe van onuitgesproke vreugde.
Sein Lächeln blieb in diesem Zustand der Ergriffenheit und glühenden Zuneigung stehen.
Sy glimlag het stilgestaan in daardie toestand van emosie en gloeiende toegeneentheid.
Dann rief Thornton nachdenklich aus: „Gott! Er kann fast sprechen!"
Toe roep Thornton peinsend uit: "God! Hy kan amper praat!"
Buck hatte eine seltsame Art, Liebe auszudrücken, die beinahe Schmerzen verursachte.
Buck het 'n vreemde manier gehad om liefde uit te druk wat amper pyn veroorsaak het.

Er umklammerte Thorntons Hand oft sehr fest mit seinen Zähnen.
Hy het Thornton se hand dikwels baie styf tussen sy tande vasgegryp.
Der Biss würde tiefe Spuren hinterlassen, die noch einige Zeit blieben.
Die byt sou diep merke laat wat nog 'n rukkie daarna gebly het.
Buck glaubte, dass diese Eide Liebe waren, und Thornton wusste das auch.
Buck het geglo dat daardie ede liefde was, en Thornton het dieselfde geweet.
Meistens zeigte sich Bucks Liebe in stiller, fast stummer Verehrung.
Meestal het Buck se liefde in stil, amper stille aanbidding gewys.
Obwohl er sich freute, wenn man ihn berührte oder ansprach, suchte er nicht nach Aufmerksamkeit.
Alhoewel hy opgewonde was wanneer hy aangeraak of met hom gepraat is, het hy nie aandag gesoek nie.
Skeet schob ihre Nase unter Thorntons Hand, bis er sie streichelte.
Skeet het haar neus onder Thornton se hand gestamp totdat hy haar gestreel het.
Nig kam leise herbei und legte seinen großen Kopf auf Thorntons Knie.
Nig het stil aangestap en sy groot kop op Thornton se knie laat rus.
Buck hingegen war zufrieden damit, aus respektvoller Distanz zu lieben.
Buck, daarenteen, was tevrede om van 'n respekvolle afstand lief te hê.
Er lag stundenlang zu Thorntons Füßen, wachsam und aufmerksam beobachtend.
Hy het ure lank aan Thornton se voete gelê, waaksaam en fyn dopgehou.

Buck studierte jedes Detail des Gesichts seines Herrn und jede kleinste Bewegung.
Buck het elke detail van sy meester se gesig en geringste beweging bestudeer.
Oder er blieb weiter weg liegen und betrachtete schweigend die Gestalt des Mannes.
Of verder weg gelieg, die man se vorm in stilte bestudeer.
Buck beobachtete jede kleine Bewegung, jede Veränderung seiner Haltung oder Geste.
Buck het elke klein beweging, elke verandering in postuur of gebaar dopgehou.
Diese Verbindung war so stark, dass sie Thorntons Blick oft auf sich zog.
So kragtig was hierdie verbintenis dat dit Thornton se blik dikwels getrek het.
Er begegnete Bucks Blick ohne Worte, Liebe schimmerte deutlich hindurch.
Hy het Buck se oë sonder woorde ontmoet, liefde wat duidelik deurskyn.
Nach seiner Rettung ließ Buck Thornton lange Zeit nicht aus den Augen.
Vir 'n lang ruk nadat hy gered is, het Buck Thornton nooit uit sig gelaat nie.
Immer wenn Thornton das Zelt verließ, folgte Buck ihm dicht auf den Fersen.
Wanneer Thornton die tent verlaat het, het Buck hom noukeurig buite gevolg.
All die strengen Herren im Nordland hatten Buck Angst gemacht, zu vertrauen.
Al die harde meesters in die Noordland het Buck bang gemaak om te vertrou.
Er befürchtete, dass kein Mann länger als kurze Zeit sein Herr bleiben könnte.
Hy het gevrees dat geen man vir langer as 'n kort tydjie sy meester kon bly nie.
Er befürchtete, dass John Thornton wie Perrault und François verschwinden würde.

Hy het gevrees dat John Thornton sou verdwyn soos Perrault en François.

Sogar nachts quälte die Angst, ihn zu verlieren, Buck mit unruhigem Schlaf.

Selfs snags het die vrees om hom te verloor Buck se rustelose slaap teister.

Als Buck aufwachte, kroch er in die Kälte hinaus und ging zum Zelt.

Toe Buck wakker word, het hy in die koue uitgekruip en na die tent gegaan.

Er lauschte aufmerksam auf das leise Geräusch des Atmens in seinem Inneren.

Hy het aandagtig geluister na die sagte geluid van asemhaling binne.

Trotz Bucks tiefer Liebe zu John Thornton blieb die Wildnis am Leben.

Ten spyte van Buck se diep liefde vir John Thornton, het die wildernis aan die lewe gebly.

Dieser im Norden erwachte primitive Instinkt ist nicht verschwunden.

Daardie primitiewe instink, wat in die Noorde ontwaak het, het nie verdwyn nie.

Liebe brachte Hingabe, Treue und die warme Verbundenheit des Kaminfeuers.

Liefde het toewyding, lojaliteit en die warm band van die vuurkant gebring.

Aber Buck behielt auch seine wilden Instinkte, scharf und stets wachsam.

Maar Buck het ook sy wilde instinkte skerp en altyd waaksaam behou.

Er war nicht nur ein gezähmtes Haustier aus den sanften Ländern der Zivilisation.

Hy was nie net 'n getemde troeteldier uit die sagte lande van die beskawing nie.

Buck war ein wildes Wesen, das hereingekommen war, um an Thorntons Feuer zu sitzen.

Buck was 'n wilde wese wat ingekom het om by Thornton se vuur te sit.
Er sah aus wie ein Südlandhund, aber in ihm lebte Wildheit.
Hy het gelyk soos 'n Suidland-hond, maar wildheid het in hom gewoon.
Seine Liebe zu Thornton war zu groß, um zuzulassen, dass er den Mann bestohlen hätte.
Sy liefde vir Thornton was te groot om diefstal van die man toe te laat.
Aber in jedem anderen Lager würde er dreist und ohne Pause stehlen.
Maar in enige ander kamp sou hy dapper en sonder om te pouseer steel.
Er war beim Stehlen so geschickt, dass ihn niemand erwischen oder beschuldigen konnte.
Hy was so slim met steel dat niemand hom kon vang of beskuldig nie.
Sein Gesicht und sein Körper waren mit Narben aus vielen vergangenen Kämpfen übersät.
Sy gesig en liggaam was bedek met letsels van talle vorige gevegte.
Buck kämpfte immer noch erbittert, aber jetzt kämpfte er mit mehr List.
Buck het steeds woes geveg, maar nou het hy met meer listigheid geveg.
Skeet und Nig waren zu sanft, um zu kämpfen, und sie gehörten Thornton.
Skeet en Nig was te saggeaard om te veg, en hulle was Thornton s'n.
Aber jeder fremde Hund, egal wie stark oder mutig, wich zurück.
Maar enige vreemde hond, maak nie saak hoe sterk of dapper nie, het padgegee.
Ansonsten kämpfte der Hund gegen Buck und um sein Leben.
Andersins het die hond homself bevind in die stryd teen Buck; veg vir sy lewe.

Buck kannte keine Gnade, wenn er sich entschied, gegen einen anderen Hund zu kämpfen.
Buck het geen genade gehad toe hy gekies het om teen 'n ander hond te veg nie.
Er hatte das Gesetz der Keule und des Reißzahns im Nordland gut gelernt.
Hy het die wet van knuppel en slagtand in die Noordland goed geleer.
Er gab nie einen Vorteil auf und wich nie einer Schlacht aus.
Hy het nooit 'n voordeel prysgegee nie en nooit van die geveg teruggedeins nie.
Er hatte Spitz und die wildesten Post- und Polizeihunde studiert.
Hy het Spitz en die felste honde van pos en polisie bestudeer.
Er wusste genau, dass es im wilden Kampf keinen Mittelweg gab.
Hy het duidelik geweet daar was geen middelweg in wilde gevegte nie.
Er musste herrschen oder beherrscht werden; Gnade zu zeigen, hieße, Schwäche zu zeigen.
Hy moet regeer of regeer word; om genade te toon, het beteken om swakheid te toon.
In der rauen und brutalen Welt des Überlebens kannte man keine Gnade.
Genade was onbekend in die rou en brutale wêreld van oorlewing.
Gnade zu zeigen wurde als Angst angesehen und Angst führte schnell zum Tod.
Om genade te betoon is as vrees gesien, en vrees het vinnig tot die dood gelei.
Das alte Gesetz war einfach: töten oder getötet werden, essen oder gefressen werden.
Die ou wet was eenvoudig: doodmaak of doodgemaak word, eet of geëet word.
Dieses Gesetz stammte aus längst vergangenen Zeiten und Buck befolgte es vollständig.

Daardie wet het uit die dieptes van tyd gekom, en Buck het dit ten volle gevolg.

Buck war älter als sein Alter und die Anzahl seiner Atemzüge.

Buck was ouer as sy jare en die aantal asemteue wat hy geneem het.

Er verband die ferne Vergangenheit klar mit der Gegenwart.

Hy het die antieke verlede duidelik met die huidige oomblik verbind.

Die tiefen Rhythmen der Zeitalter bewegten sich durch ihn wie die Gezeiten.

Die diep ritmes van die eeue het deur hom beweeg soos die getye.

Die Zeit pulsierte in seinem Blut so sicher, wie die Jahreszeiten die Erde bewegen.

Tyd het in sy bloed gepulseer so seker soos seisoene die aarde beweeg het.

Er saß mit starker Brust und weißen Reißzähnen an Thorntons Feuer.

Hy het by Thornton se vuur gesit, met 'n sterk bors en wit tande.

Sein langes Fell wehte, aber hinter ihm beobachteten ihn die Geister wilder Hunde.

Sy lang pels het gewaai, maar agter hom het die geeste van wildehonde gekyk.

Halbwölfe und Vollwölfe regten sich in seinem Herzen und seinen Sinnen.

Halfwolwe en volle wolwe het in sy hart en sintuie geroer.

Sie probierten sein Fleisch und tranken dasselbe Wasser wie er.

Hulle het sy vleis geproe en dieselfde water gedrink as wat hy gedoen het.

Sie schnupperten neben ihm den Wind und lauschten dem Wald.

Hulle het die wind langs hom geruik en na die woud geluister.

Sie flüsterten die Bedeutung der wilden Geräusche in der Dunkelheit.
Hulle het die betekenisse van die wilde geluide in die donkerte gefluister.
Sie prägten seine Stimmungen und leiteten jede seiner stillen Reaktionen.
Hulle het sy gemoedstoestand gevorm en elkeen van sy stil reaksies gelei.
Sie lagen bei ihm, während er schlief, und wurden Teil seiner tiefen Träume.
Hulle het by hom gelê terwyl hy geslaap het en deel geword van sy diep drome.
Sie träumten mit ihm, über ihn hinaus und bildeten seinen Geist.
Hulle het saam met hom gedroom, verder as hom, en sy gees opgemaak.
Die Geister der Wildnis riefen so stark, dass Buck sich hingezogen fühlte.
Die geeste van die wildernis het so sterk geroep dat Buck gevoel het of hulle hom aangetrek het.
Mit jedem Tag wurden die Menschheit und ihre Ansprüche in Bucks Herzen schwächer.
Elke dag het die mensdom en sy eise swakker geword in Buck se hart.
Tief im Wald würde ein seltsamer und aufregender Ruf erklingen.
Diep in die woud sou 'n vreemde en opwindende roep opkom.
Jedes Mal, wenn er den Ruf hörte, verspürte Buck einen Drang, dem er nicht widerstehen konnte.
Elke keer as hy die roep gehoor het, het Buck 'n drang gevoel wat hy nie kon weerstaan nie.
Er wollte sich vom Feuer und den ausgetretenen menschlichen Pfaden abwenden.
Hy sou van die vuur en van die gebaande menslike paaie afwyk.

Er wollte in den Wald eintauchen und weitergehen, ohne zu wissen, warum.
Hy was op pad die woud in te stort, vorentoe te gaan sonder om te weet hoekom.
Er hinterfragte diese Anziehungskraft nicht, denn der Ruf war tief und kraftvoll.
Hy het hierdie aantrekkingskrag nie bevraagteken nie, want die roepstem was diep en kragtig.
Oft erreichte er den grünen Schatten und die weiche, unberührte Erde
Dikwels het hy die groen skaduwee en sagte, ongerepte aarde bereik
Doch dann zog ihn die große Liebe zu John Thornton zurück zum Feuer.
Maar toe trek die sterk liefde vir John Thornton hom terug na die vuur.
Nur John Thornton hatte Bucks wildes Herz wirklich in seiner Gewalt.
Slegs John Thornton het Buck se wilde hart werklik in sy greep gehou.
Der Rest der Menschheit hatte für Buck keinen bleibenden Wert oder keine bleibende Bedeutung.
Die res van die mensdom het geen blywende waarde of betekenis vir Buck gehad nie.
Fremde könnten ihn loben oder ihm mit freundlichen Händen über das Fell streicheln.
Vreemdelinge mag hom prys of sy pels met vriendelike hande streel.
Buck blieb ungerührt und ging vor lauter Zuneigung davon.
Buck het onbewogen gebly en weggeloop weens te veel liefde.
Hans und Pete kamen mit dem lange erwarteten Floß
Hans en Pete het aangekom met die vlot wat lank verwag is.
Buck ignorierte sie, bis er erfuhr, dass sie sich in der Nähe von Thornton befanden.
Buck het hulle geïgnoreer totdat hy uitgevind het dat hulle naby Thornton was.

Danach tolerierte er sie, zeigte ihnen jedoch nie seine volle Zuneigung.
Daarna het hy hulle verdra, maar nooit volle warmte aan hulle getoon nie.
Er nahm Essen oder Freundlichkeiten von ihnen an, als täte er ihnen einen Gefallen.
Hy het kos of vriendelikheid van hulle geneem asof hy hulle 'n guns bewys het.
Sie waren wie Thornton – einfach, ehrlich und klar im Denken.
Hulle was soos Thornton—eenvoudig, eerlik en helder in denke.
Gemeinsam reisten sie zu Dawsons Sägewerk und dem großen Wirbel
Almal saam het hulle na Dawson se saagmeule en die groot draaikolk gereis
Auf ihrer Reise lernten sie Bucks Wesen tiefgründig kennen.
Op hul reis het hulle geleer om Buck se aard diep te verstaan.
Sie versuchten nicht, sich näherzukommen, wie es Skeet und Nig getan hatten.
Hulle het nie probeer om nader aan mekaar te kom soos Skeet en Nig gedoen het nie.
Doch Bucks Liebe zu John Thornton wurde mit der Zeit immer stärker.
Maar Buck se liefde vir John Thornton het mettertyd net verdiep.
Nur Thornton könnte Buck im Sommer eine Last auf die Schultern laden.
Slegs Thornton kon in die somer 'n pak op Buck se rug plaas.
Was auch immer Thornton befahl, Buck war bereit, es uneingeschränkt zu tun.
Wat Thornton ook al beveel het, Buck was bereid om ten volle te doen.
Eines Tages, nachdem sie Dawson in Richtung der Quellgewässer des Tanana verlassen hatten,
Eendag, nadat hulle Dawson verlaat het vir die oorsprong van die Tanana,

die Gruppe saß auf einer Klippe, die dreihundert Fuß bis zum nackten Fels abfiel.

Die groep het op 'n krans gesit wat drie voet tot by die kaal rotsbodem gedaal het.

John Thornton saß nahe der Kante und Buck ruhte sich neben ihm aus.

John Thornton het naby die rand gesit, en Buck het langs hom gerus.

Thornton hatte plötzlich eine Idee und rief die Männer auf sich aufmerksam.

Thornton het skielik 'n gedagte gehad en die mans se aandag getrek.

Er deutete über den Abgrund und gab Buck einen einzigen Befehl.

Hy het oor die kloof gewys en vir Buck 'n enkele bevel gegee.

„Spring, Buck!", sagte er und schwang seinen Arm über den Abgrund.

"Spring, Buck!" het hy gesê en sy arm oor die vallei geswaai.

Einen Moment später musste er Buck packen, der sofort lossprang, um zu gehorchen.

Binne 'n oomblik moes hy Buck gryp, wat opgespring het om te gehoorsaam.

Hans und Pete eilten nach vorne und zogen beide in Sicherheit.

Hans en Pete het vorentoe gehardloop en albei terug na veiligheid getrek.

Nachdem alles vorbei war und sie wieder zu Atem gekommen waren, ergriff Pete das Wort.

Nadat alles verby was, en hulle asemgehaal het, het Pete gepraat.

„Die Liebe ist unheimlich", sagte er, erschüttert von der wilden Hingabe des Hundes.

"Die liefde is ongelooflik," het hy gesê, geskud deur die hond se vurige toewyding.

Thornton schüttelte den Kopf und antwortete mit ruhiger Ernsthaftigkeit.

Thornton het sy kop geskud en met kalm erns geantwoord.

„Nein, die Liebe ist großartig", sagte er, „aber auch schrecklich."
"Nee, die liefde is wonderlik," het hy gesê, "maar ook verskriklik."
„Manchmal, das muss ich zugeben, macht mir diese Art von Liebe Angst."
"Soms, moet ek erken, maak hierdie soort liefde my bang."
Pete nickte und sagte: „Ich möchte nicht der Mann sein, der dich berührt."
Pete het geknik en gesê: "Ek sou dit haat om die man te wees wat jou aanraak."
Er sah Buck beim Sprechen ernst und voller Respekt an.
Hy het na Buck gekyk terwyl hy gepraat het, ernstig en vol respek.
„Py Jingo!", sagte Hans schnell. „Ich auch nicht, nein, Sir."
"Py Jingo!" sê Hans vinnig. "Ek ook nie, meneer."

Noch vor Jahresende wurden Petes Befürchtungen in Circle City wahr.
Voor die einde van die jaar het Pete se vrese by Circle City waar geword.
Ein grausamer Mann namens Black Burton hat in der Bar eine Schlägerei angezettelt.
'n Wrede man met die naam Black Burton het 'n bakleiery in die kroeg begin.
Er war wütend und bösartig und ging auf einen Neuling los.
Hy was kwaad en kwaadwillig, en het teen 'n nuwe teervoet uitgevaar.
John Thornton schritt ein, ruhig und gutmütig wie immer.
John Thornton het ingegryp, kalm en goedgesind soos altyd.
Buck lag mit gesenktem Kopf in einer Ecke und beobachtete Thornton aufmerksam.
Buck het in 'n hoek gelê, kop na onder, en Thornton stip dopgehou.
Burton schlug plötzlich zu und sein Schlag ließ Thornton herumwirbeln.
Burton het skielik toegeslaan, sy hou het Thornton laat draai.

Nur die Stangenreling verhinderte, dass er hart auf den Boden stürzte.
Net die stang se reling het gekeer dat hy hard op die grond neerstort.
Die Beobachter hörten ein Geräusch, das weder Bellen noch Jaulen war
Die kykers het 'n geluid gehoor wat nie blaf of gegil was nie
Ein tiefes Brüllen kam von Buck, als er auf den Mann zustürzte.
'n Diep gebrul het van Buck gekom toe hy na die man toe hardloop.
Burton riss seinen Arm hoch und rettete nur knapp sein eigenes Leben.
Burton het sy arm in die lug gegooi en skaars sy eie lewe gered.
Buck prallte gegen ihn und warf ihn flach auf den Boden.
Buck het teen hom vasgejaag en hom plat op die vloer neergeslaan.
Buck biss tief in den Arm des Mannes und stürzte sich dann auf die Kehle.
Buck het diep in die man se arm gebyt en toe na die keel gegryp.
Burton konnte den Angriff nur teilweise blocken und sein Hals wurde aufgerissen.
Burton kon net gedeeltelik blokkeer, en sy nek was oopgeskeur.
Männer stürmten mit erhobenen Knüppeln herein und vertrieben Buck von dem blutenden Mann.
Mans het ingestorm, knuppels gehys en Buck van die bloeiende man afgedryf.
Ein Chirurg arbeitete schnell, um den Blutausfluss zu stoppen.
'n Chirurg het vinnig gewerk om te keer dat die bloed uitvloei.
Buck ging auf und ab und knurrte, während er immer wieder versuchte anzugreifen.
Buck het heen en weer gegrom en probeer aanval.

Nur schwingende Knüppel hielten ihn davon ab, Burton zu erreichen.
Slegs swaaistokke het hom daarvan weerhou om Burton te bereik.
Eine Bergarbeiterversammlung wurde einberufen und noch vor Ort abgehalten.
'n Mynwerkersvergadering is daar en daar gehou.
Sie waren sich einig, dass Buck provoziert worden war, und stimmten für seine Freilassung.
Hulle het saamgestem dat Buck uitgelok is en het gestem om hom vry te laat.
Doch Bucks wilder Name hallte nun durch jedes Lager in Alaska.
Maar Buck se vurige naam het nou in elke kamp in Alaska weergalm.
Später im Herbst rettete Buck Thornton erneut auf eine neue Art und Weise.
Later daardie herfs het Buck Thornton weer op 'n nuwe manier gered.
Die drei Männer steuerten ein langes Boot durch wilde Stromschnellen.
Die drie mans het 'n lang boot deur rowwe stroomversnellings gelei.
Thornton steuerte das Boot und rief Anweisungen zur Küste.
Thornton het die boot beman en aanwysings na die kuslyn geroep.
Hans und Pete rannten an Land und hielten sich an einem Seil fest, das sie von Baum zu Baum führte.
Hans en Pete het op land gehardloop en 'n tou van boom tot boom vasgehou.
Buck hielt am Ufer Schritt und behielt seinen Herrn immer im Auge.
Buck het tred gehou op die oewer, altyd besig om sy meester dop te hou.
An einer ungünstigen Stelle ragten Felsen aus dem schnellen Wasser hervor.

Op een nare plek het rotse onder die vinnige water uitgesteek.
Hans ließ das Seil los und Thornton steuerte das Boot weit.
Hans het die tou losgelaat, en Thornton het die boot wyd gestuur.
Hans sprintete, um das Boot an den gefährlichen Felsen vorbei wieder zu erreichen.
Hans het gesprint om die boot weer verby die gevaarlike rotse te haal.
Das Boot passierte den Felsvorsprung, geriet jedoch in eine stärkere Strömung.
Die boot het die rotsrand oorgesteek, maar 'n sterker deel van die stroom getref.
Hans griff zu schnell nach dem Seil und brachte das Boot aus dem Gleichgewicht.
Hans het die tou te vinnig gegryp en die boot uit balans getrek.
Das Boot kenterte und prallte mit dem Hinterteil nach oben gegen das Ufer.
Die boot het omgeslaan en teen die wal gebots, onder na bo.
Thornton wurde hinausgeworfen und in den wildesten Teil des Wassers geschwemmt.
Thornton is uitgegooi en in die wildste deel van die water meegesleur.
Kein Schwimmer hätte in diesen tödlichen, reißenden Gewässern überleben können.
Geen swemmer kon in daardie dodelike, jaagwaters oorleef het nie.
Buck sprang sofort hinein und jagte seinen Herrn den Fluss hinunter.
Buck het dadelik ingespring en sy baas die rivier af gejaag.
Nach dreihundert Metern erreichte er endlich Thornton.
Na driehonderd meter het hy uiteindelik Thornton bereik.
Thornton packte Buck am Schwanz und Buck drehte sich zum Ufer um.
Thornton het Buck se stert gegryp, en Buck het na die strand gedraai.

Er schwamm mit voller Kraft und kämpfte gegen den wilden Sog des Wassers an.
Hy het met volle krag geswem en die water se wilde sleur beveg.
Sie bewegten sich schneller flussabwärts, als sie das Ufer erreichen konnten.
Hulle het vinniger stroomaf beweeg as wat hulle die kus kon bereik.
Vor ihnen toste der Fluss immer lauter und stürzte in tödliche Stromschnellen.
Voor het die rivier harder gebrul terwyl dit in dodelike stroomversnellings geval het.
Felsen schnitten durch das Wasser wie die Zähne eines riesigen Kamms.
Rotse het deur die water gesny soos die tande van 'n groot kam.
Die Anziehungskraft des Wassers in der Nähe des Tropfens war wild und unausweichlich.
Die aantrekkingskrag van die water naby die druppel was wreed en onontkombaar.
Thornton wusste, dass sie das Ufer nie rechtzeitig erreichen würden.
Thornton het geweet hulle sou nooit betyds die kus sou haal nie.
Er schrammte über einen Felsen, zerschmetterte einen zweiten,
Hy het oor een rots geskraap, oor 'n tweede een geslaan,
Und dann prallte er gegen einen dritten Felsen, den er mit beiden Händen festhielt.
En toe bots hy teen 'n derde rots en gryp dit met albei hande.
Er ließ Buck los und übertönte das Gebrüll: „Los, Buck! Los!"
Hy het Buck losgelaat en oor die gebrul geskree: "Gaan, Buck! Gaan!"
Buck konnte sich nicht über Wasser halten und wurde von der Strömung mitgerissen.

Buck kon nie drywend bly nie en is deur die stroom meegesleur.

Er kämpfte hart und versuchte, sich umzudrehen, kam aber überhaupt nicht voran.

Hy het hard geveg, gesukkel om om te draai, maar glad nie vordering gemaak nie.

Dann hörte er, wie Thornton den Befehl über das Tosen des Flusses hinweg wiederholte.

Toe hoor hy Thornton die bevel oor die rivier se gebrul herhaal.

Buck erhob sich aus dem Wasser und hob den Kopf, als wolle er einen letzten Blick werfen.

Buck het uit die water opgeklim en sy kop opgelig asof hy vir 'n laaste kyk wou gee.

dann drehte er sich um und gehorchte und schwamm entschlossen auf das Ufer zu.

toe omgedraai en gehoorsaam, en met vasberadenheid na die oewer geswem.

Pete und Hans zogen ihn im letzten Moment an Land.

Pete en Hans het hom op die laaste moontlike oomblik aan wal getrek.

Sie wussten, dass Thornton sich nur noch wenige Minuten am Felsen festklammern konnte.

Hulle het geweet Thornton kon net nog minute aan die rots vasklou.

Sie rannten das Ufer hinauf zu einer Stelle weit oberhalb der Stelle, an der er hing.

Hulle het teen die wal opgehardloop na 'n plek ver bo waar hy gehang het.

Sie befestigten die Bootsleine sorgfältig an Bucks Hals und Schultern.

Hulle het die boot se lyn versigtig aan Buck se nek en skouers vasgemaak.

Das Seil saß eng, war aber locker genug zum Atmen und für Bewegung.

Die tou was styf maar los genoeg vir asemhaling en beweging.

Dann warfen sie ihn erneut in den reißenden, tödlichen Fluss.
Toe het hulle hom weer in die bruisende, dodelike rivier gegooi.
Buck schwamm mutig, verpasste jedoch seinen Winkel in die Kraft des Stroms.
Buck het dapper geswem, maar sy hoek in die stroom se krag gemis.
Er sah zu spät, dass er an Thornton vorbeiziehen würde.
Hy het te laat gesien dat hy verby Thornton gaan dryf.
Hans riss das Seil fest, als wäre Buck ein kenterndes Boot.
Hans het die tou styf geruk, asof Buck 'n omslaande boot was.
Die Strömung zog ihn nach unten und er verschwand unter der Oberfläche.
Die stroom het hom ondertoe getrek, en hy het onder die oppervlak verdwyn.
Sein Körper schlug gegen das Ufer, bevor Hans und Pete ihn herauszogen.
Sy liggaam het die wal getref voordat Hans en Pete hom uitgetrek het.
Er war halb ertrunken und sie haben das Wasser aus ihm herausgeprügelt.
Hy was halfverdrink, en hulle het die water uit hom gedrink.
Buck stand auf, taumelte und brach erneut auf dem Boden zusammen.
Buck het opgestaan, gestruikel en weer op die grond ineengestort.
Dann hörten sie Thorntons Stimme, die schwach vom Wind getragen wurde.
Toe hoor hulle Thornton se stem, vaagweg deur die wind gedra.
Obwohl die Worte undeutlich waren, wussten sie, dass er dem Tode nahe war.
Alhoewel die woorde onduidelik was, het hulle geweet dat hy naby die dood was.
Der Klang von Thorntons Stimme traf Buck wie ein elektrischer Schlag.

Die geluid van Thornton se stem het Buck soos 'n elektriese skok getref.

Er sprang auf, rannte das Ufer hinauf und kehrte zum Startpunkt zurück.

Hy het opgespring en teen die wal op gehardloop, teruggekeer na die beginpunt.

Wieder banden sie Buck das Seil fest und wieder betrat er den Bach.

Weer het hulle die tou aan Buck vasgemaak, en weer het hy die stroom binnegegaan.

Diesmal schwamm er direkt und entschlossen in das rauschende Wasser.

Hierdie keer het hy direk en ferm in die stromende water geswem.

Hans ließ das Seil langsam los, während Pete darauf achtete, dass es sich nicht verhedderte.

Hans het die tou stadig laat los terwyl Pete gekeer het dat dit verstrengel raak.

Buck schwamm schnell, bis er direkt über Thornton auf einer Linie lag.

Buck het hard geswem totdat hy net bokant Thornton in 'n lyn gestaan het.

Dann drehte er sich um und raste wie ein Zug mit voller Geschwindigkeit nach unten.

Toe draai hy om en storm soos 'n trein in volle spoed af.

Thornton sah ihn kommen, machte sich bereit und schlang die Arme um seinen Hals.

Thornton het hom sien aankom, gestut en sy arms om sy nek gesluit.

Hans band das Seil fest um einen Baum, als beide unter Wasser gezogen wurden.

Hans het die tou vas om 'n boom vasgemaak terwyl albei ondertoe getrek is.

Sie stürzten unter Wasser und zerschellten an Felsen und Flusstrümmern.

Hulle het onder water getuimel en teen rotse en rivierpuin gebots.

In einem Moment war Buck oben, im nächsten erhob sich Thornton keuchend.
Die een oomblik was Buck bo-op, die volgende het Thornton hyggend opgestaan.
Zerschlagen und erstickend steuerten sie auf das Ufer zu und waren in Sicherheit.
Geslaan en verstik, het hulle na die oewer en veiligheid gedraai.
Thornton erlangte sein Bewusstsein wieder und lag quer über einem Treibholzbaumstamm.
Thornton het sy bewussyn herwin terwyl hy oor 'n dryfblok gelê het.
Hans und Pete haben hart gearbeitet, um ihm Atem und Leben zurückzugeben.
Hans en Pete het hom hard gewerk om asem en lewe terug te bring.
Sein erster Gedanke galt Buck, der regungslos und schlaff dalag.
Sy eerste gedagte was aan Buck, wat bewegingloos en slap gelê het.
Nig heulte über Bucks Körper und Skeet leckte sanft sein Gesicht.
Nig het oor Buck se liggaam gehuil, en Skeet het sy gesig saggies gelek.
Thornton, wund und verletzt, untersuchte Buck mit vorsichtigen Händen.
Thornton, seer en gekneus, het Buck met versigtige hande ondersoek.
Er stellte fest, dass der Hund drei Rippen gebrochen hatte, jedoch keine tödlichen Wunden aufwies.
Hy het drie gebreekte ribbes gevind, maar geen dodelike wonde in die hond nie.
„Damit ist die Sache geklärt", sagte Thornton. „Wir zelten hier." Und das taten sie.
"Dit maak die saak af," het Thornton gesê. "Ons kamp hier." En hulle het.

Sie blieben, bis Bucks Rippen verheilt waren und er wieder laufen konnte.
Hulle het gebly totdat Buck se ribbes genees het en hy weer kon loop.

In diesem Winter vollbrachte Buck eine Leistung, die seinen Ruhm noch weiter steigerte.
Daardie winter het Buck 'n prestasie verrig wat sy roem verder verhoog het.

Es war weniger heroisch als Thornton zu retten, aber genauso beeindruckend.
Dit was minder heroïes as om Thornton te red, maar net so indrukwekkend.

In Dawson benötigten die Partner Vorräte für eine weite Reise.
By Dawson het die vennote voorraad nodig gehad vir 'n verre reis.

Sie wollten nach Osten reisen, in unberührte Wildnisgebiete.
Hulle wou Ooswaarts reis, na ongerepte wildernislande.

Bucks Tat im Eldorado Saloon machte diese Reise möglich.
Buck se daad in die Eldorado Saloon het daardie reis moontlik gemaak.

Es begann damit, dass Männer bei einem Drink mit ihren Hunden prahlten.
Dit het begin met mans wat oor hul honde spog oor drankies.

Bucks Ruhm machte ihn zur Zielscheibe von Herausforderungen und Zweifeln.
Buck se roem het hom die teiken van uitdagings en twyfel gemaak.

Thornton blieb stolz und ruhig und verteidigte Bucks Namen standhaft.
Thornton, trots en kalm, het ferm gestaan in die verdediging van Buck se naam.

Ein Mann sagte, sein Hund könne problemlos zweihundertsechsunddreißig kg ziehen.

Een man het gesê sy hond kon met gemak vyfhonderd pond trek.
Ein anderer sagte sechshundert und ein dritter prahlte mit siebenhundert.
Nog een het ses honderd gesê, en 'n derde het gespog met sewe honderd.
„Pfft!", sagte John Thornton, „Buck kann einen fünfhundert kg schweren Schlitten ziehen."
"Pfft!" sê John Thornton, "Buck kan 'n duisend pond-slee trek."
Matthewson, ein Bonanza-König, beugte sich vor und forderte ihn heraus.
Matthewson, 'n Bonanza-koning, het vorentoe geleun en hom uitgedaag.
„Glauben Sie, er kann so viel Gewicht in Bewegung setzen?"
"Dink jy hy kan soveel gewig in beweging sit?"
„Und Sie glauben, er kann das Gewicht volle hundert Meter weit ziehen?"
"En jy dink hy kan die gewig 'n volle honderd meter trek?"
Thornton antwortete kühl: „Ja. Buck ist Hund genug, um das zu tun."
Thornton het koel geantwoord: "Ja. Buck is hond genoeg om dit te doen."
„Er wird tausend Pfund in Bewegung setzen und es hundert Meter weit ziehen."
"Hy sal 'n duisend pond in beweging sit en dit honderd meter trek."
Matthewson lächelte langsam und stellte sicher, dass alle Männer seine Worte hörten.
Matthewson het stadig geglimlag en seker gemaak dat alle mans sy woorde hoor.
„Ich habe tausend Dollar, die sagen, dass er es nicht kann. Da ist es."
"Ek het 'n duisend dollar wat sê hy kan nie. Daar is dit."
Er knallte einen Sack Goldstaub von der Größe einer Wurst auf die Theke.

Hy het 'n sak goudstof so groot soos wors op die kroegtoonbank gegooi.

Niemand sagte ein Wort. Die Stille um sie herum wurde drückend und angespannt.

Niemand het 'n woord gesê nie. Die stilte het swaar en gespanne om hulle geword.

Thorntons Bluff – wenn es denn einer war – war ernst genommen worden.

Thornton se bluf—as dit een was—is ernstig opgeneem.

Er spürte, wie ihm die Hitze im Gesicht aufstieg und das Blut in seine Wangen schoss.

Hy het gevoel hoe die hitte in sy gesig opstyg terwyl die bloed na sy wange gestorm het.

In diesem Moment war seine Zunge seiner Vernunft voraus.

Sy tong het op daardie oomblik sy rede vooruitgeloop.

Er wusste wirklich nicht, ob Buck fünfhundert kg bewegen konnte.

Hy het werklik nie geweet of Buck 'n duisend pond kon skuif nie.

Eine halbe Tonne! Allein die Größe ließ ihm das Herz schwer werden.

'n Halwe ton! Die grootte daarvan alleen het sy hart swaar laat voel.

Er hatte Vertrauen in Bucks Stärke und hielt ihn für fähig.

Hy het vertroue in Buck se krag gehad en hom bekwaam geag.

Doch einer solchen Herausforderung war er noch nie begegnet, nicht auf diese Art und Weise.

Maar hy het nog nooit hierdie soort uitdaging in die gesig gestaar nie, nie soos hierdie nie.

Ein Dutzend Männer beobachteten ihn still und warteten darauf, was er tun würde.

'n Dosyn mans het hom stil dopgehou en gewag om te sien wat hy sou doen.

Er hatte das Geld nicht – Hans und Pete auch nicht.

Hy het nie die geld gehad nie—ook nie Hans of Pete nie.

„Ich habe draußen einen Schlitten", sagte Matthewson kalt und direkt.

"Ek het 'n slee buite," het Matthewson koud en direk gesê.

„Es ist mit zwanzig Säcken zu je fünfzig Pfund beladen, alles Mehl.

"Dit is gelaai met twintig sakke, vyftig pond elk, alles meel."

Lassen Sie sich also jetzt nicht von einem fehlenden Schlitten als Ausrede ausreden", fügte er hinzu.

Moet dus nie nou 'n vermiste slee jou verskoning laat wees nie," het hy bygevoeg.

Thornton stand still da. Er wusste nicht, was er sagen sollte.

Thornton het stil gestaan. Hy het nie geweet watter woorde om te bied nie.

Er blickte sich die Gesichter an, ohne sie deutlich zu erkennen.

Hy het rondgekyk na die gesigte sonder om hulle duidelik te sien.

Er sah aus wie ein Mann, der in Gedanken erstarrt war und versuchte, neu zu starten.

Hy het gelyk soos 'n man wat in gedagte gevries was en probeer het om weer te begin.

Dann sah er Jim O'Brien, einen Freund aus der Mastodon-Zeit.

Toe sien hy Jim O'Brien, 'n vriend van die Mastodon-dae.

Dieses vertraute Gesicht gab ihm Mut, von dem er nicht wusste, dass er ihn hatte.

Daardie bekende gesig het hom moed gegee wat hy nie geweet het hy het nie.

Er drehte sich um und fragte mit leiser Stimme: „Können Sie mir tausend leihen?"

Hy het omgedraai en saggies gevra: "Kan jy my duisend leen?"

„Sicher", sagte O'Brien und ließ bereits einen schweren Sack neben dem Gold fallen.

"Seker," het O'Brien gesê en reeds 'n swaar sak by die goud laat val.

„Aber ehrlich gesagt, John, ich glaube nicht, dass das Biest das tun kann."

"Maar eerlikwaar, John, ek glo nie die dier kan dit doen nie."

Alle im Eldorado Saloon strömten nach draußen, um sich die Veranstaltung anzusehen.
Almal in die Eldorado Saloon het buitentoe gehardloop om die geleentheid te sien.
Sie ließen Tische und Getränke zurück und sogar die Spiele wurden unterbrochen.
Hulle het tafels en drankies gelos, en selfs die speletjies is onderbreek.
Dealer und Spieler kamen, um das Ende der kühnen Wette mitzuerleben.
Handelaars en dobbelaars het gekom om die einde van die gewaagde weddenskap te aanskou.
Hunderte versammelten sich auf der vereisten Straße um den Schlitten.
Honderde het om die slee in die ysige oop straat saamgedrom.
Matthewsons Schlitten stand mit einer vollen Ladung Mehlsäcke da.
Matthewson se slee het met 'n vol vrag meelsakke gestaan.
Der Schlitten stand stundenlang bei Minustemperaturen.
Die slee het ure lank in minustemperature gestaan.
Die Kufen des Schlittens waren fest am festgetretenen Schnee festgefroren.
Die slee se lopers was styf teen die neergepakte sneeu vasgevries.
Die Männer wetteten zwei zu eins, dass Buck den Schlitten nicht bewegen könne.
Mans het twee-tot-een kanse gebied dat Buck nie die slee kon skuif nie.
Es kam zu einem Streit darüber, was „ausbrechen" eigentlich bedeutet.
'n Geskil het ontstaan oor wat "uitbreek" werklik beteken.
O'Brien sagte, Thornton solle die festgefrorene Basis des Schlittens lösen.
O'Brien het gesê Thornton moet die slee se bevrore basis losmaak.
Buck könnte dann aus einem soliden, bewegungslosen Start „ausbrechen".

Buck kon dan uit 'n stewige, beweginglose begin "uitbreek".

Matthewson argumentierte, dass der Hund auch die Läufer befreien müsse.

Matthewson het aangevoer die hond moet ook die hardlopers losbreek.

Die Männer, die von der Wette gehört hatten, stimmten Matthewsons Ansicht zu.

Die mans wat die weddenskap gehoor het, het met Matthewson se siening saamgestem.

Mit dieser Entscheidung stiegen die Chancen auf drei zu eins gegen Buck.

Met daardie uitspraak het die kanse tot drie-tot-een teen Buck gestyg.

Niemand trat vor, um die wachsende Drei-zu-eins-Chance auf sich zu nehmen.

Niemand het vorentoe getree om die groeiende drie-tot-een kans te aanvaar nie.

Kein einziger Mann glaubte, dass Buck diese große Leistung vollbringen könnte.

Nie 'n enkele man het geglo dat Buck die groot prestasie kon verrig nie.

Thornton war zu der Wette gedrängt worden, obwohl er voller Zweifel war.

Thornton was inderhaas in die weddenskap ingesluit, swaar van twyfel.

Nun blickte er auf den Schlitten und das zehnköpfige Hundegespann daneben.

Nou het hy na die slee en die span van tien honde langsaan gekyk.

Als ich die Realität der Aufgabe sah, erschien sie noch unmöglicher.

Om die werklikheid van die taak te sien, het dit meer onmoontlik laat lyk.

Matthewson war in diesem Moment voller Stolz und Selbstvertrauen.

Matthewson was op daardie oomblik vol trots en selfvertroue.

„Drei zu eins!", rief er. „Ich wette noch tausend, Thornton!"

"Drie teen een!" het hy geskree. "Ek wed nog 'n duisend, Thornton!"

Was sagst du dazu?", fügte er laut genug hinzu, dass es alle hören konnten.

"Wat sê jy?" het hy bygevoeg, hard genoeg sodat almal dit kon hoor.

Thorntons Gesicht zeigte seine Zweifel, aber sein Geist war aufgeblüht.

Thornton se gesig het sy twyfel getoon, maar sy gees het opgestaan.

Dieser Kampfgeist ignorierte alle Widrigkeiten und fürchtete sich überhaupt nicht.

Daardie veggees het die kanse geïgnoreer en glad nie gevrees nie.

Er forderte Hans und Pete auf, ihr gesamtes Bargeld auf den Tisch zu bringen.

Hy het vir Hans en Pete gebel om al hulle kontant na die tafel te bring.

Ihnen blieb nicht mehr viel übrig – insgesamt nur zweihundert Dollar.

Hulle het min oorgehad—slegs tweehonderd dollar saam.

Diese kleine Summe war ihr gesamtes Vermögen in schweren Zeiten.

Hierdie klein bedrag was hul totale fortuin gedurende moeilike tye.

Dennoch setzten sie ihr gesamtes Vermögen auf Matthewsons Wette.

Tog het hulle al die fortuin teen Matthewson se weddenskap neergelê.

Das zehnköpfige Hundegespann wurde abgekoppelt und vom Schlitten wegbewegt.

Die span van tien honde is losgekoppel en het van die slee wegbeweeg.

Buck wurde in die Zügel genommen und trug sein vertrautes Geschirr.

Buck is in die teuels geplaas, met sy bekende harnas aan.

Er hatte die Energie der Menge aufgefangen und die Spannung gespürt.
Hy het die energie van die skare vasgevang en die spanning aangevoel.
Irgendwie wusste er, dass er etwas für John Thornton tun musste.
Op een of ander manier het hy geweet hy moes iets vir John Thornton doen.
Die Leute murmelten voller Bewunderung über die stolze Gestalt des Hundes.
Mense het met bewondering gemompel oor die hond se trotse figuur.
Er war schlank und stark und hatte kein einziges Gramm Fleisch zu viel.
Hy was maer en sterk, sonder 'n enkele ekstra greintjie vleis.
Sein Gesamtgewicht von hundertfünfzig Pfund bestand nur aus Kraft und Ausdauer.
Sy volle gewig van honderd-en-vyftig pond was alles krag en uithouvermoë.
Bucks Fell glänzte wie Seide und strotzte vor Gesundheit und Kraft.
Buck se jas het geglim soos sy, dik van gesondheid en krag.
Das Fell an seinem Hals und seinen Schultern schien sich aufzurichten und zu sträuben.
Die pels langs sy nek en skouers het gelyk of dit lig en borsel.
Seine Mähne bewegte sich leicht, jedes Haar war voller Energie.
Sy maanhare het effens beweeg, elke haar lewendig met sy groot energie.
Seine breite Brust und seine starken Beine passten zu seinem schweren, robusten Körperbau.
Sy breë bors en sterk bene het by sy swaar, taai liggaam gepas.
Unter seinem Mantel spannten sich Muskeln, straff und fest wie geschmiedetes Eisen.
Spiere het onder sy jas geriffel, styf en ferm soos gebonde yster.

Männer berührten ihn und schworen, er sei gebaut wie eine Stahlmaschine.
Mans het hom aangeraak en gesweer hy was gebou soos 'n staalmasjien.

Die Quoten sanken leicht auf zwei zu eins gegen den großen Hund.
Die kans het effens gedaal tot twee teen een teen die groot hond.

Ein Mann von den Skookum Benches drängte sich stotternd nach vorne.
'n Man van die Skookum-banke het hakkelend vorentoe gestoot.

„Gut, Sir! Ich biete achthundert für ihn – vor der Prüfung, Sir!"
"Goed, meneer! Ek bied agthonderd vir hom—voor die toets, meneer!"

„Achthundert, so wie er jetzt dasteht!", beharrte der Mann.
"Agt honderd, soos hy nou staan!" het die man aangedring.

Thornton trat vor, lächelte und schüttelte ruhig den Kopf.
Thornton het vorentoe getree, geglimlag en kalm sy kop geskud.

Matthewson schritt schnell mit warnender Stimme und einem Stirnrunzeln ein.
Matthewson het vinnig met 'n waarskuwende stem en frons ingegryp.

„Sie müssen Abstand von ihm halten", sagte er. „Geben Sie ihm Raum."
"Jy moet van hom af wegstap," het hy gesê. "Gee hom ruimte."

Die Menge verstummte; nur die Spieler boten noch zwei zu eins.
Die skare het stil geword; slegs dobbelaars het steeds twee teen een aangebied.

Alle bewunderten Bucks Körperbau, aber die Last schien zu groß.
Almal het Buck se bou bewonder, maar die lading het te groot gelyk.

Zwanzig Säcke Mehl – jeder fünfzig Pfund schwer – schienen viel zu viel.
Twintig sakke meel – elk vyftig pond in gewig – het heeltemal te veel gelyk.
Niemand war bereit, seinen Geldbeutel zu öffnen und sein Geld zu riskieren.
Niemand was bereid om hul sak oop te maak en hul geld te waag nie.
Thornton kniete neben Buck und nahm seinen Kopf in beide Hände.
Thornton het langs Buck gekniel en sy kop in albei hande geneem.
Er drückte seine Wange an Bucks und sprach in sein Ohr.
Hy het sy wang teen Buck s'n gedruk en in sy oor gepraat.
Es gab jetzt kein spielerisches Schütteln oder geflüsterte liebevolle Beleidigungen.
Daar was nou geen speelse geskud of gefluisterde liefdevolle beledigings nie.
Er murmelte nur leise: „So sehr du mich liebst, Buck."
Hy het net saggies gemompel, "Soveel as wat jy my liefhet, Buck."
Buck stieß ein leises Winseln aus, seine Begierde konnte er kaum zurückhalten.
Buck het 'n sagte gekerm uitgestoot, sy gretigheid skaars bedwing.
Die Zuschauer beobachteten neugierig, wie Spannung in der Luft lag.
Die omstanders het met nuuskierigheid gekyk terwyl spanning die lug gevul het.
Der Moment fühlte sich fast unwirklich an, wie etwas jenseits der Vernunft.
Die oomblik het amper onwerklik gevoel, soos iets buite die rede.
Als Thornton aufstand, nahm Buck sanft seine Hand zwischen die Kiefer.
Toe Thornton opstaan, het Buck sy hand saggies in sy kake geneem.

Er drückte mit den Zähnen nach unten und ließ dann langsam und sanft los.
Hy het met sy tande gedruk en toe stadig en saggies losgelaat.
Es war eine stille Antwort der Liebe, nicht ausgesprochen, aber verstanden.
Dit was 'n stille antwoord van liefde, nie uitgespreek nie, maar verstaan.
Thornton trat weit von dem Hund zurück und gab das Signal.
Thornton het 'n lang tree van die hond af teruggetree en die teken gegee.
„Jetzt, Buck", sagte er und Buck antwortete mit konzentrierter Ruhe.
"Nou, Buck," het hy gesê, en Buck het met gefokusde kalmte gereageer.
Buck spannte die Leinen und lockerte sie dann um einige Zentimeter.
Buck het die spore stywer getrek en hulle toe met 'n paar duim losgemaak.
Dies war die Methode, die er gelernt hatte; seine Art, den Schlitten zu zerbrechen.
Dit was die metode wat hy geleer het; sy manier om die slee te breek.
„Mensch!", rief Thornton mit scharfer Stimme in der schweren Stille.
"Sjoe!" het Thornton geskree, sy stem skerp in die swaar stilte.
Buck drehte sich nach rechts und stürzte sich mit seinem gesamten Gewicht nach vorn.
Buck het regs gedraai en met al sy gewig uitgeval.
Das Spiel verschwand und Bucks gesamte Masse traf die straffen Leinen.
Die slapheid het verdwyn, en Buck se volle massa het die stywe spore getref.
Der Schlitten zitterte und die Kufen machten ein knackendes, knisterndes Geräusch.
Die slee het gebewe, en die hardlopers het 'n skerp kraakgeluid gemaak.

„Haw!", befahl Thornton und änderte erneut Bucks Richtung.
"Ha!" het Thornton beveel en Buck se rigting weer verskuif.
Buck wiederholte die Bewegung und zog diesmal scharf nach links.
Buck het die beweging herhaal, hierdie keer skerp na links getrek.
Das Knacken des Schlittens wurde lauter, die Kufen knackten und verschoben sich.
Die slee het harder gekraak, die lopers het geknap en geskuif.
Die schwere Last rutschte leicht seitwärts über den gefrorenen Schnee.
Die swaar vrag het effens sywaarts oor die bevrore sneeu gegly.
Der Schlitten hatte sich aus der Umklammerung des eisigen Pfades gelöst!
Die slee het losgebreek uit die greep van die ysige paadjie!
Die Männer hielten den Atem an, ohne zu merken, dass sie nicht einmal atmeten.
Mans het hul asem opgehou, onbewus daarvan dat hulle nie eers asemhaal nie.
„Jetzt ZIEHEN!", rief Thornton durch die eisige Stille.
"Nou, TREK!" het Thornton deur die bevrore stilte uitgeroep.
Thorntons Befehl klang scharf wie ein Peitschenknall.
Thornton se bevel het skerp geklink, soos die geklap van 'n sweep.
Buck stürzte sich mit einem heftigen und heftigen Ausfallschritt nach vorne.
Buck het homself vorentoe geslinger met 'n woeste en skokkende longe.
Sein ganzer Körper war aufgrund der enormen Belastung angespannt und verkrampft.
Sy hele liggaam het gespanne en saamgetrek weens die massiewe spanning.
Unter seinem Fell spannten sich Muskeln wie lebendig werdende Schlangen.

Spiere het onder sy pels geriffel soos slange wat lewendig word.
Seine breite Brust war tief, der Kopf nach vorne zum Schlitten gestreckt.
Sy groot bors was laag, kop vorentoe na die slee gestrek.
Seine Pfoten bewegten sich blitzschnell und seine Krallen zerschnitten den gefrorenen Boden.
Sy pote het soos weerlig beweeg, kloue wat die bevrore grond sny.
Er kämpfte um jeden Zentimeter Bodenhaftung und hinterließ tiefe Rillen.
Groewe is diep gesny terwyl hy vir elke duim vastrapplek geveg het.
Der Schlitten schaukelte, zitterte und begann eine langsame, unruhige Bewegung.
Die slee het gewieg, gebewe en 'n stadige, ongemaklike beweging begin.
Ein Fuß rutschte aus und ein Mann in der Menge stöhnte laut auf.
Een voet het gegly, en 'n man in die skare het hardop gekreun.
Dann machte der Schlitten mit einer ruckartigen, heftigen Bewegung einen Satz nach vorne.
Toe het die slee vorentoe geslinger in 'n rukkende, rowwe beweging.
Es hörte nicht wieder auf – noch einen halben Zoll … einen Zoll … zwei Zoll mehr.
Dit het nie weer opgehou nie—'n halwe duim...'n duim...twee duim meer.
Die Stöße wurden kleiner, als der Schlitten an Geschwindigkeit zunahm.
Die rukke het al hoe kleiner geword namate die slee spoed begin kry het.
Bald zog Buck mit sanfter, gleichmäßiger Rollkraft.
Gou het Buck met gladde, egalige, rollende krag getrek.
Die Männer schnappten nach Luft und erinnerten sich schließlich wieder daran zu atmen.

Mans het na hul asem gesnak en uiteindelik onthou om weer asem te haal.
Sie hatten nicht bemerkt, dass ihnen vor Ehrfurcht der Atem stockte.
Hulle het nie opgemerk dat hul asem in ontsag opgehou het nie.
Thornton rannte hinterher und rief kurze, fröhliche Befehle.
Thornton het agterna gehardloop en kort, vrolike bevele uitgeroep.
Vor uns lag ein Stapel Brennholz, der die Entfernung markierte.
Voor was 'n stapel brandhout wat die afstand gemerk het.
Als Buck sich dem Haufen näherte, wurde der Jubel immer lauter.
Soos Buck die hoop nader gekom het, het die gejuig al hoe harder geword.
Der Jubel schwoll zu einem Brüllen an, als Buck den Endpunkt passierte.
Die gejuig het in 'n gebrul oorgegaan toe Buck die eindpunt verbysteek.
Männer sprangen auf und schrien, sogar Matthewson grinste.
Mans het gespring en geskreeu, selfs Matthewson het in 'n glimlag uitgebars.
Hüte flogen durch die Luft, Fäustlinge wurden gedankenlos und ziellos herumgeworfen.
Hoede het die lug in gevlieg, wantjies is sonder gedagte of doel gegooi.
Männer packten einander und schüttelten sich die Hände, ohne zu wissen, wer es war.
Mans het mekaar gegryp en hande geskud sonder om te weet wie.
Die ganze Menge war in wilder, freudiger Stimmung.
Die hele skare het gegons in wilde, vreugdevolle feesviering.
Thornton fiel mit zitternden Händen neben Buck auf die Knie.

Thornton het met bewerige hande langs Buck op sy knieë geval.
Er drückte seinen Kopf an Bucks und schüttelte ihn sanft hin und her.
Hy het sy kop teen Buck s'n gedruk en hom saggies heen en weer geskud.
Diejenigen, die näher kamen, hörten, wie er den Hund mit stiller Liebe verfluchte.
Diegene wat nader gekom het, het hom die hond met stille liefde hoor vloek.
Er beschimpfte Buck lange – leise, herzlich und emotional.
Hy het lank op Buck gevloek—saggies, hartlik, met emosie.
„Gut, Sir! Gut, Sir!", rief der König der Skookum-Bank hastig.
"Goed, meneer! Goed, meneer!" het die Skookum Bank-koning haastig uitgeroep.
„Ich gebe Ihnen tausend – nein, zwölfhundert – für diesen Hund, Sir!"
"Ek sal jou 'n duisend—nee, twaalfhonderd—vir daardie hond gee, meneer!"
Thornton stand langsam auf, seine Augen glänzten vor Emotionen.
Thornton het stadig orent gekom, sy oë het gestraal van emosie.
Tränen strömten ihm ohne jede Scham über die Wangen.
Trane het oop en oop oor sy wange gestroom sonder enige skaamte.
„Sir", sagte er zum König der Skookum-Bank, ruhig und bestimmt
"Meneer," het hy vir die Skookum Bank-koning gesê, standvastig en ferm
„Nein, Sir. Sie können zur Hölle fahren, Sir. Das ist meine endgültige Antwort."
"Nee, meneer. U kan hel toe gaan, meneer. Dis my finale antwoord."
Buck packte Thorntons Hand sanft mit seinen starken Kiefern.

Buck het Thornton se hand saggies met sy sterk kake gegryp.
Thornton schüttelte ihn spielerisch, ihre Bindung war so tief wie eh und je.
Thornton het hom speels geskud, hul band diep soos altyd.
Die Menge, bewegt von diesem Moment, trat schweigend zurück.
Die skare, ontroer deur die oomblik, het in stilte teruggetree.
Von da an wagte es niemand mehr, diese heilige Zuneigung zu unterbrechen.
Van toe af het niemand dit gewaag om sulke heilige liefde te onderbreek nie.

Der Klang des Rufs
Die Klank van die Roep

Buck hatte in fünf Minuten Sechzehnhundert Dollar verdient.
Buck het sestienhonderd dollar in vyf minute verdien.
Mit dem Geld konnte John Thornton einen Teil seiner Schulden begleichen.
Die geld het John Thornton toegelaat om van sy skuld af te betaal.
Mit dem restlichen Geld machte er sich mit seinen Partnern auf den Weg nach Osten.
Met die res van die geld het hy saam met sy vennote ooswaarts vertrek.
Sie suchten nach einer sagenumwobenen verlorenen Mine, die so alt ist wie das Land selbst.
Hulle het 'n legendariese verlore myn gesoek, so oud soos die land self.
Viele Männer hatten nach der Mine gesucht, aber nur wenige hatten sie je gefunden.
Baie mans het na die myn gesoek, maar min het dit ooit gevind.
Während der gefährlichen Suche waren nicht wenige Männer verschwunden.
Meer as 'n paar mans het tydens die gevaarlike soeke verdwyn.
Diese verlorene Mine war sowohl in Geheimnisse als auch in eine alte Tragödie gehüllt.
Hierdie verlore myn was in beide misterie en ou tragedie gehul.
Niemand wusste, wer der erste Mann war, der die Mine entdeckt hatte.
Niemand het geweet wie die eerste man was wat die myn gevind het nie.
In den ältesten Geschichten wird niemand namentlich erwähnt.
Die oudste stories noem niemand by die naam nie.

Dort hatte immer eine alte, baufällige Hütte gestanden.
Daar was nog altyd 'n antieke vervalle kajuit daar.
Sterbende Männer hatten geschworen, dass sich neben dieser alten Hütte eine Mine befand.
Sterwende mans het gesweer daar was 'n myn langs daardie ou kajuit.
Sie bewiesen ihre Geschichten mit Gold, wie es nirgendwo sonst zu finden ist.
Hulle het hul stories met goud bewys soos niemand elders gevind word nie.
Keine lebende Seele hatte den Schatz von diesem Ort jemals geplündert.
Geen lewende siel het ooit die skat van daardie plek geplunder nie.
Die Toten waren tot, und Tote erzählen keine Geschichten.
Die dooies was dood, en dooie manne vertel geen stories nie.
Also machten sich Thornton und seine Freunde auf den Weg in den Osten.
So het Thornton en sy vriende na die Ooste vertrek.
Pete und Hans kamen mit Buck und sechs starken Hunden.
Pete en Hans het aangesluit, en Buck en ses sterk honde saamgebring.
Sie begaben sich auf einen unbekannten Weg, an dem andere gescheitert waren.
Hulle het 'n onbekende roete gevolg waar ander misluk het.
Sie rodelten siebzig Meilen den zugefrorenen Yukon River hinauf.
Hulle het sewentig myl met 'n slee op die bevrore Yukonrivier gery.
Sie bogen links ab und folgten dem Pfad bis zum Stewart.
Hulle het links gedraai en die paadjie tot in die Stewart gevolg.
Sie passierten Mayo und McQuestion und drängten weiter.
Hulle het verby die Mayo en McQuestion gery en verder aangestap.
Der Stewart schrumpfte zu einem Strom, der sich durch zerklüftete Gipfel schlängelte.

Die Stewart het in 'n stroom ingekrimp en deur gekartelde pieke geslinger.
Diese scharfen Gipfel markierten das Rückgrat des Kontinents.
Hierdie skerp pieke het die ruggraat van die vasteland gemerk.
John Thornton verlangte wenig von den Menschen oder der Wildnis.
John Thornton het min van mans of die wilde land geëis.
Er fürchtete nichts in der Natur und begegnete der Wildnis mit Leichtigkeit.
Hy het niks in die natuur gevrees nie en die wildernis met gemak aangedurf.
Nur mit Salz und einem Gewehr konnte er reisen, wohin er wollte.
Met net sout en 'n geweer kon hy reis waar hy wou.
Wie die Eingeborenen jagte er auf seiner Reise nach Nahrung.
Soos die inboorlinge, het hy kos gejag terwyl hy gereis het.
Wenn er nichts fing, machte er weiter und vertraute auf sein Glück.
As hy niks gevang het nie, het hy aangehou en op geluk vertrou.
Auf dieser langen Reise war Fleisch die Hauptnahrungsquelle.
Op hierdie lang reis was vleis die hoofgereg wat hulle geëet het.
Der Schlitten enthielt Werkzeuge und Munition, jedoch keinen strengen Zeitplan.
Die slee het gereedskap en ammunisie bevat, maar geen streng tydskedule nie.
Buck liebte dieses Herumwandern, die endlose Jagd und das Fischen.
Buck het hierdie ronddwaal liefgehad; die eindelose jag en visvang.
Wochenlang waren sie Tag für Tag unterwegs.
Weke lank het hulle dag na bestendige dag gereis.

Manchmal schlugen sie Lager auf und blieben wochenlang dort.
Ander kere het hulle kampe opgeslaan en weke lank stilgebly.
Die Hunde ruhten sich aus, während die Männer im gefrorenen Dreck gruben.
Die honde het gerus terwyl die mans deur bevrore grond gegrawe het.
Sie erwärmten Pfannen über dem Feuer und suchten nach verborgenem Gold.
Hulle het panne oor vure warm gemaak en na verborge goud gesoek.
An manchen Tagen hungerten sie, an anderen feierten sie Feste.
Party dae het hulle uitgehonger, en party dae het hulle feeste gehou.
Ihre Mahlzeiten hingen vom Wild und vom Jagdglück ab.
Hul maaltye het afgehang van die wild en die geluk van die jag.
Als der Sommer kam, trugen Männer und Hunde schwere Lasten auf ihren Rücken.
Toe die somer aanbreek, het mans en honde vragte op hul rûe gepak.
Sie fuhren mit dem Floß über blaue Seen, die in Bergwäldern versteckt waren.
Hulle het oor blou mere gevlot wat in bergwoude versteek was.
Sie segelten in schmalen Booten auf Flüssen, die noch nie von Menschen kartiert worden waren.
Hulle het dun bote op riviere geseil wat geen mens ooit gekarteer het nie.
Diese Boote wurden aus Bäumen gebaut, die sie in der Wildnis gesägt haben.
Daardie bote is gebou van bome wat hulle in die natuur gesaag het.

Die Monate vergingen und sie schlängelten sich durch die wilden, unbekannten Länder.

Die maande het verbygegaan, en hulle het deur die wilde onbekende lande gekronkel.
Es waren keine Männer dort, doch alte Spuren deuteten darauf hin, dass Männer dort gewesen waren.
Daar was geen mans daar nie, maar ou spore het daarop gesinspeel dat daar mans was.
Wenn die verlorene Hütte echt war, dann waren einst andere hier entlang gekommen.
As die Verlore Hut werklik was, dan het ander eens hierheen gekom.
Sie überquerten hohe Pässe bei Schneestürmen, sogar im Sommer.
Hulle het hoë passe in sneeustorms oorgesteek, selfs gedurende die somer.
Sie zitterten unter der Mitternachtssonne auf kahlen Berghängen.
Hulle het gebewe onder die middernagson op kaal berghellings.
Zwischen der Baumgrenze und den Schneefeldern stiegen sie langsam auf.
Tussen die boomlyn en die sneeuvelde het hulle stadig geklim.
In warmen Tälern schlugen sie nach Schwärmen aus Mücken und Fliegen.
In warm valleie het hulle na wolke muggies en vlieë geslaan.
Sie pflückten süße Beeren in der Nähe von Gletschern in voller Sommerblüte.
Hulle het soet bessies gepluk naby gletsers in volle somerblom.
Die Blumen, die sie fanden, waren genauso schön wie die im Süden.
Die blomme wat hulle gevind het, was so pragtig soos dié in die Suidland.
Im Herbst erreichten sie eine einsame Region voller stiller Seen.
Daardie herfs het hulle 'n eensame streek vol stil mere bereik.
Das Land war traurig und leer, einst voller Vögel und Tiere.

Die land was droewig en leeg, eens lewendig met voëls en diere.
Jetzt gab es kein Leben mehr, nur noch den Wind und das Eis, das sich in Pfützen bildete.
Nou was daar geen lewe nie, net die wind en ys wat in poele vorm.
Mit einem sanften, traurigen Geräusch schlugen die Wellen gegen die leeren Ufer.
Golwe het teen leë oewers gekolk met 'n sagte, treurige geluid.

Ein weiterer Winter kam und sie folgten erneut schwachen, alten Spuren.
Nog 'n winter het aangebreek, en hulle het weer dowwe, ou spore gevolg.
Dies waren die Spuren von Männern, die schon lange vor ihnen gesucht hatten.
Dit was die spore van mans wat lank voor hulle gesoek het.
Einmal fanden sie einen Pfad, der tief in den dunklen Wald hineinreichte.
Eenkeer het hulle 'n paadjie diep in die donker woud gevind.
Es war ein alter Pfad und sie hatten das Gefühl, dass die verlorene Hütte ganz in der Nähe war.
Dit was 'n ou roete, en hulle het gevoel die verlore kajuit was naby.
Doch die Spur führte nirgendwo hin und verlor sich im dichten Wald.
Maar die paadjie het nêrens gelei nie en het in die digte bos verdwyn.
Wer auch immer die Spur angelegt hat und warum, das wusste niemand.
Wie ook al die roete gemaak het, en hoekom hulle dit gemaak het, het niemand geweet nie.
Später fanden sie das Wrack einer Hütte, versteckt zwischen den Bäumen.
Later het hulle die wrak van 'n lodge tussen die bome gevind.
Verrottende Decken lagen verstreut dort, wo einst jemand geschlafen hatte.

- 224 -

Verrottende komberse het versprei gelê waar iemand eens geslaap het.
John Thornton fand darin ein Steinschlossgewehr mit langem Lauf.
John Thornton het 'n langloop-vuursteenwapen binne-in begrawe gevind.
Er wusste, dass es sich um eine Waffe von Hudson Bay aus den frühen Handelstagen handelte.
Hy het geweet dat dit 'n Hudsonbaai-geweer was van vroeë handelsdae.
Damals wurden solche Gewehre gegen Stapel von Biberfellen eingetauscht.
In daardie dae is sulke gewere verruil vir stapels bevervelle.
Das war alles – von dem Mann, der die Hütte gebaut hatte, gab es keine Spur mehr.
Dit was al—geen leidraad het oorgebly van die man wat die lodge gebou het nie.

Der Frühling kam wieder und sie fanden keine Spur von der verlorenen Hütte.
Die lente het weer aangebreek, en hulle het geen teken van die Verlore Hut gevind nie.
Stattdessen fanden sie ein breites Tal mit einem seichten Bach.
In plaas daarvan het hulle 'n breë vallei met 'n vlak stroom gevind.
Gold lag wie glatte, gelbe Butter auf dem Pfannenboden.
Goud het oor die bodems van die pan gelê soos gladde, geel botter.
Sie hielten dort an und suchten nicht weiter nach der Hütte.
Hulle het daar stilgehou en nie verder na die kajuit gesoek nie.
Jeden Tag arbeiteten sie und fanden Tausende in Goldstaub.
Elke dag het hulle gewerk en duisende in goudstof gevind.
Sie packten das Gold in Säcke aus Elchhaut, jeder Fünfzig Pfund schwer.
Hulle het die goud in sakke elandvel verpak, vyftig pond elk.

Die Säcke waren wie Brennholz vor ihrer kleinen Hütte gestapelt.
Die sakke was soos brandhout buite hul klein lodge gestapel.
Sie arbeiteten wie Giganten und die Tage vergingen wie im Flug.
Hulle het soos reuse gewerk, en die dae het verbygegaan soos vinnige drome.
Sie häuften Schätze an, während die endlosen Tage schnell vorbeizogen.
Hulle het skatte opgehoop terwyl die eindelose dae vinnig verbygerol het.
Außer ab und zu Fleisch zu schleppen, gab es für die Hunde nicht viel zu tun.
Daar was min vir die honde om te doen behalwe om nou en dan vleis te sleep.
Thornton jagte und tötete das Wild, und Buck lag am Feuer.
Thornton het die wild gejag en doodgemaak, en Buck het by die vuur gelê.
Er verbrachte viele Stunden schweigend, versunken in Gedanken und Erinnerungen.
Hy het lang ure in stilte deurgebring, verlore in gedagte en herinneringe.
Das Bild des haarigen Mannes kam Buck immer häufiger in den Sinn.
Die beeld van die harige man het meer dikwels in Buck se gedagtes opgekom.
Jetzt, wo es kaum noch Arbeit gab, träumte Buck, während er ins Feuer blinzelte.
Noudat werk skaars was, het Buck gedroom terwyl hy na die vuur geknipper het.
In diesen Träumen wanderte Buck mit dem Mann in eine andere Welt.
In daardie drome het Buck saam met die man in 'n ander wêreld rondgedwaal.
Angst schien das stärkste Gefühl in dieser fernen Welt zu sein.
Vrees het die sterkste gevoel in daardie verre wêreld gelyk.

Buck sah, wie der haarige Mann mit gesenktem Kopf schlief.
Buck het die harige man sien slaap met sy kop laag gebuig.
Seine Hände waren gefaltet und sein Schlaf war unruhig und unterbrochen.
Sy hande was saamgevou, en sy slaap was rusteloos en onderbroke.
Er wachte immer ruckartig auf und starrte ängstlich in die Dunkelheit.
Hy het gewoonlik met 'n skrik wakker geword en vreesbevange in die donker gestaar.
Dann warf er mehr Holz ins Feuer, um die Flamme hell zu halten.
Dan sou hy meer hout op die vuur gooi om die vlam helder te hou.
Manchmal spazierten sie an einem Strand entlang, der an einem grauen, endlosen Meer entlangführte.
Soms het hulle langs 'n strand langs 'n grys, eindelose see geloop.
Der haarige Mann sammelte Schalentiere und aß sie im Gehen.
Die harige man het skulpvis gepluk en dit geëet terwyl hy geloop het.
Seine Augen suchten immer nach verborgenen Gefahren in den Schatten.
Sy oë het altyd gesoek na verborge gevare in die skaduwees.
Seine Beine waren immer bereit, beim ersten Anzeichen einer Bedrohung loszusprinten.
Sy bene was altyd gereed om te sprint by die eerste teken van bedreiging.
Sie schlichen still und vorsichtig Seite an Seite durch den Wald.
Hulle het deur die woud gesluip, stil en versigtig, sy aan sy.
Buck folgte ihm auf den Fersen und beide blieben wachsam.
Buck het op sy hakke gevolg, en hulle albei het waaksaam gebly.

Ihre Ohren zuckten und bewegten sich, ihre Nasen schnüffelten in der Luft.
Hul ore het getrek en beweeg, hul neuse het die lug gesnuif.
Der Mann konnte den Wald genauso gut hören und riechen wie Buck.
Die man kon die woud so skerp hoor en ruik soos Buck.
Der haarige Mann schwang sich mit plötzlicher Geschwindigkeit durch die Bäume.
Die harige man swaai met 'n skielike spoed deur die bome.
Er sprang von Ast zu Ast, ohne jemals den Halt zu verlieren.
Hy het van tak tot tak gespring en nooit sy greep verloor nie.
Er bewegte sich über dem Boden genauso schnell wie auf ihm.
Hy het net so vinnig bo die grond beweeg as wat hy daarop gedoen het.
Buck erinnerte sich an lange Nächte, in denen er unter den Bäumen Wache hielt.
Buck het lang nagte onder die bome onthou, terwyl hy wag gehou het.
Der Mann schlief auf seiner Stange in den Zweigen und klammerte sich fest.
Die man het in die takke geslaap en styf vasgeklou.
Diese Vision des haarigen Mannes war eng mit dem tiefen Ruf verbunden.
Hierdie visioen van die harige man was nou gekoppel aan die diepe roeping.
Der Ruf klang noch immer mit eindringlicher Kraft durch den Wald.
Die roep het steeds met spookagtige krag deur die woud geklink.
Der Anruf erfüllte Buck mit Sehnsucht und einem rastlosen Gefühl der Freude.
Die oproep het Buck met verlange en 'n rustelose gevoel van vreugde vervul.
Er spürte seltsame Triebe und Regungen, die er nicht benennen konnte.

Hy het vreemde drange en roerings gevoel wat hy nie kon benoem nie.
Manchmal folgte er dem Ruf tief in die Stille des Waldes.
Soms het hy die roepstem diep in die stil bos gevolg.
Er suchte nach dem Ruf und bellte dabei leise oder scharf.
Hy het na die roepstem gesoek, saggies of skerp geblaf terwyl hy geloop het.
Er roch am Moos und der schwarzen Erde, wo die Gräser wuchsen.
Hy het aan die mos en swart grond geruik waar die grasse gegroei het.
Er schnaubte entzückt über den reichen Geruch der tiefen Erde.
Hy het van genot gesnork oor die ryk geure van die diep aarde.
Er hockte stundenlang hinter pilzbefallenen Baumstämmen.
Hy het ure lank gehurk agter stamme wat met swam bedek was.
Er blieb still und lauschte mit großen Augen jedem noch so kleinen Geräusch.
Hy het stil gebly en met groot oë na elke klein geluidjie geluister.
Vielleicht hoffte er, das Wesen, das den Ruf auslöste, zu überraschen.
Hy het dalk gehoop om die ding wat die oproep gegee het, te verras.
Er wusste nicht, warum er so handelte – er tat es einfach.
Hy het nie geweet hoekom hy so opgetree het nie — hy het eenvoudig net so opgetree.
Die Triebe kamen aus der Tiefe, jenseits von Denken und Vernunft.
Die drange het van diep binne gekom, anderkant denke of rede.
Unwiderstehliche Triebe überkamen Buck ohne Vorwarnung oder Grund.
Onweerstaanbare drange het Buck sonder waarskuwing of rede beetgepak.

Manchmal döste er träge im Lager in der Mittagshitze.
Soms het hy lui in die kamp onder die middaghitte gedut.
Plötzlich hob er den Kopf und stellte aufmerksam die Ohren auf.
Skielik lig sy kop op en sy ore skiet wakker op.
Dann sprang er auf und stürmte ohne Pause in die Wildnis.
Toe spring hy op en storm sonder om te pouseer die wildernis in.
Er rannte stundenlang durch Waldwege und offene Flächen.
Hy het ure lank deur bospaadjies en oop ruimtes gehardloop.
Er liebte es, trockenen Bachläufen zu folgen und Vögel in den Bäumen zu beobachten.
Hy was lief daarvoor om droë spruitbeddings te volg en voëls in die bome te bespied.
Er könnte den ganzen Tag versteckt liegen und den Rebhühnern beim Herumstolzieren zusehen.
Hy kon heeldag weggesteek lê en patryse dophou wat rondstap.
Sie trommelten und marschierten, ohne Bucks Anwesenheit zu bemerken.
Hulle het getrommel en gemarsjeer, onbewus van Buck se stil teenwoordigheid.
Doch am meisten liebte er das Laufen in der Sommerdämmerung.
Maar wat hy die meeste liefgehad het, was om in die somerskemer te hardloop.
Das schwache Licht und die schläfrigen Waldgeräusche erfüllten ihn mit Freude.
Die dowwe lig en slaperige bosgeluide het hom met vreugde vervul.
Er las die Zeichen des Waldes so deutlich, wie ein Mann ein Buch liest.
Hy het die bostekens so duidelik gelees soos 'n man 'n boek lees.
Und er suchte immer nach dem seltsamen Ding, das ihn rief.
En hy het altyd gesoek na die vreemde ding wat hom geroep het.

Dieser Ruf hörte nie auf – er erreichte ihn im Wachzustand und im Schlaf.
Daardie roepstem het nooit opgehou nie — dit het hom bereik, wakker of slapend.

Eines Nachts erwachte er mit einem Ruck, die Augen waren scharf und die Ohren gespitzt.
Een nag het hy met 'n skrik wakker geword, oë skerp en ore hoog.
Seine Nasenlöcher zuckten, während seine Mähne in Wellen sträubte.
Sy neusgate het gebewe terwyl sy maanhare in golwe gestaan het.
Aus der Tiefe des Waldes ertönte erneut der alte Ruf.
Uit diep in die woud kom die geluid weer, die ou roep.
Diesmal war der Ton klar und deutlich zu hören, ein langes, eindringliches, vertrautes Heulen.
Hierdie keer het die geluid duidelik geklink, 'n lang, spookagtige, bekende gehuil.
Es klang wie der Schrei eines Huskys, aber mit einem seltsamen und wilden Ton.
Dit was soos 'n husky se gehuil, maar vreemd en wild van toon.
Buck erkannte das Geräusch sofort – er hatte das genaue Geräusch vor langer Zeit gehört.
Buck het die geluid dadelik herken — hy het die presiese geluid lank gelede gehoor.
Er sprang durch das Lager und verschwand schnell im Wald.
Hy het deur die kamp gespring en vinnig in die bos verdwyn.
Als er sich dem Geräusch näherte, wurde er langsamer und bewegte sich vorsichtig.
Toe hy die geluid nader, het hy stadiger beweeg en versigtig beweeg.
Bald erreichte er eine Lichtung zwischen dichten Kiefern.
Gou het hy 'n oopte tussen digte dennebome bereik.
Dort saß aufrecht auf seinen Hinterbeinen ein großer, schlanker Timberwolf.

Daar, regop op sy hurke, het 'n lang, maer houtwolf gesit.
Die Nase des Wolfes zeigte zum Himmel und hallte noch immer den Ruf wider.
Die wolf se neus het hemelwaarts gewys, steeds die roep weergalm.
Buck hatte keinen Laut von sich gegeben, doch der Wolf blieb stehen und lauschte.
Buck het geen geluid gemaak nie, maar die wolf het stilgehou en geluister.
Der Wolf spürte etwas, spannte sich an und suchte die Dunkelheit ab.
Toe die wolf iets aanvoel, het hy gespanne geraak, terwyl hy die donkerte deursoek het.
Buck schlich ins Blickfeld, mit gebeugtem Körper und ruhigen Füßen auf dem Boden.
Buck het in sig gekom, lyf laag, voete stil op die grond.
Sein Schwanz war gerade, sein Körper vor Anspannung zusammengerollt.
Sy stert was reguit, sy lyf styf opgerol van spanning.
Er zeigte sowohl eine bedrohliche als auch eine Art raue Freundschaft.
Hy het beide dreiging en 'n soort rowwe vriendskap getoon.
Es war die vorsichtige Begrüßung, die wilde Tiere einander entgegenbrachten.
Dit was die versigtige groet wat deur wilde diere gedeel is.
Aber der Wolf drehte sich um und floh, sobald er Buck sah.
Maar die wolf het omgedraai en gevlug sodra hy Buck gesien het.
Buck nahm die Verfolgung auf und sprang wild um sich, begierig darauf, es einzuholen.
Buck het agternagesit, wild gespring, gretig om dit in te haal.
Er folgte dem Wolf in einen trockenen Bach, der durch einen Holzstau blockiert war.
Hy het die wolf gevolg in 'n droë spruit wat deur 'n houtblokkade geblokkeer is.
In die Enge getrieben, wirbelte der Wolf herum und blieb stehen.

In 'n hoek gedraai, het die wolf omgedraai en sy man bly staan.
Der Wolf knurrte und schnappte wie ein gefangener Husky im Kampf.
Die wolf het gegrom en gekap soos 'n vasgekeerde hees hond in 'n geveg.
Die Zähne des Wolfes klickten schnell, sein Körper strotzte vor wilder Wut.
Die wolf se tande het vinnig geklap, sy lyf het geborrel van wilde woede.
Buck griff nicht an, sondern umkreiste den Wolf mit vorsichtiger Freundlichkeit.
Buck het nie aangeval nie, maar het die wolf met versigtige vriendelikheid omsingel.
Durch langsame, harmlose Bewegungen versuchte er, seine Flucht zu verhindern.
Hy het probeer om sy ontsnapping te keer deur stadige, onskadelike bewegings.
Der Wolf war vorsichtig und verängstigt – Buck war dreimal so schwer wie er.
Die wolf was versigtig en bang—Buck het hom drie keer oortref.
Der Kopf des Wolfes reichte kaum bis zu Bucks massiver Schulter.
Die wolf se kop het skaars tot by Buck se massiewe skouer gereik.
Der Wolf hielt Ausschau nach einer Lücke, rannte los und die Jagd begann von neuem.
Terwyl hy vir 'n gaping soek, het die wolf weggehardloop en die jaagtog het weer begin.
Buck drängte ihn mehrere Male in die Enge und der Tanz wiederholte sich.
Verskeie kere het Buck hom vasgekeer, en die dans het herhaal.
Der Wolf war dünn und schwach, sonst hätte Buck ihn nicht fangen können.

Die wolf was maer en swak, anders kon Buck hom nie gevang het nie.

Jedes Mal, wenn Buck näher kam, wirbelte der Wolf herum und sah ihn voller Angst an.

Elke keer as Buck nader gekom het, het die wolf omgedraai en hom vreesbevange in die gesig gestaar.

Dann rannte er bei der ersten Gelegenheit erneut in den Wald.

Toe, met die eerste kans, het hy weer die bos ingehardloop.

Aber Buck gab nicht auf und schließlich fasste der Wolf Vertrauen zu ihm.

Maar Buck het nie moed opgegee nie, en uiteindelik het die wolf hom begin vertrou.

Er schnüffelte an Bucks Nase und die beiden wurden verspielt und aufmerksam.

Hy het Buck se neus gesnuif, en die twee het speels en waaksaam geword.

Sie spielten wie wilde Tiere, wild und doch schüchtern in ihrer Freude.

Hulle het soos wilde diere gespeel, woes maar skaam in hul vreugde.

Nach einer Weile trabte der Wolf zielstrebig und ruhig davon.

Na 'n rukkie het die wolf met kalm doel weggedraf.

Er machte Buck deutlich, dass er beabsichtigte, verfolgt zu werden.

Hy het duidelik vir Buck gewys dat hy van plan was om gevolg te word.

Sie rannten Seite an Seite durch die Dämmerung.

Hulle het langs mekaar deur die skemerdonker gehardloop.

Sie folgten dem Bachbett hinauf in die felsige Schlucht.

Hulle het die spruitbedding gevolg tot in die rotsige kloof.

Sie überquerten eine kalte Wasserscheide, wo der Bach entsprungen war.

Hulle het 'n koue kloof oorgesteek waar die stroom begin het.

Am gegenüberliegenden Hang fanden sie ausgedehnte Wälder und viele Bäche.

Op die verste helling het hulle wye woud en baie strome gevind.
Durch dieses weite Land rannten sie stundenlang ohne Pause.
Deur hierdie uitgestrekte land het hulle ure lank sonder om te stop gehardloop.
Die Sonne stieg höher, die Luft wurde wärmer, aber sie rannten weiter.
Die son het hoër opgekom, die lug het warmer geword, maar hulle het aangegaan.
Buck war voller Freude – er wusste, dass er seiner Berufung folgte.
Buck was vol vreugde—hy het geweet hy antwoord op sy roepstem.
Er rannte neben seinem Waldbruder her, näher an die Quelle des Rufs.
Hy het langs sy bosbroer gehardloop, nader aan die bron van die roep.
Alte Gefühle kehrten zurück, stark und schwer zu ignorieren.
Ou gevoelens het teruggekeer, kragtig en moeilik om te ignoreer.
Dies waren die Wahrheiten hinter den Erinnerungen aus seinen Träumen.
Dit was die waarhede agter die herinneringe uit sy drome.
All dies hatte er schon einmal in einer fernen, schattenhaften Welt getan.
Hy het dit alles al voorheen in 'n verre en skaduryke wêreld gedoen.
Jetzt tat er es wieder und rannte wild herum, während der Himmel über ihm frei war.
Nou het hy dit weer gedoen, wild rondgehardloop met die oop lug daarbo.
Sie hielten an einem Bach an, um aus dem kalten, fließenden Wasser zu trinken.
Hulle het by 'n stroompie stilgehou om van die koue vloeiende water te drink.

Während er trank, erinnerte sich Buck plötzlich an John Thornton.
Terwyl hy gedrink het, het Buck skielik vir John Thornton onthou.
Er saß schweigend da, hin- und hergerissen zwischen der Anziehungskraft der Loyalität und der Berufung.
Hy het in stilte gaan sit, verskeur deur die aantrekkingskrag van lojaliteit en die roeping.
Der Wolf trabte weiter, kam aber zurück, um Buck anzutreiben.
Die wolf het aangedraf, maar het teruggekom om Buck vorentoe te spoor.
Er rümpfte die Nase und versuchte, ihn mit sanften Gesten zu beruhigen.
Hy het aan sy neus gesnuif en probeer om hom met sagte gebare te lok.
Aber Buck drehte sich um und machte sich auf den Rückweg.
Maar Buck het omgedraai en teruggekeer in die pad wat hy gekom het.
Der Wolf lief lange Zeit neben ihm her und winselte leise.
Die wolf het lank langs hom gehardloop en saggies gehuil.
Dann setzte er sich hin, hob die Nase und stieß ein langes Heulen aus.
Toe gaan hy sit, lig sy neus op en laat 'n lang gehuil uit.
Es war ein trauriger Schrei, der leiser wurde, als Buck wegging.
Dit was 'n treurige gehuil, wat sagder geword het toe Buck wegstap.
Buck lauschte, als der Schrei langsam in der Stille des Waldes verklang.
Buck het geluister terwyl die geluid van die gehuil stadig in die woudstilte vervaag het.
John Thornton aß gerade zu Abend, als Buck ins Lager stürmte.
John Thornton was besig om aandete te eet toe Buck die kamp binnestorm.

Buck sprang wild auf ihn zu, leckte, biss und warf ihn um.
Buck het wild op hom gespring, hom gelek, gebyt en omgekeerd.
Er warf ihn um, kletterte darauf und küsste sein Gesicht.
Hy het hom omgestamp, bo-op geklim en hom in die gesig gesoen.
Thornton nannte dies liebevoll „den allgemeinen Narren spielen".
Thornton het dit met liefde "die algemene dwaas speel" genoem.
Die ganze Zeit verfluchte er Buck sanft und schüttelte ihn hin und her.
Die hele tyd het hy Buck saggies gevloek en hom heen en weer geskud.
Zwei ganze Tage und Nächte lang verließ Buck das Lager kein einziges Mal.
Vir twee volle dae en nagte het Buck nooit die kamp verlaat nie.
Er blieb in Thorntons Nähe und ließ ihn nie aus den Augen.
Hy het naby Thornton gebly en hom nooit uit sy sig gelaat nie.
Er folgte ihm bei der Arbeit und beobachtete ihn beim Essen.
Hy het hom gevolg terwyl hy gewerk het en hom dopgehou terwyl hy geëet het.
Er begleitete Thornton abends in seine Decken und jeden Morgen wieder heraus.
Hy het Thornton snags in sy komberse en elke oggend buite gesien.
Doch bald kehrte der Ruf des Waldes zurück, lauter als je zuvor.
Maar gou het die bosroep teruggekeer, harder as ooit tevore.
Buck wurde wieder unruhig, aufgewühlt von Gedanken an den wilden Wolf.
Buck het weer rusteloos geword, geroer deur gedagtes aan die wilde wolf.
Er erinnerte sich an das offene Land und daran, wie sie Seite an Seite gelaufen waren.

Hy het die oop land onthou en die langs mekaar hardloop.
Er begann erneut, allein und wachsam in den Wald zu wandern.
Hy het weer eens die woud in begin dwaal, alleen en waaksaam.
Aber der wilde Bruder kam nicht zurück und das Heulen war nicht zu hören.
Maar die wilde broer het nie teruggekeer nie, en die gehuil is nie gehoor nie.
Buck begann, draußen zu schlafen und blieb tagelang weg.
Buck het buite begin slaap en dae aaneen weggebly.
Einmal überquerte er die hohe Wasserscheide, wo der Bach entsprungen war.
Eenkeer het hy die hoë kloof oorgesteek waar die spruit begin het.
Er betrat das Land des dunklen Waldes und der breiten, fließenden Ströme.
Hy het die land van donker hout en wye vloeiende strome binnegegaan.
Eine Woche lang streifte er umher und suchte nach Spuren seines wilden Bruders.
'n Week lank het hy rondgeswerf, op soek na tekens van die wilde broer.
Er tötete sein eigenes Fleisch und reiste mit langen, unermüdlichen Schritten.
Hy het sy eie vleis doodgemaak en met lang, onvermoeide treë gereis.
Er fischte in einem breiten Fluss, der bis ins Meer reichte, nach Lachs.
Hy het vir salm gevang in 'n wye rivier wat die see bereik het.
Dort kämpfte er gegen einen von Insekten verrückt gewordenen Schwarzbären und tötete ihn.
Daar het hy 'n swart beer geveg en doodgemaak wat deur goggas gek was.
Der Bär war beim Angeln und rannte blind durch die Bäume.

Die beer het visgevang en blindelings deur die bome gehardloop.

Der Kampf war erbittert und weckte Bucks tiefen Kampfgeist.

Die geveg was 'n hewige een, wat Buck se diep veggees wakker gemaak het.

Als Buck zwei Tage später zurückkam, fand er Vielfraße an seiner Beute vor.

Twee dae later het Buck teruggekeer om wolverines by sy prooi te vind.

Ein Dutzend von ihnen stritten sich lautstark und wütend um das Fleisch.

'n Dosyn van hulle het in raserige woede oor die vleis gestry.

Buck griff an und zerstreute sie wie Blätter im Wind.

Buck het aangeval en hulle soos blare in die wind verstrooi.

Zwei Wölfe blieben zurück – still, leblos und für immer regungslos.

Twee wolwe het agtergebly—stil, leweloos en roerloos vir ewig.

Der Blutdurst wurde stärker denn je.

Die dors na bloed het sterker geword as ooit tevore.

Buck war ein Jäger, ein Killer, der sich von Lebewesen ernährte.

Buck was 'n jagter, 'n moordenaar, wat van lewende wesens gevoed het.

Er überlebte allein und verließ sich auf seine Kraft und seine scharfen Sinne.

Hy het alleen oorleef, staatmakende op sy krag en skerp sintuie.

Er gedieh in der Wildnis, wo nur die Zähesten überleben konnten.

Hy het in die natuur gefloreer, waar net die taaistes kon leef.

Daraus erwuchs ein großer Stolz, der Bucks ganzes Wesen erfüllte.

Hieruit het 'n groot trots opgestaan en Buck se hele wese gevul.

Sein Stolz war in jedem seiner Schritte und in der Anspannung jedes einzelnen Muskels zu erkennen.
Sy trots het in elke tree geblyk, in die rimpeling van elke spier.
Sein Stolz war so deutlich wie seine Sprache und spiegelte sich in seiner Haltung wider.
Sy trots was so duidelik soos spraak, gesien in hoe hy homself gedra het.
Sogar sein dickes Fell sah majestätischer aus und glänzte heller.
Selfs sy dik jas het meer majestueus gelyk en helderder geglans.
Man hätte Buck mit einem riesigen Timberwolf verwechseln können.
Buck kon vir 'n reuse-houtwolf aangesien gewees het.
Außer dem Braun an seiner Schnauze und den Flecken über seinen Augen.
Behalwe vir bruin op sy snoet en kolle bo sy oë.
Und der weiße Fellstreifen, der mitten auf seiner Brust verlief.
En die wit streep pels wat teen die middel van sy bors af geloop het.
Er war sogar größer als der größte Wolf dieser wilden Rasse.
Hy was selfs groter as die grootste wolf van daardie wrede ras.
Sein Vater, ein Bernhardiner, verlieh ihm Größe und einen schweren Körperbau.
Sy pa, 'n Sint Bernardus, het hom grootte en swaar lyf gegee.
Seine Mutter, eine Schäferin, formte diesen Körper zu einer wolfsähnlichen Gestalt.
Sy moeder, 'n skaapwagter, het daardie liggaam in 'n wolfagtige vorm gevorm.
Er hatte die lange Schnauze eines Wolfes, war allerdings schwerer und breiter.
Hy het die lang snoet van 'n wolf gehad, alhoewel swaarder en breër.
Sein Kopf war der eines Wolfes, aber von massiver, majestätischer Gestalt.

Sy kop was dié van 'n wolf, maar gebou op 'n massiewe, majestueuse skaal.
Bucks List war die List des Wolfes und der Wildnis.
Buck se listigheid was die listigheid van die wolf en van die wildernis.
Seine Intelligenz hat er sowohl vom Deutschen Schäferhund als auch vom Bernhardiner.
Sy intelligensie het van beide die Duitse Herdershond en die Sint Bernardus gekom.
All dies und harte Erfahrungen machten ihn zu einer furchterregenden Kreatur.
Dit alles, plus harde ervaring, het hom 'n vreesaanjaende wese gemaak.
Er war so furchterregend wie jedes andere Tier, das in der Wildnis des Nordens umherstreifte.
Hy was so gedug soos enige dier wat in die noordelike wildernis rondgeswerf het.
Buck ernährte sich ausschließlich von Fleisch und erreichte den Höhepunkt seiner Kraft.
Buck het slegs van vleis geleef en die volle hoogtepunt van sy krag bereik.
Jede Faser seines Körpers strotzte vor Kraft und männlicher Stärke.
Hy het oorgeloop van krag en manlike krag in elke vesel van hom.
Als Thornton seinen Rücken streichelte, funkelten seine Haare vor Energie.
Toe Thornton oor sy rug streel, het die hare van energie geskitter.
Jedes Haar knisterte, aufgeladen durch die Berührung lebendigen Magnetismus.
Elke haar het gekraak, gelaai met die aanraking van lewende magnetisme.
Sein Körper und sein Gehirn waren auf die höchstmögliche Tonhöhe eingestellt.
Sy liggaam en brein was ingestel op die fynste moontlike toonhoogte.

Jeder Nerv, jede Faser und jeder Muskel arbeitete in perfekter Harmonie.
Elke senuwee, vesel en spier het in perfekte harmonie gewerk.
Auf jedes Geräusch oder jeden Anblick, der eine Aktion erforderte, reagierte er sofort.
Op enige geluid of gesig wat aksie vereis het, het hy onmiddellik gereageer.
Wenn ein Husky zum Angriff ansetzte, konnte Buck doppelt so schnell springen.
As 'n husky sou spring om aan te val, kon Buck twee keer so vinnig spring.
Er reagierte schneller, als andere es sehen oder hören konnten.
Hy het vinniger gereageer as wat ander selfs kon sien of hoor.
Wahrnehmung, Entscheidung und Handlung erfolgten alle in einem fließenden Moment.
Persepsie, besluit en aksie het alles in een vloeiende oomblik gekom.
Tatsächlich geschahen diese Handlungen getrennt voneinander, aber zu schnell, um es zu bemerken.
In werklikheid was hierdie dade afsonderlik, maar te vinnig om op te merk.
Die Abstände zwischen diesen Akten waren so kurz, dass sie wie ein einziger Akt wirkten.
Die gapings tussen hierdie dade was so kort dat hulle soos een gelyk het.
Seine Muskeln und sein Körper waren wie straff gespannte Federn.
Sy spiere en wese was soos styf opgerolde vere.
Sein Körper strotzte vor Leben, wild und freudig in seiner Kraft.
Sy liggaam het gegons van lewe, wild en vreugdevol in sy krag.
Manchmal hatte er das Gefühl, als würde die Kraft völlig aus ihm herausbrechen.
Soms het hy gevoel asof die krag heeltemal uit hom gaan bars.

„So einen Hund hat es noch nie gegeben", sagte Thornton eines ruhigen Tages.
"Nog nooit was daar so 'n hond nie," het Thornton een stil dag gesê.
Die Partner sahen zu, wie Buck stolz aus dem Lager schritt.
Die vennote het gekyk hoe Buck trots uit die kamp stap.
„Als er erschaffen wurde, veränderte er, was ein Hund sein kann", sagte Pete.
"Toe hy gemaak is, het hy verander wat 'n hond kan wees," het Pete gesê.
„Bei Gott! Das glaube ich auch", stimmte Hans schnell zu.
"By Jesus! Ek dink self so," het Hans vinnig ingestem.
Sie sahen ihn abmarschieren, aber nicht die Veränderung, die danach kam.
Hulle het hom sien wegmarsjeer, maar nie die verandering wat daarna gekom het nie.
Sobald er den Wald betrat, verwandelte sich Buck völlig.
Sodra hy die bos binnegegaan het, het Buck heeltemal verander.
Er marschierte nicht mehr, sondern bewegte sich wie ein wilder Geist zwischen den Bäumen.
Hy het nie meer gemarsjeer nie, maar het soos 'n wilde spook tussen bome beweeg.
Er wurde still, katzenpfotenartig, ein Flackern, das durch die Schatten huschte.
Hy het stil geword, katvoetig, 'n flikkering wat deur skaduwees beweeg.
Er nutzte die Deckung geschickt und kroch wie eine Schlange auf dem Bauch.
Hy het dekking met vaardigheid gebruik en soos 'n slang op sy maag gekruip.
Und wie eine Schlange konnte er lautlos nach vorne springen und zuschlagen.
En soos 'n slang kon hy vorentoe spring en in stilte toeslaan.
Er könnte ein Schneehuhn direkt aus seinem versteckten Nest stehlen.
Hy kon 'n sneeuwpop reguit uit sy verborge nes steel.

Er tötete schlafende Kaninchen, ohne ein einziges Geräusch zu machen.
Hy het slapende konyne sonder 'n enkele geluid doodgemaak.
Er konnte Streifenhörnchen mitten in der Luft fangen, wenn sie zu langsam flohen.
Hy kon die eekhorings mid-lug vang aangesien hulle te stadig gevlug het.
Selbst Fische in Teichen konnten seinen plötzlichen Angriffen nicht entkommen.
Selfs visse in poele kon nie sy skielike aanvalle ontsnap nie.
Nicht einmal schlaue Biber, die Dämme reparierten, waren vor ihm sicher.
Nie eens slim bewers wat damme regmaak, was veilig vir hom nie.
Er tötete, um Nahrung zu bekommen, nicht zum Spaß – aber seine eigene Beute gefiel ihm am besten.
Hy het vir kos doodgemaak, nie vir die pret nie — maar hy het die meeste van sy eie moorde gehou.
Dennoch war bei manchen seiner stillen Jagden ein hintergründiger Humor spürbar.
Tog het 'n slinkse humor deur sommige van sy stil jagtogte geloop.
Er schlich sich dicht an Eichhörnchen heran, ließ sie aber dann entkommen.
Hy het naby eekhorings gekruip, net om hulle te laat ontsnap.
Sie wollten in die Bäume fliehen und schnatterten voller Angst und Empörung.
Hulle was op pad na die bome te vlug, terwyl hulle van vreeslike verontwaardiging gebabbel het.
Mit dem Herbst kamen immer mehr Elche.
Soos die herfs aangebreek het, het elande in groter getalle begin verskyn.
Sie zogen langsam in die tiefer gelegenen Täler, um dem Winter entgegenzukommen.
Hulle het stadig die lae valleie ingetrek om die winter tegemoet te gaan.
Buck hatte bereits ein junges, streunendes Kalb erlegt.

Buck het reeds een jong, verdwaalde kalfie laat val.
Doch er sehnte sich danach, einer größeren, gefährlicheren Beute gegenüberzutreten.
Maar hy het verlang om groter, gevaarliker prooi te trotseer.
Eines Tages fand er an der Wasserscheide, an der Quelle des Baches, seine Chance.
Eendag op die kloof, by die bopunt van die spruit, het hy sy kans gevind.
Eine Herde von zwanzig Elchen war aus bewaldeten Gebieten herübergekommen.
'n Trop van twintig elande het van beboste lande oorgesteek.
Unter ihnen war ein mächtiger Stier, der Anführer der Gruppe.
Onder hulle was 'n magtige bul; die leier van die groep.
Der Bulle war über ein Meter achtzig Meter groß und sah grimmig und wild aus.
Die bul het meer as ses voet hoog gestaan en het fel en wild gelyk.
Er warf sein breites Geweih hin und her, dessen vierzehn Enden sich nach außen verzweigten.
Hy het sy wye gewei slinger, veertien punte wat na buite vertak.
Die Spitzen dieser Geweihe hatten einen Durchmesser von sieben Fuß.
Die punte van daardie gewei het sewe voet breed gestrek.
Seine kleinen Augen brannten vor Wut, als er Buck in der Nähe entdeckte.
Sy klein ogies het van woede gebrand toe hy Buck naby gewaar het.
Er stieß ein wütendes Brüllen aus und zitterte vor Wut und Schmerz.
Hy het 'n woedende gebrul uitgestoot, bewerig van woede en pyn.
Nahe seiner Flanke ragte eine gefiederte und scharfe Pfeilspitze hervor.
'n Pylpunt het naby sy flank uitgesteek, geveerd en skerp.

Diese Wunde trug dazu bei, seine wilde, verbitterte Stimmung zu erklären.
Hierdie wond het gehelp om sy wrede, bittere bui te verklaar.
Buck, geleitet von seinem uralten Jagdinstinkt, machte seinen Zug.
Buck, gelei deur antieke jaginstink, het sy skuif gemaak.
Sein Ziel war es, den Bullen vom Rest der Herde zu trennen.
Hy het ten doel gehad om die bul van die res van die kudde te skei.
Dies war keine leichte Aufgabe – es erforderte Schnelligkeit und messerscharfe List.
Dit was geen maklike taak nie — dit het spoed en vurige sluheid geverg.
Er bellte und tanzte in der Nähe des Stiers, gerade außerhalb seiner Reichweite.
Hy het geblaf en gedans naby die bul, net buite bereik.
Der Elch stürzte sich mit riesigen Hufen und tödlichem Geweih auf ihn.
Die eland het met groot hoewe en dodelike gewei geskiet.
Ein Schlag hätte Bucks Leben im Handumdrehen beenden können.
Een hou kon Buck se lewe in 'n oogwink beëindig het.
Der Stier konnte die Bedrohung nicht hinter sich lassen und wurde wütend.
Omdat hy die bedreiging nie kon agterlaat nie, het die bul woedend geword.
Er stürmte wütend auf ihn zu, doch Buck entkam ihm jedes Mal.
Hy het woedend aangeval, maar Buck het altyd weggeglip.
Buck täuschte Schwäche vor und lockte ihn weiter von der Herde weg.
Buck het swakheid geveins en hom verder van die trop af gelok.
Doch die jungen Bullen wollten zurückstürmen, um den Anführer zu beschützen.
Maar jong bulle sou terugstorm om die leier te beskerm.

Sie zwangen Buck zum Rückzug und den Bullen, sich wieder der Gruppe anzuschließen.

Hulle het Buck gedwing om terug te trek en die bul om weer by die groep aan te sluit.

In der Wildnis herrscht eine tiefe und unaufhaltsame Geduld.

Daar is 'n geduld in die wildernis, diep en onstuitbaar.

Eine Spinne wartet unzählige Stunden bewegungslos in ihrem Netz.

'n Spinnekop wag vir tallose ure bewegingloos in sy web.

Eine Schlange rollt sich ohne zu zucken zusammen und wartet, bis es Zeit ist.

'n Slang kronkel sonder om te ruk, en wag totdat dit tyd is.

Ein Panther liegt auf der Lauer, bis der Moment gekommen ist.

'n Panter lê in 'n hinderlaag, totdat die oomblik aanbreek.

Dies ist die Geduld von Raubtieren, die jagen, um zu überleben.

Dit is die geduld van roofdiere wat jag om te oorleef.

Dieselbe Geduld brannte in Buck, als er in seiner Nähe blieb.

Dieselfde geduld het binne Buck gebrand terwyl hy naby gebly het.

Er blieb in der Nähe der Herde, verlangsamte ihren Marsch und schürte Angst.

Hy het naby die trop gebly, hul mars vertraag en vrees gesaai.

Er ärgerte die jungen Bullen und schikanierte die Mutterkühe.

Hy het die jong bulle geterg en die moederkoeie geteister.

Er trieb den verwundeten Stier in eine noch tiefere, hilflose Wut.

Hy het die gewonde bul in 'n dieper, hulpelose woede gedryf.

Einen halben Tag lang zog sich der Kampf ohne Pause hin.

Vir 'n halwe dag het die geveg sonder enige rus aangehou.

Buck griff aus jedem Winkel an, schnell und wild wie der Wind.

Buck het van elke hoek af aangeval, vinnig en fel soos wind.

Er hinderte den Stier daran, sich auszuruhen oder sich bei seiner Herde zu verstecken.
Hy het gekeer dat die bul saam met sy trop rus of wegkruip.
Buck zermürbte den Willen des Elchs schneller als seinen Körper.
Bok het die eland se wilskrag vinniger as sy lyf uitgeput.
Der Tag verging und die Sonne sank tief am nordwestlichen Himmel.
Die dag het verbygegaan en die son het laag in die noordwestelike lug gesak.
Die jungen Bullen kehrten langsamer zurück, um ihrem Anführer zu helfen.
Die jong bulle het stadiger teruggekeer om hul leier te help.
Die Herbstnächte waren zurückgekehrt und die Dunkelheit dauerte nun sechs Stunden.
Herfsnagte het teruggekeer, en die donkerte het nou ses uur geduur.
Der Winter drängte sie bergab in sicherere, wärmere Täler.
Die winter het hulle afdraand na veiliger, warmer valleie gedruk.
Aber sie konnten dem Jäger, der sie zurückhielt, immer noch nicht entkommen.
Maar steeds kon hulle nie ontsnap aan die jagter wat hulle teruggehou het nie.
Es stand nur ein Leben auf dem Spiel – nicht das der Herde, sondern nur das ihres Anführers.
Slegs een lewe was op die spel — nie die kudde s'n nie, net hul leier s'n.
Dadurch wurde die Bedrohung in weite Ferne gerückt und ihre dringende Sorge wurde aufgehoben.
Dit het die bedreiging ver verwyderd gemaak en nie hul dringende bekommernis nie.
Mit der Zeit akzeptierten sie diesen Preis und überließen Buck die Übernahme des alten Bullen.
Mettertyd het hulle hierdie koste aanvaar en Buck die ou bul laat neem.

Als die Dämmerung hereinbrach, stand der alte Bulle mit gesenktem Kopf da.
Toe die skemer inval, het die ou bul met sy kop na onder gestaan.
Er sah zu, wie die Herde, die er geführt hatte, im schwindenden Licht verschwand.
Hy het gekyk hoe die kudde wat hy gelei het, in die dowwe lig verdwyn.
Es gab Kühe, die er gekannt hatte, Kälber, deren Vater er einst gewesen war.
Daar was koeie wat hy geken het, kalwers wat hy eens op 'n tyd die vader van was.
Es gab jüngere Bullen, gegen die er in vergangenen Saisons gekämpft und die er beherrscht hatte.
Daar was jonger bulle teen wie hy in vorige seisoene geveg en regeer het.
Er konnte ihnen nicht folgen, denn vor ihm kauerte Buck wieder.
Hy kon hulle nie volg nie – want voor hom het Buck weer gehurk.
Der gnadenlose Schrecken mit den Reißzähnen versperrte ihm jeden Weg.
Die genadelose, slagtande vrees het elke pad wat hy kon neem, versper.
Der Bulle brachte mehr als drei Zentner geballte Kraft auf die Waage.
Die bul het meer as drie honderd gewig digte krag geweeg.
Er hatte ein langes Leben geführt und in einer Welt voller Kämpfe hart gekämpft.
Hy het lank geleef en hard geveg in 'n wêreld van stryd.
Doch nun, am Ende, kam der Tod von einem Tier, das weit unter ihm stand.
Tog, nou, aan die einde, het die dood gekom van 'n dier ver onder hom.
Bucks Kopf erreichte nicht einmal die riesigen, mit Knöcheln besetzten Knie des Bullen.

Buck se kop het nie eers tot by die bul se enorme, gekneukelde knieë gekom nie.

Von diesem Moment an blieb Buck Tag und Nacht bei dem Bullen.

Van daardie oomblik af het Buck dag en nag by die bul gebly.

Er gönnte ihm keine Ruhe, erlaubte ihm nie zu grasen oder zu trinken.

Hy het hom nooit rus gegee nie, hom nooit toegelaat om te wei of te drink nie.

Der Stier versuchte, junge Birkentriebe und Weidenblätter zu fressen.

Die bul het probeer om jong berkspruite en wilgerblare te eet.

Aber Buck verjagte ihn, immer wachsam und immer angreifend.

Maar Buck het hom weggedryf, altyd waaksaam en altyd aanvallend.

Sogar an plätschernden Bächen blockte Buck jeden durstigen Versuch ab.

Selfs by kabbelende strome het Buck elke dorstige poging geblokkeer.

Manchmal floh der Stier aus Verzweiflung mit voller Geschwindigkeit.

Soms, uit desperaatheid, het die bul teen volle spoed gevlug.

Buck ließ ihn laufen und lief ruhig direkt hinter ihm her, nie weit entfernt.

Buck het hom laat hardloop, kalm net agter hom aan gedraf, nooit ver weg nie.

Als der Elch innehielt, legte sich Buck hin, blieb aber bereit.

Toe die eland stilstaan, het Buck gaan lê, maar gereed gebly.

Wenn der Bulle versuchte zu fressen oder zu trinken, schlug Buck mit voller Wut zu.

As die bul probeer eet of drink, het Buck met volle woede toegeslaan.

Der große Kopf des Stiers sank tiefer unter sein gewaltiges Geweih.

Die bul se groot kop het laer onder sy ontsaglike gewei gehang.

Sein Tempo verlangsamte sich, der Trab wurde schwerfällig, ein stolpernder Schritt.
Sy pas het stadiger geword, die draf het swaar geword; 'n struikelende stap.

Er stand oft still mit hängenden Ohren und der Nase am Boden.
Hy het dikwels stilgestaan met hangende ore en neus teen die grond.

In diesen Momenten nahm sich Buck Zeit zum Trinken und Ausruhen.
Gedurende daardie oomblikke het Buck tyd geneem om te drink en te rus.

Mit heraushängender Zunge und starrem Blick spürte Buck, wie sich das Land veränderte.
Met sy tong uit, sy oë stip, het Buck aangevoel dat die land besig was om te verander.

Er spürte, wie sich etwas Neues durch den Wald und den Himmel bewegte.
Hy het iets nuuts deur die woud en die lug gevoel beweeg.

Mit der Rückkehr der Elche kehrten auch andere Wildtiere zurück.
Soos die elande teruggekeer het, het ander diere van die wilde diere ook gedoen.

Das Land fühlte sich lebendig an, mit einer Präsenz, die man nicht sieht, aber deutlich wahrnimmt.
Die land het lewendig met teenwoordigheid gevoel, ongesiens maar sterk bekend.

Buck wusste dies weder am Geräusch, noch am Anblick oder am Geruch.
Dit was nie deur klank, sig of reuk dat Buck dit geweet het nie.

Ein tieferes Gefühl sagte ihm, dass neue Kräfte im Gange waren.
'n Dieper gevoel het hom gesê dat nuwe kragte aan die beweeg was.

In den Wäldern und entlang der Bäche herrschte seltsames Leben.
Vreemde lewe het deur die woude en langs die strome geroer.

Er beschloss, diesen Geist zu erforschen, nachdem die Jagd beendet war.
Hy het besluit om hierdie gees te verken nadat die jag voltooi was.

Am vierten Tag erlegte Buck endlich den Elch.
Op die vierde dag het Buck uiteindelik die eland neergehaal.

Er blieb einen ganzen Tag und eine ganze Nacht bei der Beute, fraß und ruhte sich aus.
Hy het 'n volle dag en nag by die prooi gebly, geëet en gerus.

Er aß, schlief dann und aß dann wieder, bis er stark und satt war.
Hy het geëet, toe geslaap, toe weer geëet, totdat hy sterk en versadig was.

Als er fertig war, kehrte er zum Lager und nach Thornton zurück.
Toe hy gereed was, het hy teruggedraai na die kamp en Thornton.

Mit gleichmäßigem Tempo begann er die lange Heimreise.
Met 'n bestendige pas het hy die lang terugreis huis toe begin.

Er rannte in seinem unermüdlichen Galopp Stunde um Stunde, ohne auch nur ein einziges Mal vom Weg abzukommen.
Hy het uur na uur onvermoeid gehardloop, sonder om ooit te dwaal.

Durch unbekannte Länder bewegte er sich schnurgerade wie eine Kompassnadel.
Deur onbekende lande het hy so reguit soos 'n kompasnaald beweeg.

Sein Orientierungssinn ließ Mensch und Karte im Vergleich schwach erscheinen.
Sy rigtingsin het mens en kaart in vergelyking swak laat lyk.

Während Buck rannte, spürte er die Bewegung in der Wildnis stärker.
Terwyl Buck gehardloop het, het hy die beroering in die wildernis sterker gevoel.

Es war eine neue Art zu leben, anders als in den ruhigen Sommermonaten.

Dit was 'n nuwe soort lewe, anders as dié van die kalm somermaande.

Dieses Gefühl kam nicht länger als subtile oder entfernte Botschaft.

Hierdie gevoel het nie meer as 'n subtiele of verre boodskap gekom nie.

Nun sprachen die Vögel von diesem Leben und Eichhörnchen plapperten darüber.

Nou het die voëls van hierdie lewe gepraat, en eekhorings het daaroor gekwetter.

Sogar die Brise flüsterte Warnungen durch die stillen Bäume.

Selfs die briesie fluister waarskuwings deur die stil bome.

Mehrmals blieb er stehen und schnupperte die frische Morgenluft.

Verskeie kere het hy stilgehou en die vars oggendlug gesnuif.

Dort las er eine Nachricht, die ihn schneller nach vorne springen ließ.

Hy het daar 'n boodskap gelees wat hom vinniger vorentoe laat spring het.

Ein starkes Gefühl der Gefahr erfüllte ihn, als wäre etwas schiefgelaufen.

'n Swaar gevoel van gevaar het hom gevul, asof iets verkeerd geloop het.

Er befürchtete, dass ein Unglück bevorstünde – oder bereits eingetreten war.

Hy het gevrees dat rampspoed sou kom — of reeds gekom het.

Er überquerte den letzten Bergrücken und betrat das darunterliegende Tal.

Hy het die laaste rant oorgesteek en die vallei onder binnegegaan.

Er bewegte sich langsamer und war bei jedem Schritt aufmerksamer und vorsichtiger.

Hy het stadiger, waaksaam en versigtiger met elke tree beweeg.

Drei Meilen weiter fand er eine frische Spur, die ihn erstarren ließ.

Drie myl verder het hy 'n vars spoor gevind wat hom laat styf word het.

Die Haare in seinem Nacken stellten sich auf und sträubten sich vor Schreck.

Die hare langs sy nek het geriffel en geborsel van ontsteltenis.

Die Spur führte direkt zum Lager, wo Thornton wartete.

Die paadjie het reguit na die kamp gelei waar Thornton gewag het.

Buck bewegte sich jetzt schneller, seine Schritte waren lautlos und schnell zugleich.

Buck beweeg nou vinniger, sy treë beide stil en vinnig.

Seine Nerven lagen blank, als er Zeichen las, die andere übersehen würden.

Sy senuwees het saamgetrek toe hy tekens lees wat ander gaan mis.

Jedes Detail der Spur erzählte eine Geschichte – außer dem letzten Stück.

Elke detail in die roete het 'n storie vertel—behalwe die laaste stuk.

Seine Nase erzählte ihm von dem Leben, das hier vorbeigezogen war.

Sy neus het hom vertel van die lewe wat so verbygegaan het.

Der Duft vermittelte ihm ein wechselndes Bild, als er dicht hinter ihm folgte.

Die reuk het hom 'n veranderende prentjie gegee terwyl hy kort agter hom gevolg het.

Doch im Wald selbst war es still geworden, unnatürlich still.

Maar die woud self het stil geword; onnatuurlik stil.

Die Vögel waren verschwunden, die Eichhörnchen hatten sich versteckt, waren still und ruhig.

Voëls het verdwyn, eekhorings was weggesteek, stil en stil.

Er sah nur ein einziges Grauhörnchen, das flach auf einem toten Baum lag.

Hy het net een grys eekhoring gesien, plat op 'n dooie boom.

Das Eichhörnchen fügte sich steif und reglos in den Wald ein.

Die eekhoring het ingemeng, styf en bewegingloos soos 'n deel van die woud.

Buck bewegte sich wie ein Schatten, lautlos und sicher durch die Bäume.

Buck het soos 'n skaduwee beweeg, stil en seker deur die bome.

Seine Nase zuckte zur Seite, als würde sie von einer unsichtbaren Hand gezogen.

Sy neus het sywaarts geruk asof dit deur 'n onsigbare hand getrek is.

Er drehte sich um und folgte der neuen Spur tief in ein Dickicht hinein.

Hy het omgedraai en die nuwe reuk diep in 'n ruigte gevolg.

Dort fand er Nig tot daliegend, von einem Pfeil durchbohrt.

Daar het hy Nig gevind, dood lêend, deurboor deur 'n pyl.

Der Schaft durchdrang seinen Körper, die Federn waren noch zu sehen.

Die skag het deur sy lyf gegaan, vere steeds sigbaar.

Nig hatte sich dorthin geschleppt, war jedoch gestorben, bevor er Hilfe erreichen konnte.

Nig het homself daarheen gesleep, maar is dood voordat hy hulp kon kry.

Hundert Meter weiter fand Buck einen weiteren Schlittenhund.

'n Honderd meter verder het Buck nog 'n sleehond gevind.

Es war ein Hund, den Thornton in Dawson City gekauft hatte.

Dit was 'n hond wat Thornton in Dawson City gekoop het.

Der Hund befand sich in einem tödlichen Kampf und schlug heftig auf dem Weg um sich.

Die hond was in 'n doodstryd, hard aan die haal op die paadjie.

Buck ging um ihn herum, blieb nicht stehen und richtete den Blick nach vorne.

Buck het om hom verbygegaan, sonder om te stop, sy oë voor hom gevestig.

Aus Richtung des Lagers ertönte in der Ferne ein rhythmischer Gesang.
Uit die rigting van die kamp het 'n verafgeleë, ritmiese gesang gekom.

Die Stimmen schwoll in einem seltsamen, unheimlichen Singsangton an und ab.
Stemme het opgestaan en geval in 'n vreemde, grillerige, singende toon.

Buck kroch schweigend zum Rand der Lichtung.
Buck het in stilte vorentoe na die rand van die oopte gekruip.

Dort sah er Hans mit dem Gesicht nach unten liegen, von vielen Pfeilen durchbohrt.
Daar het hy Hans sien lê met sy gesig na onder, deurboor met baie pyle.

Sein Körper sah aus wie der eines Stachelschweins und war mit gefiederten Schäften bestückt.
Sy liggaam het gelyk soos 'n ystervark, besaai met geveerde skagte.

Im selben Moment blickte Buck in Richtung der zerstörten Hütte.
Op dieselfde oomblik het Buck na die verwoeste lodge gekyk.

Bei diesem Anblick stellten sich ihm die Nacken- und Schulterhaare auf.
Die gesig het die hare op sy nek en skouers styf laat rys.

Ein Sturm wilder Wut durchfuhr Bucks ganzen Körper.
'n Storm van wilde woede het deur Buck se hele liggaam gespoel.

Er knurrte laut, obwohl er nicht wusste, dass er es getan hatte.
Hy het hardop gegrom, hoewel hy nie geweet het dat hy dit wel gedoen het nie.

Der Klang war rau, erfüllt von furchterregender, wilder Wut.
Die geluid was rou, gevul met skrikwekkende, wrede woede.

Zum letzten Mal in seinem Leben verlor Buck den Verstand und die Gefühle.
Vir die laaste keer in sy lewe het Buck rede verloor teenoor emosie.

Es war die Liebe zu John Thornton, die seine sorgfältige Kontrolle brach.
Dit was liefde vir John Thornton wat sy noukeurige beheer verbreek het.
Die Yeehats tanzten um die zerstörte Fichtenhütte.
Die Yeehats het rondom die verwoeste sparrehuisie gedans.
Dann ertönte ein Brüllen – und ein unbekanntes Tier stürmte auf sie zu.
Toe kom daar 'n gebrul — en 'n onbekende dier storm op hulle af.
Es war Buck, eine aufbrausende Furie, ein lebendiger Sturm der Rache.
Dit was Buck; 'n woede in beweging; 'n lewende storm van wraak.
Wahnsinnig vor Tötungsdrang stürzte er sich mitten unter sie.
Hy het homself in hulle midde gewerp, waansinnig van die begeerte om dood te maak.
Er sprang auf den ersten Mann, den Yeehat-Häuptling, und traf zielsicher.
Hy het op die eerste man, die Yeehat-hoof, gespring en waar getref.
Seine Kehle war aufgerissen und Blut spritzte in einem Strom.
Sy keel was oopgeskeur, en bloed het in 'n stroom gespuit.
Buck blieb nicht stehen, sondern riss dem nächsten Mann mit einem Sprung die Kehle durch.
Buck het nie gestop nie, maar het die volgende man se keel met een sprong geskeur.
Er war nicht aufzuhalten – er riss, schlug und machte nie eine Pause, um sich auszuruhen.
Hy was onstuitbaar — geskeur, gekap, nooit stilgehou om te rus nie.
Er schoss und sprang so schnell, dass ihre Pfeile ihn nicht treffen konnten.
Hy het so vinnig geskiet en gespring dat hulle pyle hom nie kon raak nie.

Die Yeehats waren in ihrer eigenen Panik und Verwirrung gefangen.
Die Yeehats was vasgevang in hul eie paniek en verwarring.
Ihre Pfeile verfehlten Buck und trafen stattdessen einander.
Hul pyle het Buck gemis en mekaar eerder getref.
Ein Jugendlicher warf einen Speer nach Buck und traf einen anderen Mann.
Een jongman het 'n spies na Buck gegooi en 'n ander man getref.
Der Speer durchbohrte seine Brust und die Spitze durchbohrte seinen Rücken.
Die spies het deur sy bors gesteek, die punt het sy rug uitgeslaan.
Die Yeehats wurden von Panik erfasst und zogen sich umgehend zurück.
Skrik het oor die Yeehats gevee, en hulle het ten volle teruggeval.
Sie schrien vor dem bösen Geist und flohen in die Schatten des Waldes.
Hulle het van die Bose Gees geskree en in die skaduwees van die woud gevlug.
Buck war wirklich wie ein Dämon, als er die Yeehats jagte.
Waarlik, Buck was soos 'n demoon terwyl hy die Yeehats agterna gesit het.
Er raste hinter ihnen durch den Wald her und erlegte sie wie Rehe.
Hy het agter hulle aangeruk deur die bos en hulle soos takbokke neergehaal.
Für die verängstigten Yeehats wurde es ein Tag des Schicksals und des Terrors.
Dit het 'n dag van noodlot en vrees geword vir die verskrikte Yeehats.
Sie zerstreuten sich über das Land und flohen in alle Richtungen.
Hulle het oor die land versprei en in alle rigtings gevlug.
Eine ganze Woche verging, bevor sich die letzten Überlebenden in einem Tal trafen.

'n Volle week het verbygegaan voordat die laaste oorlewendes mekaar in 'n vallei ontmoet het.
Erst dann zählten sie ihre Verluste und sprachen über das Geschehene.
Eers toe het hulle hul verliese getel en gepraat oor wat gebeur het.
Nachdem Buck die Jagd satt hatte, kehrte er zum zerstörten Lager zurück.
Nadat Buck moeg geword het van die jaagtog, het hy na die verwoeste kamp teruggekeer.
Er fand Pete, noch in seine Decken gehüllt, getötet beim ersten Angriff.
Hy het Pete, steeds in sy komberse, in die eerste aanval dood gevind.
Spuren von Thorntons letztem Kampf waren im Dreck in der Nähe zu sehen.
Tekens van Thornton se laaste stryd was in die grond naby.
Buck folgte jeder Spur und erschnüffelte jede Markierung bis zum letzten Punkt.
Buck het elke spoor gevolg en aan elke merk tot by 'n finale punt geruik.
Am Rand eines tiefen Teichs fand er den treuen Skeet, der still dalag.
Aan die rand van 'n diep poel het hy die getroue Skeet gevind, stil lêend.
Skeets Kopf und Vorderpfoten lagen regungslos im Wasser, er lag tot da.
Skeet se kop en voorpote was in die water, roerloos in die dood.
Der Teich war schlammig und durch das Abwasser aus den Schleusenkästen verunreinigt.
Die swembad was modderig en besmet met afloop van die sluiskaste.
Seine trübe Oberfläche verbarg, was darunter lag, aber Buck kannte die Wahrheit.
Sy bewolkte oppervlak het verberg wat onder lê, maar Buck het die waarheid geken.

Er folgte Thorntons Spur bis in den Pool – doch die Spur führte nirgendwo anders hin.
Hy het Thornton se reuk in die poel opgespoor — maar die reuk het nêrens anders gelei nie.

Es gab keinen Geruch, der hinausführte – nur die Stille des tiefen Wassers.
Daar was geen geur wat uitlei nie — net die stilte van diep water.

Den ganzen Tag blieb Buck in der Nähe des Teichs und ging voller Trauer im Lager auf und ab.
Die hele dag het Buck naby die poel gebly en bedroef deur die kamp geloop.

Er wanderte ruhelos umher oder saß regungslos da, in tiefe Gedanken versunken.
Hy het rusteloos rondgedwaal of stil gesit, verlore in swaar gedagtes.

Er kannte den Tod, das Ende des Lebens, das Verschwinden aller Bewegung.
Hy het die dood geken; die einde van die lewe; die verdwyning van alle beweging.

Er verstand, dass John Thornton weg war und nie wieder zurückkehren würde.
Hy het verstaan dat John Thornton weg was, om nooit terug te keer nie.

Der Verlust hinterließ eine Leere in ihm, die wie Hunger pochte.
Die verlies het 'n leë ruimte in hom gelaat wat soos honger geklop het.

Doch dieser Hunger konnte durch Essen nicht gestillt werden, egal, wie viel er aß.
Maar hierdie was 'n honger wat kos nie kon stil nie, maak nie saak hoeveel hy geëet het nie.

Manchmal, wenn er die toten Yeehats ansah, ließ der Schmerz nach.
Soms, terwyl hy na die dooie Yeehats gekyk het, het die pyn vervaag.

Und dann stieg ein seltsamer Stolz in ihm auf, wild und vollkommen.
En toe het 'n vreemde trots binne hom opgestaan, fel en volkome.

Er hatte den Menschen getötet, das höchste und gefährlichste Wild von allen.
Hy het die mens doodgemaak, die hoogste en gevaarlikste spel van almal.

Er hatte unter Missachtung des alten Gesetzes von Keule und Reißzahn getötet.
Hy het doodgemaak in stryd met die antieke wet van knuppel en slagtand.

Buck schnüffelte neugierig und nachdenklich an ihren leblosen Körpern.
Buck het aan hulle lewelose liggame geruik, nuuskierig en bedagsaam.

Sie waren so leicht gestorben – viel leichter als ein Husky in einem Kampf.
Hulle het so maklik gesterf—baie makliker as 'n husky in 'n geveg.

Ohne ihre Waffen waren sie weder wirklich stark noch stellten sie eine Bedrohung dar.
Sonder hul wapens het hulle geen ware krag of bedreiging gehad nie.

Buck würde sie nie wieder fürchten, es sei denn, sie wären bewaffnet.
Buck sou hulle nooit weer vrees nie, tensy hulle gewapen was.

Nur wenn sie Keulen, Speere oder Pfeile trugen, war er vorsichtig.
Slegs wanneer hulle knuppels, spiese of pyle gedra het, sou hy versigtig wees.

Die Nacht brach herein und ein Vollmond stieg hoch über die Baumwipfel.
Die nag het geval, en 'n volmaan het hoog bo die toppe van die bome uitgestyg.

Das blasse Licht des Mondes tauchte das Land in einen sanften, geisterhaften Schein wie am Tag.
Die maan se vae lig het die land in 'n sagte, spookagtige gloed soos dag gebad.
Als die Nacht hereinbrach, trauerte Buck noch immer am stillen Teich.
Terwyl die nag verdiep het, het Buck steeds langs die stil poel getreur.
Dann bemerkte er eine andere Regung im Wald.
Toe word hy bewus van 'n ander roering in die woud.
Die Aufregung kam nicht von den Yeehats, sondern von etwas Älterem und Tieferem.
Die roering was nie van die Yeehats nie, maar van iets ouer en dieper.
Er stand auf, spitzte die Ohren und prüfte vorsichtig mit der Nase die Brise.
Hy het opgestaan, ore opgelig, sy neus het die briesie versigtig getoets.
Aus der Ferne ertönte ein schwacher, scharfer Aufschrei, der die Stille durchbrach.
Van ver af kom 'n dowwe, skerp gegil wat die stilte deurboor.
Dann folgte dicht auf den ersten ein Chor ähnlicher Schreie.
Toe het 'n koor van soortgelyke uitroepe kort agter die eerste gevolg.
Das Geräusch kam näher und wurde mit jedem Augenblick lauter.
Die geluid het nader gekom, harder met elke oomblik wat verbygaan.
Buck kannte diesen Schrei – er kam aus dieser anderen Welt in seiner Erinnerung.
Buck het hierdie uitroep geken—dit het uit daardie ander wêreld in sy geheue gekom.
Er ging in die Mitte des offenen Platzes und lauschte aufmerksam.
Hy het na die middel van die oop ruimte gestap en aandagtig geluister.
Der Ruf ertönte vielstimmig und kraftvoller denn je.

Die oproep het weerklink, veelgehoord en kragtiger as ooit tevore.
Und jetzt war Buck mehr denn je bereit, seiner Berufung zu folgen.
En nou, meer as ooit tevore, was Buck gereed om sy roeping te beantwoord.
John Thornton war tot und hatte keine Bindung mehr an die Menschheit.
John Thornton was dood, en geen band met die mens het in hom oorgebly nie.
Der Mensch und alle menschlichen Ansprüche waren verschwunden – er war endlich frei.
Die mens en alle menslike eise was weg — hy was uiteindelik vry.
Das Wolfsrudel jagte Fleisch, wie es einst die Yeehats getan hatten.
Die wolftrop het vleis gejaag soos die Yeehats eens op 'n tyd gedoen het.
Sie waren Elchen aus den Waldgebieten gefolgt.
Hulle het elande van die beboste lande af gevolg.
Nun überquerten sie, wild und hungrig nach Beute, sein Tal.
Nou, wild en honger na prooi, het hulle sy vallei oorgesteek.
Sie kamen auf die mondbeschienene Lichtung und flossen wie silbernes Wasser.
In die maanverligte oopte het hulle gekom, vloeiend soos silwer water.
Buck stand regungslos in der Mitte und wartete auf sie.
Buck het bewegingloos in die middel gestaan en vir hulle gewag.
Seine ruhige, große Präsenz versetzte das Rudel in Erstaunen und ließ es kurz verstummen.
Sy kalm, groot teenwoordigheid het die trop tot 'n kort stilte verstom.
Dann sprang der kühnste Wolf ohne zu zögern direkt auf ihn zu.
Toe spring die dapperste wolf sonder aarseling reguit op hom af.

Buck schlug schnell zu und brach dem Wolf mit einem einzigen Schlag das Genick.
Buck het vinnig toegeslaan en die wolf se nek in 'n enkele hou gebreek.
Er stand wieder regungslos da, während der sterbende Wolf sich hinter ihm wand.
Hy het weer bewegingloos gestaan terwyl die sterwende wolf agter hom gedraai het.
Drei weitere Wölfe griffen schnell nacheinander an.
Drie verdere wolwe het vinnig aangeval, een na die ander.
Jeder von ihnen zog sich blutend zurück, die Kehle oder die Schultern waren aufgeschlitzt.
Elkeen het bloeiend teruggedeins, hul kele of skouers afgesny.
Das reichte aus, um das ganze Rudel zu einem wilden Angriff zu provozieren.
Dit was genoeg om die hele trop in 'n wilde stormloop te laat beland.
Sie stürmten gemeinsam hinein, waren zu eifrig und zu dicht gedrängt, um einen guten Schlag zu erzielen.
Hulle het saam ingestorm, te gretig en te druk om goed toe te slaan.
Dank seiner Schnelligkeit und Geschicklichkeit war Buck in der Lage, dem Angriff immer einen Schritt voraus zu sein.
Buck se spoed en vaardigheid het hom toegelaat om voor die aanval te bly.
Er drehte sich auf seinen Hinterbeinen und schnappte und schlug in alle Richtungen.
Hy het op sy agterpote gedraai, geknap en in alle rigtings geslaan.
Für die Wölfe schien es, als ob seine Verteidigung nie geöffnet oder ins Wanken geraten wäre.
Vir die wolwe het dit gelyk asof sy verdediging nooit oopgemaak of gestruikel het nie.
Er drehte sich um und schlug so schnell zu, dass sie nicht hinter ihn gelangen konnten.
Hy het omgedraai en so vinnig gekap dat hulle nie agter hom kon kom nie.

Dennoch zwang ihn ihre Übermacht zum Nachgeben und Zurückweichen.
Nietemin het hul getalle hom gedwing om terrein te gee en terug te deins.
Er ging am Teich vorbei und hinunter in das steinige Bachbett.
Hy het verby die poel en af in die rotsagtige spruitbedding beweeg.
Dort stieß er auf eine steile Böschung aus Kies und Erde.
Daar het hy teen 'n steil wal van gruis en grond afgekom.
Er ist bei den alten Grabungen der Bergleute in einen Eckeinschnitt geraten.
Hy het in 'n hoek vasgeval wat tydens die mynwerkers se ou grawery gesny is.
Jetzt war Buck von drei Seiten geschützt und stand nur noch dem vorderen Wolf gegenüber.
Nou, beskerm aan drie kante, het Buck net die voorste wolf in die gesig gestaar.
Dort stand er in der Enge, bereit für die nächste Angriffswelle.
Daar het hy op 'n afstand gestaan, gereed vir die volgende vlaag aanvalle.
Buck blieb so hartnäckig standhaft, dass die Wölfe zurückwichen.
Buck het so fel standgehou dat die wolwe teruggedeins het.
Nach einer halben Stunde waren sie erschöpft und sichtlich besiegt.
Na 'n halfuur was hulle uitgeput en sigbaar verslaan.
Ihre Zungen hingen heraus, ihre weißen Reißzähne glänzten im Mondlicht.
Hul tonge het uitgehang, hul wit slagtande het in die maanlig geglim.
Einige Wölfe legten sich mit erhobenem Kopf hin und spitzten die Ohren in Richtung Buck.
'n Paar wolwe het gaan lê, koppe opgelig, ore gespits na Buck toe.

Andere standen still, waren wachsam und beobachteten jede seiner Bewegungen.
Ander het stilgestaan, waaksaam en elke beweging van hom dopgehou.
Einige gingen zum Pool und schlürften kaltes Wasser.
'n Paar het na die swembad gedrink en koue water gedrink.
Dann schlich ein großer, schlanker grauer Wolf sanft heran.
Toe kruip een lang, maer grys wolf saggies vorentoe.
Buck erkannte ihn – es war der wilde Bruder von vorhin.
Buck het hom herken — dit was die wilde broer van voorheen.
Der graue Wolf winselte leise und Buck antwortete mit einem Winseln.
Die grys wolf het saggies gehuil, en Buck het met 'n gehuil geantwoord.
Sie berührten ihre Nasen, leise und ohne Drohung oder Angst.
Hulle het neuse aangeraak, stilweg en sonder dreigement of vrees.
Als nächstes kam ein älterer Wolf, hager und von vielen Kämpfen gezeichnet.
Volgende kom 'n ouer wolf, maer en geskend van baie gevegte.
Buck wollte knurren, hielt aber inne und schnüffelte an der Nase des alten Wolfes.
Buck het begin grom, maar het gepouseer en aan die ou wolf se neus gesnuif.
Der Alte setzte sich, hob die Nase und heulte den Mond an.
Die ou een het gaan sit, sy neus opgelig en na die maan gehuil.
Der Rest des Rudels setzte sich und stimmte in das langgezogene Heulen ein.
Die res van die trop het gaan sit en aan die lang gehuil deelgeneem.
Und nun ertönte der Ruf an Buck, unmissverständlich und stark.
En nou het die oproep na Buck gekom, onmiskenbaar en sterk.
Er setzte sich, hob den Kopf und heulte mit den anderen.
Hy het gaan sit, sy kop opgelig en saam met die ander gehuil.

Als das Heulen aufhörte, trat Buck aus seinem felsigen Unterschlupf.
Toe die gehuil eindig, het Buck uit sy rotsagtige skuiling gestap.
Das Rudel umringte ihn und beschnüffelte ihn zugleich freundlich und vorsichtig.
Die trop het om hom gesluit en vriendelik en versigtig gesnuif.
Dann stießen die Anführer einen lauten Schrei aus und rannten in den Wald.
Toe het die leiers gegil en die woud ingehardloop.
Die anderen Wölfe folgten und jaulten im Chor, wild und schnell in der Nacht.
Die ander wolwe het gevolg, gillend in koor, wild en vinnig in die nag.
Buck rannte mit ihnen, neben seinem wilden Bruder her, und heulte dabei.
Buck het saam met hulle gehardloop, langs sy wilde broer, en gehuil terwyl hy gehardloop het.

Hier geht die Geschichte von Buck gut zu Ende.
Hier doen die storie van Buck goed om tot 'n einde te kom.
In den folgenden Jahren bemerkten die Yeehats seltsame Wölfe.
In die jare wat gevolg het, het die Yeehats vreemde wolwe opgemerk.
Einige hatten braune Flecken auf Kopf und Schnauze und weiße Flecken auf der Brust.
Sommige het bruin op hul koppe en snoete gehad, wit op die bors.
Doch noch mehr fürchteten sie sich vor einer geisterhaften Gestalt unter den Wölfen.
Maar nog meer het hulle 'n spookagtige figuur tussen die wolwe gevrees.
Sie sprachen flüsternd vom Geisterhund, dem Anführer des Rudels.
Hulle het in fluisteringe van die Spookhond, leier van die trop, gepraat.

Dieser Geisterhund war schlauer als der kühnste Yeehat-Jäger.
Hierdie Spookhond het meer listigheid gehad as die dapperste Yeehat-jagter.
Der Geisterhund stahl im tiefsten Winter aus Lagern und riss ihre Fallen auseinander.
Die spookhond het in die diep winter uit kampe gesteel en hul strikke uitmekaar geskeur.
Der Geisterhund tötete ihre Hunde und entkam ihren Pfeilen spurlos.
Die spookhond het hul honde doodgemaak en spoorloos van hul pyle ontsnap.
Sogar ihre tapfersten Krieger hatten Angst, diesem wilden Geist gegenüberzutreten.
Selfs hul dapperste krygers was bang om hierdie wilde gees in die gesig te staar.
Nein, die Geschichte wird im Laufe der Jahre in der Wildnis immer düsterer.
Nee, die verhaal word nog donkerder soos die jare in die wildernis verbygaan.
Manche Jäger verschwinden und kehren nie in ihre entfernten Lager zurück.
Sommige jagters verdwyn en keer nooit terug na hul verafgeleë kampe nie.
Andere werden mit aufgerissener Kehle erschlagen im Schnee gefunden.
Ander word gevind met hul kele oopgeskeur, doodgemaak in die sneeu.
Um ihren Körper herum sind Spuren – größer als sie ein Wolf hinterlassen könnte.
Om hulle liggame is spore – groter as wat enige wolf kan maak.
Jeden Herbst folgen die Yeehats der Spur des Elchs.
Elke herfs volg Yeehats die spoor van die eland.
Aber ein Tal meiden sie, weil ihnen die Angst tief im Herzen eingegraben ist.

Maar hulle vermy een vallei met vrees diep in hul harte gekerf.
Man sagt, dass der böse Geist dieses Tal als seine Heimat ausgewählt hat.
Hulle sê die vallei is deur die Bose Gees vir sy tuiste gekies.
Und wenn die Geschichte erzählt wird, weinen einige Frauen am Feuer.
En wanneer die verhaal vertel word, huil sommige vroue langs die vuur.
Aber im Sommer kommt ein Besucher in dieses ruhige, heilige Tal.
Maar in die somer kom een besoeker na daardie stil, heilige vallei.
Die Yeehats wissen nichts von ihm und können es auch nicht verstehen.
Die Yeehats weet nie van hom nie, en hulle kon ook nie verstaan nie.
Der Wolf ist großartig und mit einer Pracht überzogen wie kein anderer seiner Art.
Die wolf is 'n groot een, oortrek met glorie, soos geen ander van sy soort nie.
Er allein überquert den grünen Wald und betritt die Waldlichtung.
Hy alleen steek die groen bos oor en betree die woud.
Dort sickert goldener Staub aus Elchhautsäcken in den Boden.
Daar sypel goue stof van elandvelsakke in die grond in.
Gras und alte Blätter haben das Gelb vor der Sonne verborgen.
Gras en ou blare het die geel van die son weggesteek.
Hier steht der Wolf still, denkt nach und erinnert sich.
Hier staan die wolf in stilte, dink en onthou.
Er heult einmal – lang und traurig – bevor er sich zum Gehen umdreht.
Hy huil een keer—lank en treurig—voordat hy omdraai om te gaan.

Doch er ist nicht immer allein im Land der Kälte und des Schnees.
Tog is hy nie altyd alleen in die land van koue en sneeu nie.
Wenn lange Winternächte über die tiefer gelegenen Täler hereinbrechen.
Wanneer lang winternagte oor die laer valleie neerdaal.
Wenn die Wölfe dem Wild durch Mondlicht und Frost folgen.
Wanneer die wolwe wild deur maanlig en ryp volg.
Dann rennt er mit großen, wilden Sprüngen an der Spitze des Rudels entlang.
Dan hardloop hy voor in die trop, spring hoog en wild.
Seine Gestalt überragt die anderen, aus seiner Kehle erklingt Gesang.
Sy gestalte troon bo die ander uit, sy keel lewendig van lied.
Es ist das Lied der jüngeren Welt, die Stimme des Rudels.
Dit is die lied van die jonger wêreld, die stem van die trop.
Er singt, während er rennt – stark, frei und für immer wild.
Hy sing terwyl hy hardloop—sterk, vry en vir ewig wild.

www.ingramcontent.com/pod-product-compliance
Lightning Source LLC
Chambersburg PA
CBHW010029040426
42333CB00048B/2749